Être heureux,
ce n'est pas
nécessairement
confortable

Révision des textes : Sylvie Massariol

Catalogage avant publication de la Bibliothèque nationale du Canada

D'Ansembourg, Thomas

Être heureux, ce n'est pas nécessairement confortable

1. Bonheur. 2. Dénégation (Psychologie). 3. Événements stressants de la vie.
4. Réalisation de soi. I. Titre.

BF575.H27D36   2004   152.4'2   C2004-940415-6

DISTRIBUTEURS EXCLUSIFS :

• Pour le Canada
  et les États-Unis :
  MESSAGERIES ADP*
  955, rue Amherst
  Montréal, Québec
  H2L 3K4
  Tél. : (514) 523-1182
  Télécopieur : (514) 939-0406
  * Filiale de Sogides ltée

• Pour la France et les autres pays :
  INTERFORUM
  Immeuble Paryseine, 3, Allée de la Seine
  94854 Ivry Cedex
  Tél. : 01 49 59 11 89/91
  Télécopieur : 01 49 59 11 96
  Commandes : Tél. : 02 38 32 71 00
             Télécopieur : 02 38 32 71 28

• Pour la Suisse :
  INTERFORUM SUISSE
  Case postale 69 - 1701 Fribourg - Suisse
  Tél. : (41-26) 460-80-60
  Télécopieur : (41-26) 460-80-68
  Internet : www.havas.ch
  Email : office@havas.ch
  DISTRIBUTION : OLF SA
  Z.I. 3, Corminbœuf
  Case postale 1061
  CH-1701 FRIBOURG
  Commandes : Tél. : (41-26) 467-53-33
             Télécopieur : (41-26) 467-54-66
             Email : commande@ofl.ch

• Pour la Belgique et le Luxembourg :
  INTERFORUM BENELUX
  Boulevard de l'Europe 117
  B-1301 Wavre
  Tél. : (010) 42-03-20
  Télécopieur : (010) 41-20-24
  http://www.vups.be
  Email : info@vups.be

Pour en savoir davantage sur nos publications,
visitez notre site : **www.edhomme.com**
Autres sites à visiter : www.edjour.com • www.edtypo.com
www.edvlb.com • www.edhexagone.com • www.edutilis.com

© 2004, Les Éditions de l'Homme,
une division du groupe Sogides

Tous droits réservés

Dépôt légal : 2e trimestre 2004
Bibliothèque nationale du Québec

ISBN 2-7619-1905-X

Gouvernement du Québec – Programme de crédit
d'impôt pour l'édition de livres – Gestion SODEC –
www.sodec.gouv.qc.ca

L'Éditeur bénéficie du soutien de la Société de
développement des entreprises culturelles du
Québec pour son programme d'édition.

Nous reconnaissons l'aide financière du gouvernement du Canada par l'entremise du Programme
d'aide au développement de l'industrie de l'édition
(PADIÉ) pour nos activités d'édition.

THOMAS D'ANSEMBOURG

Être heureux, ce n'est pas nécessairement confortable

LES ÉDITIONS DE
L'HOMME

À Valérie

À nos enfants Camille, Anna et Jiulia

À ceux qui s'aiment et qui saisissent la chance d'aimer la vie telle qu'elle est

À mon frère Jean

À tous ceux, enfants, jeunes et adultes, qui souffrent

et qui ont du mal à aimer la vie telle qu'elle est ou à lui trouver un sens

Avec amour et respect

Remerciements

Je tiens à manifester toute ma reconnaissance à chacune des personnes qui m'ont aidé, d'une manière ou d'une autre, à écrire ce livre. Si l'écriture même est un travail solitaire, celui-ci ne m'a été possible qu'en prenant appui sur de précieuses collaborations…

Je suis d'abord tellement reconnaissant envers Valérie, ma femme, pour sa patience infinie. Elle accouchait de notre troisième fille Jiulia tandis que je terminais ce livre. Elle peut témoigner qu'une période d'écriture dans une vie de couple et de famille, ce n'est pas nécessairement confortable à vivre, même si nous goûtons un grand bonheur ensemble.

Je suis ensuite très reconnaissant envers toutes les personnes qui m'ont témoigné tant de confiance et d'authenticité dans leur recherche et leur processus de transformation. J'ai beaucoup appris en étant à leur écoute et je partage aujourd'hui l'essence de ce travail avec un immense respect pour chacune d'elles.

Je suis également très reconnaissant envers les amis fidèles qui ont consacré du temps, de l'attention, de l'intuition, de la réflexion à la lecture et à la correction de mon manuscrit : Isabelle Rolin, Vincent Houba et Régine Parez. Leur vigilance bienveillante et leurs chaleureux encouragements m'ont aidé à traverser des incertitudes et à démêler des doutes.

J'ai une reconnaissance toute particulière envers Anna Hofele pour tout son travail de mise en page du manuscrit. J'ai énormément apprécié sa patience, sa détermination et sa compétence.

Je tiens aussi à remercier les personnes dont l'amitié et la collaboration m'ont permis d'être disponible pour écrire : Cécile Denis, Sylvie d'Aoust, Géry Froment, Jocelyne et Jean-Marie Theny.

Enfin, je voudrais remercier toutes les personnes qui m'ont manifesté leur appréciation et même leur gratitude pour mon livre *Cessez d'être gentil, soyez vrai !* J'ai puisé dans leurs nombreux témoignages, dont plusieurs m'ont profondément touché, beaucoup de joie et d'élan pour poursuivre mon exploration.

AVERTISSEMENT

Les exemples que je cite dans ce livre sont des cas vécus. Pour qu'ils soient éloquents sans être trop détaillés, je les ai résumés pour ne garder que l'essentiel des prises de conscience significatives, en modifiant bien sûr ce qui permettrait l'identification des personnes concernées. Ainsi, certains de ces exemples se trouvent réduits à une dizaine d'échanges, alors qu'ils correspondent à au moins une dizaine de mois de travail. En les résumant à ce point, je veux montrer l'enclenchement de certains déclics qui correspondent à des prises de conscience à la fois successives et graduelles.

L'extrême brièveté de leur récit ne rend donc pas compte de tout le processus de maturation et d'éclosion de conscience qui se déploie dans le temps et qui a son rythme, ses silences, ses saisons. Un lecteur non averti de la réalité du travail en question pourrait avoir une impression de traitement magique de la difficulté d'être. Il n'y a rien de magique, même si certains dénouements peuvent être merveilleux.

C'est exactement comme si vous entrepreniez de créer un potager, de défricher le taillis, de retourner la terre, de planter les graines et de prendre soin des pousses en attendant la saison des récoltes. Vous aurez un jour des légumes et des fruits ; imaginez votre première fraise rouge tirant son suc de la terre noire ! Si c'est évidemment merveilleux, ce n'est certes pas magique. Il y a un travail et un processus vivant qui expliquent la merveille, sans rien enlever au merveilleux.

Ainsi, tous les exemples donnés dans ce livre témoignent d'un travail dans l'amour et la collaboration avec le processus vivant qui habite chacune et chacun de nous.

Et Dieu ne change rien dans les hommes
tant qu'ils n'ont pas changé ce qui est en eux.

LE CORAN, SOURATE XIII, VERSET 11

Aucun problème ne peut être résolu
sans changer le niveau de conscience qui l'a engendré.

ALBERT EINSTEIN

Heureux ceux qui savent rire d'eux-mêmes :
ils n'ont pas fini de s'amuser.

JOSEPH FOLLIET
(PROFESSEUR DE SOCIOLOGIE
À L'UNIVERSITÉ CATHOLIQUE DE LYON ;
JOURNALISTE, CONFÉRENCIER,
ESSAYISTE ET POÈTE ; 1903-1972)

AVANT-PROPOS

Il y a des types qui réalisent des choses incroyables
en partant de rien, parce qu'ils se sont accrochés à leur rêve.
Mais rien ne dit qu'ils ont eu, pendant ce temps,
une existence confortable !

DAVID DOUILLET
(TRIPLE CHAMPION DU MONDE DE JUDO)

En écrivant *Cessez d'être gentil, soyez vrai !* il y a quelques années, je percevais bien qu'être vrai vis-à-vis de soi, des autres et de la vie, ce n'était certainement pas toujours confortable. En même temps, je percevais aussi que de cette vérité-là se dégageait un bien-être profond, non seulement croissant mais aussi rayonnant, justement dans le rapport avec soi, avec les autres et avec la vie. Cela m'a donné le goût d'explorer cette apparente contradiction : être heureux, ce n'est pas nécessairement confortable.

C'est en m'observant moi-même face à toutes sortes d'inconforts, de frictions, de tensions intérieures et extérieures, ainsi qu'en accompagnant de nombreuses personnes dans leur propre traversée de ces difficultés, que j'ai pu cerner plus clairement différentes habitudes de pensées et de fonctionnements qui nous piègent inconsciemment en nous empêchant systématiquement d'atteindre ce que nous cherchons pourtant : être heureux. J'ai appelé ces habitudes les *pièges antibonheur* inconscients.

Je vois donc ce livre-ci comme la suite de *Cessez d'être gentil, soyez vrai !*, encore qu'il puisse sans doute être lu séparément. Dans les pages qui suivent, je fais effectivement régulièrement référence à la méthode de la communication non violente (CNV), selon le processus de Marshall Rosenberg* (que j'aime appeler communication consciente et non violente), puisqu'elle permet de travailler, de stimuler ou de maintenir notre conscience face à nous-mêmes, aux autres et à la vie. Cette méthode, c'est une échelle. Et le sens de l'échelle, quelle qu'elle soit, c'est d'aider à voir plus haut, plus loin, à agir à un autre niveau, à franchir les murs et à traverser les parois.

Dans ma vie privée comme dans mon travail d'écoutant, d'accompagnant (on dit «thérapeute») ou de formateur, me revient souvent cette image : si nous nous sentons parfois confinés, enfermés, à l'étroit, tel un poisson tournant en rond dans un aquarium, entre la petite grotte et l'épave en plastique qui le décore, c'est que nous oublions que notre aquarium est simplement posé au fond de la mer. Il nous appartient à tout moment de monter un peu, d'élever un peu notre conscience, pour passer la paroi et quitter le circuit fermé avec sa grotte et son épave, afin de nager en pleine mer avec bien d'autres poissons libres. Et si cette aventure est parsemée de risques et d'inconforts, quel bien-être elle apporte en retour !

En vous livrant cet ouvrage, je me livre et me délivre à la fois. Si je suis très heureux de partager mon analyse et mon témoignage, fruits de mon exploration et de ma recherche sur le déconditionnement, ce n'est cependant pas de *tout confort*. Je peux vous dire que j'ai un peu peur de m'en prendre au tabou du

---

*   Marshall Rosenberg est docteur en psychologie clinique, homme de paix reconnu partout au monde, fondateur du Centre pour la Communication non violente. Je recommande chaleureusement la lecture de son livre *Nonviolent Communication. A Language of Compassion*, traduit en français sous le titre : Les mots sont des fenêtres ou des murs (Éditions Jouvence et Syros).

bonheur, peur de transgresser le bonheur interdit, d'oser démonter les pièges antibonheur, d'oser témoigner de l'élan profond qui nous habite, d'être rejeté comme un doux rêveur, et peut-être même de constater que je peux, malgré ces peurs, être heureux quand même!

En même temps, j'ai vérifié plus de mille fois la mécanique des pièges que je vous propose de comprendre et je n'ai pas d'autre ambition que de dire: avant, je me noyais souvent dans mon petit aquarium, mais j'ai appris à trouver mon bonheur en nageant, même en haute mer et par gros temps; alors, je crois utile de témoigner de ce qui m'aide à nager dans le bain de la vie et à être plus heureux.

Bon bain!

CHAPITRE PREMIER

Illusion, réalité et pièges antibonheur

Nous sommes aveugles,
aveuglés par le visible.

Métropolite Antoine de Souroge
(1914-2003)

L a traversée de la vie apporte son lot d'inconforts, tant affectifs que psychologiques, physiques ou matériels. Toutefois une illusion peut nous rendre cette traversée encore plus pénible : celle de croire au bonheur tout rose sur un nuage blanc. En effet, croire qu'être heureux, c'est « tout confort » et que le bonheur viendra « quand tout ira bien à tous les points de vue », c'est un piège dans lequel beaucoup d'entre nous restent pris.

Cette illusion nous amène la plupart du temps à adopter l'une des trois attitudes suivantes : soit nous attendons désespérément l'éclaircie en remettant le bonheur à plus tard, soit nous considérons qu'il est vain de rêver, donc plus raisonnable de renoncer à toute attente et de nous résigner, ou encore nous jugeons que le fait de ne pas être heureux est une preuve de notre incompétence, que c'est une erreur, voire une faute, et qu'*il nous faut* arriver à ce bonheur et nous nous concoctons ainsi un joyeux mélange de culpabilité et de devoir qui nous met sous pression. Souvent, nous élaborons une combinaison tétanisante de ces réactions: «Il faut être heureux, mais à quoi bon y rêver puisque je n'y arriverai jamais, ou peut-être seulement beaucoup, beaucoup plus tard…»

Dans la réalité, il me semble bien que la vie apporte à la plupart d'entre nous — quoique dans des proportions très variées — de la peine et de la joie, des périodes de désarroi ou de confiance, des deuils et des renaissances. Il me semble également que nous pouvons, par phases, goûter des moments lumineux de grâce et de merveille, comme des moments ténébreux de souffrance et de confusion, tout cela en alternance. Il me semble enfin que nous pouvons, si nous le voulons, goûter et savourer davantage les moments agréables de ce mouvement d'alternance, voire nous y maintenir plus longtemps.

Toutefois, il m'apparaît de plus en plus clair que nous sommes nombreux non seulement à ne pas profiter pleinement de ces instants plaisants, mais à nous attacher, souvent solidement, aux moments vécus dans la peine, le désarroi, la contrariété ou l'opposition, quitte même à susciter ces périodes-là quand la vie nous donne plus de joies que ce que nous sommes prêts à vivre. Je ne pense pas que ce soit par masochisme délibéré, mais plutôt par ignorance ou, plus précisément, par méconnaissance, notamment de *deux principes de fonctionnement* de la vie et de différents *pièges antibonheur inconscients*.

LES DEUX PRINCIPES DE FONCTIONNEMENT DE LA VIE

J'entends par *principe* la formulation d'un fonctionnement qui se dégage de l'observation systématique d'un phénomène. C'est-à-dire une loi de la vie, non pas au sens d'une règle édictée, mais plutôt d'une constante observée; ainsi, la pesanteur est une loi résultant d'une constante observée.

Ces deux principes ne sont certainement pas nouveaux: ils semblent bien intégrés dans différentes traditions. Cependant, il m'a fallu près de quarante-cinq ans pour en prendre conscience. C'est en les dégageant, souvent douloureusement, de mes expériences de vie que j'ai pu les intégrer; ainsi, ces principes ne sont pas restés de belles idées, aussi sympathiques que théoriques; ils sont devenus une réalité tangible et palpable, une façon de vivre concrètement chaque minute et de marcher chaque pas. Aujourd'hui, ils m'aident considérablement à accompagner le mouvement de la vie, plutôt que de lui résister ou de tenter de le retenir.

L'alternance

Le premier principe s'énonce comme suit: *l'alternance dans la vie n'est pas un accident; c'est l'ingrédient même de la vie, sa structure.*

J'entends par alternance ces cycles de la vie que chacun connaît et qui reviennent régulièrement à des rythmes divers: saison de chute où tout s'écroule ou se défait, saison d'attente où tout hiberne ou mature, saison d'éclosion où tout germe et pousse, saison de floraison où tout foisonne et s'épanouit.

Si l'automne ne réjouit pas toujours, personne du moins ne s'étonne de son arrivée; nous savons tous que cette saison transforme et que l'hiver qui suit recycle et ressource ce qui est nécessaire à la continuité de la vie, et ainsi de suite.

Une relation amoureuse difficile peut nous faire vivre les quatre saisons en quelques minutes et, finalement, nous défaire dans un automne apparemment interminable où nous nous dépouillons feuille par feuille de nos couches d'ego afin de retrouver la force nue de notre enracinement. La mort d'un proche peut nous précipiter dans l'hiver le plus glacial où nous hibernons longtemps avant que germe en nous la force d'une vie vraiment nouvelle. Une période de dépression lourde peut être l'occasion d'une véritable renaissance, et si nous avons des problèmes de dépendance, par exemple envers l'alcool, le jeu ou le sexe, c'est sans doute en allant vraiment à notre rencontre dans notre dépendance que nous trouverons notre vitalité et la capacité de nous en sortir.

Je vois donc l'alternance comme un élément structurel de la vie, pas comme un accident ni comme un hasard. Le poète Rainer Maria Rilke évoquait joliment cet accueil du rythme de la vie : « J'accepte les saisons du cœur comme celles qui passent sur les champs. » À une époque de grande solitude, j'y avais ajouté pour m'encourager : « Et je veille avec sérénité dans l'hiver de ma tristesse… » Cet hiver-là, bien qu'il fût long, m'a permis de renouveler complètement ma vie et je lui en suis combien reconnaissant aujourd'hui. Ainsi, la vie m'apparaît de plus en plus comme un rébus à déchiffrer.

> Et si je ne suis pas heureux
> de ce qui m'arrive,
> cela ne veut pas dire que ce qui m'arrive
> n'est pas heureux !

Pour accueillir l'alternance, nous aurons besoin de nous extraire de différents pièges ou de les éviter, ce qui n'est pas forcément confortable. (Je reviendrai plus loin sur ce sujet.)

Au-delà de l'apparence : le présent ouvert

Le second principe de fonctionnement de la vie est le suivant : *le bonheur que nous cherchons, sa merveille et sa grâce, nous pouvons les découvrir, les décoder, les décrypter à travers les événements, au-delà de l'obscur, du contraire ou du révoltant, au-delà de l'apparence.*

L'accompagnement d'un malade ou d'un mourant dans ses derniers jours peut, au moment même, illuminer notre vie et nous apporter la grâce d'un regard transformé. Même lorsque nous vivons des contrariétés financières ou affectives, que tout nous bouscule ou se dérobe sous nos pieds, nous pouvons encore goûter une étonnante confiance, comme une assurance intime que ce qui nous arrive est nécessaire et sain, même si c'est très inconfortable.

Nous pouvons exercer un métier qui ne nous convient pas du tout, mais être déjà habités par la flamme du changement qui s'allume en nous. Nous pouvons être épuisés d'élever nos enfants, de courir pour gagner notre pain, de tenir notre maison et d'assumer toute l'intendance qu'elle requiert, et cependant goûter la merveille d'être en vie, en santé, en conscience, en compagnie, sentir que notre vie n'est pas que le soin aux enfants, le travail et la maison, mais qu'elle traverse tout cela et va bien au-delà.

Si donc nos conditions de vie sont parfois inconfortables, notre vie, elle, ne se réduit pas à ces conditions. Notre présent n'est pas confiné à ce que nous faisons. Notre présent est élargi, ouvert à tout ce que nous sommes : des êtres vivants, conscients, cherchant à goûter le sens de leur vie en chaque chose.

Ainsi, l'au-delà n'est pas, pour moi, une notion spatiotemporelle plus tard, à un autre endroit, dans un autre monde. L'au-delà, c'est ici et maintenant, au moment où je vis, derrière et à travers ce que je vis. C'est le présent élargi, ouvert à l'éternité tranquille, même si le quotidien peut être harassant[1].

Pour maintenir en nous cette conscience en éveil malgré la difficulté, nous aurons également besoin de nous extraire de différents pièges ou de les éviter, ce qui n'est pas, non plus, nécessairement confortable.

---

1. Dans *Cessez d'être gentil, soyez vrai !*, je cite, à la page 75, un conte chinois mettant en scène un vieux paysan vivant avec confiance dans le présent élargi. Il est ouvert à la continuité tranquille, aux changements et à tous les possibles, tandis que les villageois subissent, en s'agitant nerveusement, le présent confiné, arrêté et fermé sur lui-même.

Le présent est un cadeau. Ouvert ou fermé ?

J'ai commencé à me sentir *intimement* plus heureux, plus régulièrement et ce, même si je vivais parfois des moments difficiles lorsque je me suis mis à intégrer ces deux principes dans ma vie (Attention ! je n'y arrive pas toujours : les vieilles habitudes ont la peau dure !) : accueillir le mouvement d'alternance avec confiance et vivre en conscience dans le présent ouvert.

J'ai également beaucoup observé que les gens qui me paraissent heureux autour de moi ont intégré, d'une manière ou d'une autre, consciemment ou pas, ces principes dans leur façon de vivre. Je souhaite, par ce livre, contribuer à les clarifier pour mieux encore les intégrer dans ma vie quotidienne, en espérant que cela permettra également à ceux et à celles qui le désirent de les intégrer plus concrètement dans leur quotidien. Nous pourrons ainsi goûter une vie à la fois plus légère, plus profonde, plus riche et, surtout, plus heureuse, même si la route est parsemée d'inconforts, de transformations et de crises !

LES PIÈGES ANTIBONHEUR INCONSCIENTS

Tout au long de ce livre, je m'attacherai également à démontrer et à démonter certains pièges liés à notre culture et à notre éducation. Ces pièges, qui nous empêchent souvent d'être heureux, sont d'autant plus puissants et contraignants qu'ils sont, pour la plupart, inconscients. Or, nous ne pouvons pas nous libérer d'un piège sans d'abord prendre conscience que nous sommes pris au piège ni ensuite comprendre comment il s'est enclenché.

Étapes pour sortir d'un piège

Première étape : prendre conscience que ce que nous vivons n'est pas forcément la réalité objective, mais peut-être un enfermement dans une vision subjective de la réalité. Ce premier point peut paraître naïf. Il est cependant fondamental. Je rencontre tous les jours des êtres — j'ai moi-même été longtemps de ceux-là — qui s'accrochent à leur vision de la réalité, en n'imaginant pas un seul instant qu'il puisse y en avoir une autre, et qui pestent tant et plus de leur enfermement dont ils attribuent généralement la cause aux autres. Ils tiennent eux-mêmes leur cage fermée à double tour en serrant la clé dans leur poche — quand ils ne l'ont pas jetée au loin pour être bien sûrs de ne jamais retrouver leur liberté — et se plaignent de leur emprisonnement!

Imaginez que vous ayez, dès votre naissance, grandi dans une prison, même dorée. On vous aura dit: «Ces quatre murs, c'est l'espace vital; ce plafond, c'est la hauteur maximale; cette lueur dans la lucarne, c'est la lumière du jour.» Vous pourriez, votre vie durant, croire que c'est cela, la réalité, et vous en contenter selon la maxime de bonne morale: «Faut être content avec ce qu'on a!» Il se peut toutefois que des indices viennent vous renseigner sur d'autres espaces, d'autres perspectives, d'autres luminosités, d'autres vibrations humaines.

Ce livre s'adresse justement à celles et à ceux qui perçoivent, au travers de leur enfermement et de leur prison, un vent d'automne fouettant les toitures alentour, un parfum d'été glissant dans un courant d'air sous les portes fermées, des voix chantant dans d'autres cours et, bien sûr, des étoiles filantes bien au-delà des lucarnes closes, et qui acceptent l'inconfort de quitter l'enfermement bien connu et rassurant pour une liberté inconnue.

Deuxième étape: comprendre comment le piège s'enclenche, ou s'est enclenché, afin de pouvoir le désenclencher. Tant que nous n'avons pas compris comment le piège s'enclenche, nous ne pouvons quasiment que le subir, nous n'avons pas de pouvoir d'action sur lui. Pour illustrer mon propos, je m'attacherai dans les pages qui suivent à démonter la mécanique des différents pièges qui m'ont longtemps tenu prisonnier et qui s'enclenchent encore de temps en temps comme par habitude, puis je proposerai différents processus de sortie des pièges. Je dis bien *processus*, car il n'y a pas de truc magique ni de recette miracle. Toute transformation de soi implique un travail, c'est-à-dire une attention, ou application, durant une certaine période, avec des étapes, des rythmes et des saisons propres à chacun. C'est bien d'ailleurs parce qu'il y a travail et travail individuel, personnel, souvent solitaire, que ce n'est pas toujours confortable!

La conscience du piège et de son fonctionnement donne la liberté soit d'en sortir, soit de choisir de rester dans le piège parce que ses bénéfices secondaires sont suffisamment intéressants. On appelle «bénéfices secondaires» les avantages cachés d'un comportement, d'une croyance ou d'une pensée. Ces bénéfices sont dits secondaires parce qu'ils n'apparaissent pas consciemment dans notre compréhension au premier degré. La personne qui s'épuise au travail ou le parent qui en fait trop pour sa famille en sont des exemples typiques: l'un et l'autre n'en peuvent plus de fatigue et de ras-le-bol, et pourtant, ils ne changent rien à leur comportement. Ils sont pris dans un piège dont le bénéfice secondaire, bien sûr inconscient, est de se sentir très valorisés de se croire indispensables: que seraient-ils s'ils arrêtaient de tout faire, s'ils se contentaient d'en faire un peu moins? Il s'agit là du piège du *faire*, qui consiste à trouver toute son identité dans ce que l'on fait plutôt que dans ce que l'on est. Et je n'ai aucun jugement là-dessus; je constate simplement que ces attitudes sont souvent source de grands inconforts. En prendre conscience permet de choisir de sortir de ce piège ou d'y rester.

Nous allons donc explorer dans les chapitres suivants différents pièges de la pensée et du comportement. Avant cela, je voudrais faire rapidement le rappel des quatre éléments du processus de la CNV mis au point par Marshall Rosenberg.

Bref rappel des éléments de base de la CNV

Dans mon ouvrage précédent, *Cessez d'être gentil, soyez vrai!*, je montrais en détail l'articulation pratique de la communication non violente, tant dans l'expression de soi que dans l'écoute de l'autre, et je donnais de nombreux exemples pour l'illustrer. Je propose ici un «résumé de résumé» dans le but de faciliter la lecture de ce livre.

Observation neutre (O) : observer sans juger

Il est rare que nous parvenions à observer une situation, à entendre une conversation, à constater une pensée sans aussitôt juger et interpréter. Il est donc rare que nous soyons en contact avec la réalité telle qu'elle est objectivement. Nous sommes bien plus souvent en rapport avec la réalité telle que nous croyons qu'elle est ou craignons qu'elle soit. Beaucoup de malentendus et de violences s'enclenchent là, dans notre façon même d'ouvrir le dialogue avec l'autre ou d'entrer en contact avec la réalité. Le travail consistera à enlever le filtre de nos croyances, de nos préjugés ainsi que de nos émotions parasites.

Exemple :
- (jugement) «Tu es de nouveau en retard…»
- (observation neutre) «J'ai noté que nous avions rendez-vous à 20 h et il est 20 h 30.»

Sentiment (S) : ressentir sans interpréter

Nous sommes souvent dans une confusion en ce qui concerne nos sentiments et nos besoins. De plus, nous utilisons malgré nous, sans le voir, un langage qui agresse ou qui, en tout cas, n'invite pas l'autre à répondre paisiblement à notre demande.

Exemple :
- (ressentir en interprétant) «Je me sens vraiment manipulé, trahi par toi.»
- (ressentir sans interpréter) «Je me sens triste et découragé.»

Besoin (B) : différencier nos besoins fondamentaux de nos envies, de nos désirs, de nos demandes et de nos stratégies d'action

Nous avons rarement conscience que nous avons des besoins et qu'il est plus pertinent de les exprimer clairement que d'agresser l'autre, que nos besoins nous appartiennent, que l'autre n'est pas la seule personne qui peut les satisfaire, et qu'il n'y a pas qu'une seule solution pour en prendre soin.

Exemple :

- (besoins non compris) « Il est grand temps que tu changes et que tu apprennes la politesse ! »
- (besoins compris) « J'ai besoin de respect pour l'usage que je fais de mon temps et j'ai besoin de sécurité dans l'organisation de notre travail, donc d'être rassuré sur le fait que je peux compter sur toi comme prévu. J'ai également besoin de comprendre si tu as eu un contretemps. »

Demande ou Action (D/A) : formuler une demande concrète, positive, réalisable et négociable ou prendre une action, qui l'une et l'autre, rendent notre besoin concret.

Nous attendons souvent des autres qu'ils aient compris nos besoins, alors que nous ne les avons pas exprimés, ou, si nous les avons exprimés, nous n'avons pas fait de demande claire. Nous nous plaignons souvent de constater que nos besoins ne sont pas satisfaits même si, personnellement, nous n'avons mis aucune action en place pour en prendre soin.

Exemple :

- (demande non exprimée) « … ? » (Il y a peu de chances que la réaction de l'autre partie soit agréable et constitue une réponse satisfaisante à notre besoin.)
- (demande claire) « Est-ce que tu es d'accord pour me faire part de ton sentiment et de ta réaction par rapport à mes

besoins?» (Cette attitude permet d'ouvrir le dialogue sans avoir agressé l'autre ni démissionné de soi.)

En CNV, nous distinguons les besoins (B) des demandes (D) ou des actions (A) que nous mettons en place pour satisfaire ces besoins. Nos besoins fondamentaux sont constants : de la nourriture à l'appartenance ou de la reconnaissance à la liberté, quoi que nous vivions, nous portons en nous ces besoins, satisfaits ou non. (Je reporte le lecteur à la liste des besoins figurant à la fin de mon premier livre.) Nos demandes, elles, sont changeantes en fonction des circonstances, de la nature de l'interlocuteur, de nos envies et de nos désirs du moment.

Ainsi, nous avons toujours besoin d'amour, mais nous ne faisons pas la demande d'un câlin à tout le monde et nous sommes même parfois très désireux d'être seul. Pour un même besoin d'amour, nous pouvons faire une demande de proximité (échange ou tendresse) ou d'éloignement (solitude ou retrait). Nous avons toujours besoin d'être nourris ; nous n'avons cependant pas toujours envie de manger et quand nous en avons envie, nous pouvons désirer du poulet ou un gâteau au chocolat.

Comme tous les êtres humains ont les mêmes besoins fondamentaux alors qu'ils ne les expriment certainement pas toujours par les mêmes demandes ou actions, la CNV nous propose de trouver d'abord un terrain d'entente sur le plan des besoins, avant d'envisager les solutions en termes de demande ou d'action. Beaucoup de violences dans nos vies naissent de ce que nous nous empressons de tenter de résoudre les problèmes et de trouver des solutions sans avoir pris le temps de bien vérifier d'abord quels sont tous les besoins en cause.

Rappel des quatre pièges à la communication identifiés en CNV

Maintenant, je voudrais également faire rapidement le rappel des quatre pièges à la communication identifiés en CNV et qui sont propres à nos habitudes de communication. Je les explore également dans *Cessez d'être gentil, soyez vrai!* et je les rappelle ici pour faire un parallèle. En effet, ces quatre mêmes habitudes piégeantes, qui nous amènent à être violents malgré nous et malgré nos belles intentions, nous empêchent également d'être heureux.

Premier piège : le jugement, positif ou négatif

Le jugement nous enferme dans une vision arrêtée, statique de la réalité ; or, la réalité est toujours en mouvement, donc dynamique. La souffrance naît souvent du fait que, en jugeant, nous ne sommes pas en contact avec la réalité telle qu'elle est, mais plutôt avec ce que nous croyons qu'elle est, ce qui peut être très, très différent. Juger les autres, leur dire «leurs» quatre vérités, voilà qui est souvent plus confortable que d'aller voir en conscience ce qui se passe en soi.

Dans un atelier de formation à la CNV, nous étions en train de travailler sur le point 1 du processus, soit l'observation (O), qui consiste à observer sans juger. Pour ce faire, je demande aux participants de me nommer une situation ou des faits inconfortables à vivre, sans les juger. Jeanne propose une situation personnelle : «Ma fille de quatorze ans est négative.» Tous les participants rient et Jeanne ne comprend pas pourquoi. Une participante lui explique : «Là, tu ne nommes pas les faits tels qu'ils sont, tu en donnes ta lecture à toi, en jugeant ta fille.» Jeanne lui répond : «Mais non! Je vous jure que c'est comme ça : ma fille est négative!» Il lui faudra quelque temps pour réaliser que, effectivement, elle porte un jugement en parlant ainsi. Pour l'instant, Jeanne ne perçoit pas cela. Je lui propose donc de nommer les faits objectifs qui l'amènent à cette pensée jugeante. Elle finit par dire :

«Au fond, depuis deux mois, ma fille rentre de l'école en disant: "L'école me fait ch... J'en ai ras le bol, c'est tous des cons!"

— Comment te sens-tu, Jeanne, quand tu entends ta fille dire cela?

— En colère. Il faut être positif quand même, elle ne voit pas toute la chance qu'elle a par rapport à d'autres! Alors, je l'envoie dans sa chambre faire ses devoirs. Mais elle râle encore plus toute la soirée et ne me donne plus le moindre coup de main à la cuisine pour les repas. Je ne sais plus comment faire...

— Donc, tu te sens en colère (S) parce que tu aimerais la voir plus enthousiaste et plus heureuse (B: besoin de partager le bonheur). Est-ce bien cela?

— Oui, mais pas seulement en colère, je suis surtout triste et inquiète pour l'avenir.

— Triste et inquiète (S) parce que tu voudrais être rassurée qu'elle pourra dépasser ce moment et retrouver plus de joie de vivre (B: besoin d'avoir confiance dans les ressources de l'autre)?

— C'est cela, j'ai peur qu'elle devienne dépressive.

— À côté de ton besoin de la savoir plus enthousiaste et heureuse et de ton besoin d'être rassurée qu'elle a les ressources pour dépasser cet état actuel, est-ce que tu n'aurais pas besoin de comprendre ta fille, de comprendre pourquoi elle dit ces choses et réagit comme cela?

— Oui, tu as raison. (Jeanne sourit en prenant conscience que, jusqu'ici, elle ne s'est pas souciée de comprendre sa fille.) J'aimerais bien comprendre.

— Qu'est-ce que tu pourrais dire ou faire pour prendre soin de ton besoin de comprendre ta fille?

— Je ne sais pas... (Elle est hésitante.) Peut-être lui demander... (Là aussi, Jeanne sourit en réalisant qu'elle n'avait même pas imaginé une chose aussi simple que celle-là.)»

Cet atelier s'échelonnait sur plusieurs jours à une semaine d'intervalle. Jeanne revient la fois suivante, l'œil réjoui.

«J'ai travaillé ma situation en *life*! Lorsque ma fille est rentrée de l'école et qu'elle m'a dit comme d'habitude "Ça me pompe vraiment, l'école. Cette fois-ci, c'est le prof de math qui s'y met. C'est vraiment tous des emmerdeurs!", je me suis retenue de l'envoyer dans sa chambre et je me suis accrochée à mon besoin de comprendre. Je me suis assise à la table de la cuisine près d'elle et je lui ai demandé s'il y avait quelque chose de vraiment pénible qui se passait pour elle à l'école et l'enrageait à ce point depuis longtemps. Elle s'est assise à son tour et m'a expliqué longuement qu'elle n'en pouvait plus d'être la cible des moqueries de ses camarades dès qu'elle posait une question. Elle m'a aussi révélé qu'elle avait de la peine à suivre les cours et qu'elle se sentait seule, incomprise de tout le monde. En plus, maintenant le prof de math ne voulait plus arrêter son cours pour lui donner les explications demandées. Après une demi-heure où elle m'a vraiment vidé son sac, elle avait l'air soulagée et c'est elle-même qui m'a dit: "Merci, maman. Maintenant, j'ai mes devoirs à faire, je monte dans ma chambre." Le comble, c'est que vers 19 h, qui vois-je descendre à la cuisine pour me demander si j'ai besoin d'aide? Ma fille!»

Temps, tact et tendresse.

Commentaires

1. Tant que Jeanne juge sa fille, elle se coupe de ce qui est vivant en elle-même (à ce moment-là, son besoin de comprendre sa fille, même si elle n'aime pas son attitude). Elle se coupe également de ce qui est vivant dans sa fille (son besoin d'être écoutée et reconnue dans sa révolte, de partager ce qu'elle vit sans critique, ni rejet, ni jugement, peut-être même sans conseil). Comme ce qui est vivant dans la relation n'est pas accueilli ni respecté, la relation souffre et fait mal. S'arrêter,

s'asseoir et se parler de ce qui fait mal, ce n'est pas forcément confortable.

2. C'est en acceptant de s'écouter elle-même que Jeanne peut s'ouvrir à sa fille et l'écouter. Bien sûr, au début, cette écoute de soi est très inconfortable pour elle. En travaillant plus en profondeur, dans l'atelier, le fait qu'elle n'a même pas pensé demander à sa fille ce qui n'allait pas, Jeanne prend conscience qu'elle s'est toujours interdit de se plaindre : «Dans ma famille, on ne fait pas de caprices, on ne se plaint pas!» Donc, elle est incapable de s'ouvrir à la souffrance de sa fille, souffrance qu'elle considère comme une plainte capricieuse. L'atelier lui permet peu à peu de prendre conscience que nommer quelque chose qui ne va pas, ce n'est pas forcément émettre une plainte capricieuse.

3. Si la fille vient ensuite elle-même proposer son aide à sa mère, ce n'est pas par magie : je dirais presque que c'est mécanique, au sens de la mécanique des fluides. La mère reçoit ce qu'elle donne. Mettez-vous donc dans la peau de la jeune fille : vous êtes révoltée de ce qui se passe à l'école, vous en avez plus que ras le bol de vous sentir seule et rejetée, vous vous sentez au bord du découragement. Vous arrivez à la maison et votre mère vous remballe dans votre chambre en vous disant : «Sois positive, tu es trop gâtée, tu ne vois pas toute la chance que tu as!» Eh bien, c'est sûr que votre mère est la dernière personne que vous aurez envie d'aider : vous vous enfermerez dans votre chambre et dans votre bouderie, et vous jouerez de votre pouvoir de la laisser s'égosiller dans l'escalier pour vous appeler à manger... Mais si vous rentrez à la maison et que maman est disponible pour s'asseoir avec vous, qu'elle s'intéresse vraiment à ce que vous vivez en vous écoutant sans paniquer ni s'impatienter, et sans chercher d'emblée à résoudre le problème, votre réponse sera tout autre. Vous vous sentirez comprise, rejointe, accueillie dans votre révolte. Déjà, vous vous sentirez moins seule; la vie reprendra un

goût chaud et bon sur la table de la cuisine, avec cet être-là qui vous laisse ouvrir votre cœur. Que ferez-vous? Dès vos devoirs terminés, vous redescendrez là où il fait chaud et bon, là où vous pourrez vivre à cœur ouvert. Voyez-vous ce que je veux dire par la mécanique des fluides?

4. Évidemment, cela ne se passe pas toujours si bien. Dans ce genre de situation, la jeune fille peut trouver suspecte la nouvelle attitude de sa mère et s'enfermer davantage en lui lâchant un «Ça va, hein! Fais pas ta psy à deux sous!» qui ne sera pas facile à digérer. Il faudra alors à toutes deux temps, tact et tendresse pour s'apprivoiser petit à petit.

Deuxième piège : les croyances, positives ou négatives

Nos croyances nous enferment également, la plupart du temps inconsciemment, dans une vision de la réalité qui n'est pas forcément la réalité. Elles sont souvent la conséquence d'une souffrance et représentent un mécanisme de protection. Par exemple, si une jeune fille a été agressée ou trahie par un homme, elle se protégera longtemps en projetant sur tous les hommes qu'elle rencontrera au cours de sa vie une image de quelqu'un d'agressif ou de traître. Elle sera piégée dans sa croyance, qui l'empêchera sans doute de nourrir une relation amoureuse durable, empreinte de détente, de tendresse et de confiance; elle pourra y souffrir longtemps si elle ne prend pas conscience de la souffrance qui a enclenché le mécanisme de protection. Cette prise de conscience n'est jamais confortable puisqu'elle amène à repasser sur du passé qui n'est pas dépassé et à le revivre.

Dans un appartement qui m'appartient, j'avais une locataire, Chantal, dont le bail venait à terme. Souhaitant rénover l'appartement et l'affecter à d'autres projets, je signale à Chantal la fin du bail, donc qu'il n'y aurait pas reconduction. Je prends soin de lui en parler de vive voix, puis de lui confirmer mon intention par écrit pour respecter les formes légales. Chantal, qui gagne confortablement sa vie, n'éprouve aucune difficulté matérielle à se trouver un autre logement. De mon côté, comme je rembourse alors un emprunt pour cet appartement, je compte beaucoup sur la régularité du loyer. Or Chantal suspend aussitôt le paiement du loyer, six mois avant l'échéance. Belle occasion de pratiquer la communication non violente !

Donc, je l'écoute, je manifeste mon empathie et ma compréhension sincère pour sa tristesse de quitter les lieux et je lui fais part, *en même temps,* de mon besoin de respect pour les accords conclus dans le bail et pour la clarté des engagements réciproques qui y sont énoncés. Je lui fais part également de mon besoin de sécurité pour le remboursement de mon emprunt. Je remplis mes engagements et je tiens à ce qu'elle remplisse les siens, soit payer le loyer et quitter l'appartement en fin de contrat.

Après quelques rappels par téléphone demeurés sans suite, la moutarde me monte au nez. Je viens la voir et je lui exprime clairement ma colère en lui redisant que ma demande correspond simplement à l'exécution du contrat et qu'il n'y a rien contre elle là-dedans. Elle explose : « Vous m'agressez ! dit-elle. Vous m'en voulez, c'est sûr. C'est abusif de votre part. Vous, les hommes, vous êtes tous les mêmes et j'ai suffisamment été agressée par des hommes dans ma vie ! » Sa colère m'éclaire : ayant été (ou cru être) souvent agressée par des hommes dans sa vie, elle ne peut me voir que comme un être agressif dès lors que je ne corresponds pas à ses projets à elle. Elle confond désaccord et violence, assertivité et agressivité. Elle projette ainsi sur moi l'image qui, croit-elle inconsciemment, pourrait la protéger d'une nouvelle agression. Ce qui est tragique dans cette croyance (« Je dois me méfier des hommes car ils sont agressifs ») comme dans toute croyance, c'est qu'elle crée ce qu'elle craint.

> « On crée ce qu'on craint. »

(Je ne connais pas l'auteur de cette expression que je trouve très clarifiante. Je le salue cependant pour sa trouvaille.)

Je ressens alors, je l'avoue en toute vulnérabilité, la capacité d'être terriblement agressif, voire violent. J'ai été patient pendant des mois, j'ai consacré un temps considérable, à mes yeux, à faire valoir une position que je trouve évidente et légitime, et je reçois en pleine figure cette colère que je qualifierais, pour être bref, d'hystérique, si vous me permettez ce petit jugement. (Exercice de décodage immédiat du jugement : quand je dis hystérique, je veux dire que je ne suis pas sûr que, dans sa colère, Chantal demeure consciente, c'est-à-dire qu'elle conserve la capacité de rester à la fois bien centrée sur elle-même, sur ses vrais besoins de fond — confiance, estime et respect de soi, sécurité intérieure, autonomie par rapport au regard de l'autre, tout en restant dans l'écoute et le respect de l'autre. C'est donc pour faire bref que je dis hystérique, mais je sais que j'exprime par là mon besoin de conscience, c'est-à-dire que nous puissions rester conscients de nous comme des autres même si nous sommes dans une grande colère.)

Sentant donc l'agressivité monter en moi, conséquence de ma difficulté à me faire comprendre et respecter, je mesure le risque du passage à l'acte. Je ne suis pas surpris qu'à bout de mots nous puissions nous entretuer si nous ne nous maintenons pas dans la conscience. Et de fait, il me faut beaucoup d'efforts et d'empathie pour moi-même pour rester, de manière vigilante, conscient et bienveillant pour la souffrance de cette femme, et arriver à maintenir ma position sans m'apitoyer ni agresser en retour. Finalement, vu la charge émotionnelle de nos échanges, je lui propose d'en parler avec son avocat, ce qu'elle comprend heureusement comme étant dans notre intérêt à tous les deux. Avec ce dernier, je peux enfin traiter l'affaire plus paisiblement.

Commentaires

1. C'est moi qui interprète, en me basant sur ce qu'elle me dit, que Chantal est prise dans cette croyance sur les hommes. Je ne pourrais le vérifier qu'en en parlant avec elle; malgré mon grand intérêt pour ces compréhensions-là, j'accepte que ce ne soit pas possible dans ce cas. Toutefois, cette lecture-là de la réalité me l'a rendue plus vivable; elle m'a aussi permis de dépasser le dépit engendré par le fait que nous n'avons pu nous entendre directement et d'accepter de ne pas m'entendre avec tout le monde.

2. Si la paix dans la relation aux autres ne peut venir que de la paix dans la relation à soi, il est vrai que cette paix intérieure est à faire et à refaire continuellement. Ce conflit m'a, une fois de plus, donné l'occasion d'apprendre des choses sur moi et d'apporter plus de paix à une partie de moi en souffrance. J'ai pris davantage conscience que j'étais encore très *accro* au besoin d'être bien compris et respecté. Je dis accro parce que j'ai mesuré combien je pouvais encore me sentir défait ou révolté au point de risquer même d'être agressif — lorsque ces besoins-là n'étaient pas satisfaits et que, par conséquent, mon bien-être dépendait encore de l'extérieur: être compris et respecté par les autres. Je sais maintenant que je veux pouvoir me sentir profondément en paix même si je ne suis ni compris ni respecté par les autres. Entendez bien: je ne compte pas renoncer à mes besoins de compréhension et de respect, juste ne plus en être dépendant. Merci Chantal!

3. Un bon indice pour repérer une croyance inconsciente: le scénario à répétition. Si vous vous retrouvez régulièrement dans un même genre de situation qui vous déplaît, vous agace ou vous révolte, vous êtes peut-être piégé dans une croyance. Acceptez de vous asseoir avec vous-même pour vous observer sans complaisance et demandez-vous ce que vous êtes en train de rejouer là. Je ne sais pas exactement quelle scène Chantal rejouait, même si l'imaginer un peu a

nourri ma compréhension pour elle au-delà de notre désaccord. En tout cas, j'ai appris quelle scène je rejouais là et à quelle croyance elle correspondait. Quelque chose comme : «Je suis malheureux d'être incompris, je ne serai donc heureux qu'en étant parfaitement compris.» Et voilà peut-être pourquoi j'écris un deuxième livre : pour être sûr de me faire bien comprendre... Comme j'ai déjà tant de joie rien qu'à l'écrire et, ainsi, à mieux me comprendre, je peux constater que du plomb de ma blessure, je tire l'or de ma joie.

Troisième piège : la pensée binaire

La pensée binaire est une habitude de fonctionnement mentale qui nous fait diviser, séparer voire mettre ensemble en opposition des concepts, des idées, des valeurs, des besoins et des sentiments, plutôt que de les mettre ensemble ou de les vivre en cohabitation, en collaboration, par la conscience complémentaire ou compréhensive. La pensée binaire se remarque par les formulations «soit/soit» et «ou/ou», qui signalent l'opposition ou la séparation, ou par des syllogismes simplistes. Par exemple :

- Opposition ou séparation : *soit* tu t'occupes de toi, et cela veut dire que tu m'oublies et que tu me négliges, *soit* tu m'aimes et alors tu t'occupes de moi à cent pour cent et tu te négliges ; *soit* j'ai peur pour mes enfants donc je contrôle tout, *soit* j'ai confiance dans la vie et je laisse tout faire ; on est *soit* manuel, *soit* intello (campagnard ou citadin, homo ou hétéro, artiste ou scientifique, rationnel ou fantaisiste, etc.) ;
- Syllogismes simplistes : j'ai perdu l'usage de mes jambes, donc ma vie est fichue ; mon conjoint me quitte, donc je serai malheureux le restant de mes jours ; comme je suis triste que mon père soit en train de mourir, je ne peux pas me réjouir d'être avec mes enfants ; puisque je dois gagner ma vie, je ne peux pas faire ce que j'aime.

Il se dégage de la pensée binaire une impression de division, de tension, de sécheresse, de restriction et d'enfermement dans une voie sans issue, quand ce n'est pas franchement dans une impression de mort, dans une sensation que le monde est un cabinet d'apothicaire où toutes les réalités sont séparées, mises en boîte et sous vide, bien à leur place sur l'étagère, dans une ambiance renfermée.

La conscience complémentaire ou compréhensive, elle, s'énonce par : «et/et», «et en même temps», «pour le moment...». Par exemple, pour reprendre les exemples précédents, la pensée complémentaire s'exprimerait ainsi :

- Je me sens révolté d'avoir perdu l'usage de mes jambes, et en même temps, j'ai besoin de me faire confiance, de penser que j'ai la capacité de traverser cette épreuve et de transformer ma vie ;
- Une partie de moi est dans une grande souffrance de perdre mon père. En même temps, je ressens tant de joie et de reconnaissance d'être avec mes enfants ! ;
- D'une part, je suis heureux que tu t'occupes de toi et, d'autre part, je suis inquiet et je tiens à être rassuré que je suis important à tes yeux et que notre relation compte toujours pour toi ;
- J'ai besoin de sécurité face à mes enfants, alors je prends telle ou telle disposition concrète, et pour le reste, j'ai besoin de faire confiance à la vie ;
- Je suis intellectuel dans telle ou telle matière qui m'intéresse, et je suis manuel dans tel autre domaine qui me passionne ;
- Je suis un mathématicien pointu dans mon métier d'ingénieur, et je suis un comédien passionné dans ma troupe de théâtre amateur.

La conscience complémentaire ou compréhensive dégage une impression de réconciliation, d'unité, de perspective, de potentiel, d'ouverture, de liberté et d'abondance. Elle procure la sensation d'être dans le bain de la vie, d'entrer dans un jardin foisonnant d'essences et d'espèces avec une vue ouverte sur les alentours.

Quatrième piège : le langage déresponsabilisant

Il s'agit de ces habitudes de langage qui paraissent très responsables et très dignes — «il faut», «tu dois», «on n'a pas le choix», «on a toujours fait comme cela» — et qui, cependant, expriment un asservissement, une soumission à quelque chose d'extérieur à soi. C'est un langage qui n'exprime pas l'adhésion responsable à une valeur ou à un idéal, mais plutôt l'exécution mécanique d'une contrainte. Il s'agit bien du langage de la victime[2] ou de l'esclave, et non pas de celui de l'être-acteur de sa vie ni du citoyen responsable. Le fonctionnement dans cette conscience est lourd, contraint, douloureux, sans perspective ni liberté.

Derrière tout *il faut*, il y a un *je voudrais* ou un *je tiens vraiment à* qui, lui, nous rebranche sur la vie et dont la conscience est infiniment plus légère et plus ouverte, même si elle n'est ni facile ni confortable à clarifier. Nous ne faisons certes pas toujours ce que nous aimerions vraiment faire. Toutefois, le fait d'être conscient que c'est notre choix et notre liberté que nous exerçons là, même si c'est inconfortable et peu gratifiant, est source de bien-être intérieur. Je développerai plus loin cette notion, quand j'aborderai le devoir et l'amour.

---

2. Je n'entends pas *victime* au sens commun de la victime d'un meurtre ou d'un accident, mais au sens d'une position affective ou psychologique qui consiste à se plaindre de tout en ne voyant jamais sa propre responsabilité ni ses propres choix. Je renvoie volontiers le lecteur au livre de Guy Corneau, *Victime des autres, bourreau de soi-même*, qui expose de façon très approfondie cette notion en nous invitant à quitter la position de victime pour devenir acteurs et cocréateurs de notre vie. Voir également le monologue présenté en annexe et intitulé «La litanie de la victime».

CHAPITRE 2

« Je suis vacciné contre le bonheur »

Quand je suis déprimé, les raisons pour lesquelles
je suis déprimé sont profondes, essentielles, fondamentales.
Il m'arrive d'être heureux, bien sûr, mais les raisons pour lesquelles
je suis heureux sont si futiles, si ténues, que cela me déprime.

SEMPÉ

Dans ce chapitre, je vous propose de comprendre deux pièges résultant de doubles messages contradictoires inoculés tels des vaccins depuis notre tendre enfance, et qui nous empêchent d'être heureux ou, en tout cas, de l'être durablement. On appelle «double message contradictoire» le fait pour un individu d'être soumis à deux injonctions qui s'opposent ou se contredisent, de sorte que l'obéissance à l'une entraîne la transgression de l'autre. Ces situations portent également les appellations de «double lien», «double entrave» et «double contrainte».

Le concept du double lien a été clarifié dès 1956 par Gregory Bateson et les chercheurs de Palo Alto (San Francisco), à la base des découvertes en analyse systémique[3]. Brièvement, je dirais que l'analyse systémique est une approche psychosociale et thérapeutique qui replace l'individu dans son contexte, dans les différents systèmes dont il fait partie : systèmes familial, conjugal, social ou professionnel. L'individu n'est pas considéré comme le seul dépositaire de sa difficulté, de son trouble ou de sa maladie. Sa difficulté est plutôt considérée comme un signe de dysfonctionnement d'un système, c'est-à-dire d'un groupe d'individus avec lesquels il est en interaction et qui constituent ce système affectif. Ce qui est vivant dans un système, c'est le réseau de communication, dont tous les nœuds sont en interaction les uns avec les autres. C'est toute la structure de cette organisation qui est dynamique et qui participe à l'évolution dans le temps.

La loi de base d'un système est l'homéostasie : rester ce qu'il est dans les limites qu'il s'est données. Autrement dit, les variantes ou variations à l'intérieur du système ne sont tolérées que si elles ne compromettent pas son équilibre ni sa continuité. Dans votre système de chauffage central, si vous réglez la température à 20 °C, votre thermostat aura sans doute fixé une zone de tolérance pour permettre à la température ambiante de descendre jusqu'à 18,1 °C, de sorte qu'à 18 °C le système se relancera pour rétablir l'équilibre.

Cette brève explication vous permet peut-être de mieux comprendre la réaction de votre grand-père colonel à la retraite, lorsque, du temps où vous étiez lycéenne, vous êtes arrivée à son repas d'anniversaire en minijupe moulante, avec des cheveux teints mauve pétard et un *piercing* dans la narine, pour lui présenter votre petit ami *grunge,* dont le pantalon arrivait à mi-fesses et dont la chevelure rappelait celle de Bob Marley…

---

3. Il y a de nombreux auteurs et ouvrages spécialisés en analyse systémique. Je recommande évidemment Bateson et Watzlacawick, et je rêve que toute personne qui vit en couple, en famille ou en cohabitation, qui fait partie d'une équipe de travail ou d'une communauté, puisse acquérir quelques notions de cette approche afin d'être plus consciente et mieux outillée dans ses relations.

Pauvre grand-papa! Son seuil de tolérance à la variation dans le système familial a été atteint d'un seul coup. Il vous a remballée, en s'étranglant sur un os du poulet compote, en vous priant d'aller vous rhabiller!

Voyez, la colère du grand-père n'était pas contre vous: il était seulement submergé par la peur que le système auquel il tient et dans lequel il a vécu longtemps soit compromis. Depuis, bien sûr, avec temps, tact et tendresse, vous vous êtes naturellement apprivoisés! Mais revenons aux injonctions contradictoires et au double lien identifiés par Bateson.

Bateson attribue un rôle pathogène au double lien, un mode de communication fréquemment observé entre l'enfant schizophrène et ses parents. Personnellement, j'en ai trouvé un exemple bouleversant dans le film *Shine*. Le père, qui a vu dans son enfance ses rêves de carrière de musicien voler en éclats lorsque son propre père a sciemment brisé son petit violon, reporte sur son fils ses rêves restés en plan. Il l'encourage inlassablement à devenir un grand pianiste et à passer des concours pour obtenir une bourse d'étude qui lui permettrait de payer sa formation. Le jour où le fils décroche enfin, avec une telle fierté, la bourse tant rêvée qui lui permettra de poursuivre ses études dans un grand conservatoire situé à l'autre bout du pays, le père explose: «Tu ne vas quand même pas me quitter maintenant, après tout ce que j'ai fait pour toi! Tu es un ingrat! Tu ne peux pas laisser ton père seul.» Le fils, lui, disjoncte et est admis en hôpital psychiatrique.

Le double lien ou double message contradictoire est: «Vas-y, je te soutiens et te soutiendrai toujours pour que tu deviennes un grand musicien, tu seras ma revanche sur la vie… mais, surtout, reste à la maison, ne me quitte pas, ne me laisse pas tout seul.» On peut imaginer, pour le père, le tragique bénéfice secondaire de cette attitude: ne pas être seul à avoir manqué sa carrière de musicien. Voici donc les deux pièges résultant de messages contradictoires que je vous propose d'analyser.

PREMIER DOUBLE MESSAGE CONTRADICTOIRE : UN VACCIN EN DEUX INJECTIONS/INJONCTIONS

«Je viens vous voir parce que je crois avoir été vacciné contre le bonheur.» Ce furent mes premiers mots à mon psychanalyste lors de ma toute première séance. J'ai depuis rencontré, tant dans mon travail d'accompagnement et de formation que dans mes rapports sociaux ou familiaux, des centaines de personnes qui se reconnaissent piégées dans cette incapacité à être heureux durablement. Incapacité qui leur a été inoculée, aussi inconsciemment qu'innocemment, par les bons principes de leur éducation. C'est du constat de l'ampleur du phénomène qu'est née en moi l'envie de comprendre le piège et de le démonter.

Pour moi, il s'agit d'un vaccin en deux injections dont la combinaison tétanise quand elle n'anesthésie pas complètement le patient! Ses composantes s'énoncent comme suit :

- Première injection (injonction): «On n'est pas là pour rigoler.»
- Deuxième injection (injonction): «Faut être heureux quand même avec ce qu'on a.»

Bien des êtres déchirés par cette double injonction à la fois s'interdisent tout bien-être durable et se culpabilisent de ne pas être heureux! Tension parfois insoutenable, que beaucoup tentent d'évacuer en se dispersant dans mille activités, en s'abrutissant dans une dépendance plus ou moins socialement admise (télévision, déplacements, surconsommation de la mode ou d'Internet, hyperactivité professionnelle, sociale ou mondaine, médicaments, sexe, alcool et drogue), en fuyant sous le couvert de devoirs et d'obligations («C'est mon devoir de parent de…»; «En tant que patron, je me dois de…»), ou en entrant profondément dans la dépression.

Comment nous sommes-nous ainsi laissé vacciner? Examinons chacune de ces injections/injonctions pour y voir plus clair.

Première injonction : « On n'est pas là pour rigoler. » (Le bonheur est interdit.)

Remettez-vous un instant dans les baskets ou les sandalettes, dans les culottes ou les jupettes du gamin ou de la gamine que vous avez été. Je serais bien curieux de savoir si vous n'avez pas entendu cette injonction telle quelle ou sous la forme d'une de ses nombreuses variantes : « La vie n'est pas une fête ni un jeu », « Faut travailler dur pour mériter d'être en vie », « C'est ceux qui triment qui gagnent », « Faut se battre pour vivre », « On n'a pas le temps de s'amuser », « Ne t'endors pas sur tes lauriers »…

Attention ! je ne dis pas que l'intention des personnes desquelles, enfants, nous avons entendu ces injonctions était d'interdire le bonheur ; tout au contraire, je pense que, de bonne foi, tous ces gens voulaient notre bien. Je dis que dans nos cœurs d'enfants, d'adolescents puis de jeunes adultes, cette injonction s'est encodée comme un interdit, et c'est le processus de cet encodage-là qui m'intéresse aujourd'hui puisque c'est lui qui fait mal.

Dans cette optique fort préoccupée par le *faire* plutôt que par l'*être*, le bonheur est comme interdit, trop suspect d'abandon, de laisser-aller : « Tu ne peux pas être heureux, tu cesserais d'être vigilant, attentif, travailleur, performant ! » Dans cette optique, également fort préoccupée de ce que tout s'obtienne dans l'effort, la peine et le mérite, le bonheur est suspect de contentement, de satisfaction, voire de narcissisme ou d'égocentrisme, quand ce n'est pas de « déconnexion » de la réalité : « Tu ne peux pas être heureux de ce qui est réalisé puisqu'il reste tant à accomplir », « Tu ne peux pas être heureux de ce que tu vis puisqu'il y a, au même moment, tant d'êtres malheureux de ce qu'ils vivent », « Tu ne peux pas être heureux, tu cesserais d'être généreux, ouvert aux autres, conscient des enjeux du monde ».

La confusion des sentiments et des valeurs, qui se manifeste souvent par la culpabilité, vient ainsi corrompre les moments qui pourraient être pleinement consacrés à la joie. Cette culpabilité est particulièrement entretenue par ce qui me semble être une tragique mésinterprétation du message du Christ qui a, malheureusement, largement cours dans l'éducation, religieuse ou pas, enracinée dans la tradition judéo-chrétienne. C'est une interprétation qui me paraît piégée par le mode de pensée binaire: «Puisque Jésus nous invite à regarder l'au-delà de nos relations, de nos différences et des préoccupations de notre incarnation, c'est que celle-ci (notre incarnation) ne vaut pas la peine. Attendons l'au-delà en nous méfiant de cette vie terrestre, voire en la décriant.»

Dans cette optique donc, l'idée de se réjouir, *a fortiori* d'être heureux sur cette planète, est suspecte de matérialisme, de fuite ou d'aveuglement. Dans certains milieux intellectuels, culturels ou politiques — particulièrement durant les années 1960 (je pense à Sartre), mais c'est toujours vrai aujourd'hui —, un être heureux est soit un con, soit un égoïste, ou encore les deux! Pensez à Bourvil, ce merveilleux acteur qui jouait si souvent et avec tant de cœur des rôles d'imbécile heureux et voyez comme la pensée binaire est piégeante. Si je caricature un peu: soit on est intelligent, donc hyperactif, catégorique, voire méchant, plein de soucis et dormant mal; soit on est heureux et forcément égoïste ou idiot, inconscient ou simplet, en tout cas pas dans la réalité, et bien sûr qu'alors on dort bien…

De cette habitude de penser naît la peur d'être heureux et de le montrer: «Que va-t-on dire de moi si je me montre heureux? Je serai soit jalousé, soit rejeté… Mieux vaut me trouver un petit malheur à exploiter, à faire mousser, pour être comme tout le monde et ne pas déranger!» J'ai ainsi rencontré des personnes heureuses dans leur cœur, mais qui n'osaient pas le montrer de peur de paraître idiotes, égoïstes ou déconnectées de la réalité.

Cacher sa joie.

Du temps où j'allais à la messe tous les dimanches, j'appréciais beaucoup un prêtre. J'aimais la joie simple et cordiale dont il témoignait lorsque nous bavardions en petit comité. J'aimais également sa finesse de cœur et l'intelligence avec laquelle il prêchait. J'étais cependant surpris qu'il ne montre pas sa joie dans sa façon d'officier et de prêcher : il parlait sérieusement d'une voix grave, plutôt austère. Je le lui fis remarquer un jour. Il me répondit : «C'est vrai que je suis très joyeux, très heureux. J'aime la vie et mon métier de prêtre. Je m'y sens vraiment épanoui. Mais la vie de la plupart des gens est souvent si pénible qu'ils ne comprendraient pas. Je ne peux pas courir le risque de me séparer d'eux en me montrant joyeux comme je le sens.»

J'étais très touché par son intention et, en même temps, stupéfait de constater que cet homme de foi réduisait sa joie pour ne pas déranger. J'y voyais un piège de la pensée binaire, comme s'il se disait : «Si je me montre heureux, ils vont se croire rejetés, donc je masque ma joie!» J'aurais tellement préféré : «Et je suis proche d'eux, sensible à leur souffrance, je les visite, je les écoute, j'en prends soin, et je tiens à me montrer comme je suis et à partager ma joie.» L'Évangile ne dit-il pas : «On n'allume pas une lampe pour la mettre sous les fagots. On l'accroche au lampadaire et elle éclaire toute la maisonnée»?

Dans mon métier et dans ma vie, je vois tellement à quel point la joie est contagieuse et éclairante! J'imagine que ce prêtre intelligent et généreux ne voulait pas, sans doute très inconsciemment, être suspect de simplisme ou d'égoïsme. Ne sommes-nous pas souvent comme ce prêtre-là à cacher notre vraie joie et à mettre notre lampe sous les fagots, par peur du regard de l'autre?

Regardez-vous rire : riez-vous autant aux éclats que vous aimeriez oser? Regardez-vous danser : dansez-vous aussi librement, avec autant d'abandon et de fantaisie, que ce que vous aimeriez oser? Regardez-vous marcher dans la rue, croiser les gens et regarder les choses : laissez-vous paraître le grand bonheur qui vous habite quand il vous habite?

Dansez donc la prochaine fois en folle ou en fou de joie, riez à gorge déployée, regardez les choses et les gens avec sourire et tendresse. Bien sûr, vous aurez à dépasser l'inconfort d'être dévisagé comme si vous étiez ivre mort, *shooté* aux amphétamines ou à l'ecstasy, ou sorti tout droit d'un asile…

En tout cas, moi, j'adore danser. Je me souviens d'ailleurs d'une fête, il y a plus de quinze ans, où je me suis joyeusement éclaté sur la piste de danse. Des amis bienveillants sont venus me dire que je ferais mieux d'arrêter de boire car j'avais une longue route à faire pour rentrer chez moi. Mais ayant pris des antibiotiques pour juguler une sinusite et craignant précisément l'assoupissement au volant, je n'avais pas bu un seul verre de vin ni d'alcool ce soir-là. J'ai compris qu'être joyeux et le montrer intensément, c'était suspect.

La joie intense ferait-elle peur? Chamaillez-vous par exemple dans la rue à haute voix et à grands gestes, bagarrez-vous même, et vous constaterez que la plupart des passants s'écarteront sans vous voir. Une bagarre, c'est normal! Maintenant, embrassez-vous éperdument ou faites-vous longuement des câlins sur un banc public et vous bénéficierez de regards outrés si ce n'est de remarques désapprobatrices ou même d'une invitation à circuler de la part des gardiens de la paix… Du bonheur, c'est choquant!

Parlez de vos conflits, de vos tracas, de vos maladies, de choses inexorables et sans espoir, et on vous écoutera avec sérieux. Parlez de votre amour pour tout ce qui est vivant, de votre confiance croissante dans la vie et de votre joie profonde, et on vous croira membre d'une secte! Je vous parle bien d'expériences vécues.

Vous pouvez constater là des manifestations du principe d'homéostasie évoqué plus haut: ces attitudes ne sont pas contre vous, elles sont simplement l'expression de ce que le système a peur du changement et se cramponne à sa continuité. Rappelez-vous seulement, pour vous donner de l'empathie, que vous n'êtes pas là pour confirmer le système dans ses certitudes. Vous êtes là pour être ou devenir joyeusement vous-même; c'est le cadeau de joie et de vérité dont ce monde, souvent triste et confus, a besoin.

Payer la facture...

Parfois, c'est la peur de payer tôt ou tard la facture qui nous empêche d'être heureux ou de témoigner que nous le sommes, comme s'il y avait quelque part «un Grand Comptable des joies et des bonheurs», qui comptait et mesurait notre consommation afin de nous faire payer l'addition!

Il s'agit là, à nouveau, d'une croyance tragique qui a la peau dure. Or, si nous prenions la peine de regarder vivre les gens heureux, nous pourrions constater qu'ils sont vraiment heureux en profondeur (je ne parle pas de façade de complaisance qui cache le mal-être sous le masque gentil, ni de l'attitude du boute-en-train qui peut dissimuler le clown triste, voire franchement désespéré), et même de plus en plus durablement heureux. Je pense à des personnes connues comme, bien sûr, le Dalaï-Lama, mère Teresa, sœur Emmanuelle (tiens donc, ce sont souvent les mêmes figures presque symboliques qui reviennent: toutes des personnes menant une grande quête spirituelle non sectaire, non cloisonnée, mais ouverte). Je pense aussi à des personnes moins connues comme nous en avons tous autour de nous si nous regardons bien. Mais quelque chose fait que nous ne voyons pas cette réalité-là, la plupart du temps. Et cela, c'est le propre d'une croyance: nous enfermer dans une vision qui n'est pas la réalité et nous empêcher de voir ce qui est.

Je crois que la capacité de goûter un bonheur profond s'accroît et ne s'atrophie pas: plus nous goûtons ce bonheur profond, plus nous approfondissons notre capacité à le goûter, quoi qu'il advienne. Ce n'est pas une notion théorique; au contraire, c'est pour moi l'expérience pratique la plus savoureuse de notre incarnation. Je crois aussi profondément que nous avons une âme et que celle-ci est, par nature, impliquée dans un type d'existence qui va au-delà de ce que nous vivons dans l'espace-temps, qu'elle est immortelle. Si sa faculté de se réjouir, d'être heureuse et de rayonner de ce bonheur intérieur est atrophiée dans cette existence, il me semble que nous sommes mal partis pour la suite.

À ce propos, Kabir, un poète soufi indien du XVe siècle pour qui la seule source de connaissance est l'expérience de l'Unité avec Dieu (quel que soit son nom puisqu'il ne peut pas être nommé), au-delà des religions et des pratiques religieuses, nous lançait l'invitation suivante :

> Mon ami, espère la visite de l'Hôte tant que tu es en vie.
> Plonge dans l'expérience tant que tu es en vie !
> Pense… et réfléchis… tant que tu es en vie.
> Ce que tu appelles "salut" appartient au temps d'avant la mort.
>
> Si tu ne brises pas tes liens tant que tu es en vie,
> Penses-tu que des fantômes s'en chargeront après ?
>
> Cette idée que l'âme atteindra l'extase seulement parce que la
>   chair est pourrie, tout cela est pur fantasme.
> Ce qui est trouvé maintenant est trouvé alors.
> Si tu ne trouves rien maintenant, tu termineras simplement avec
>   un appartement dans la Cité des Morts.
> Si tu fais l'amour avec le divin maintenant, dans la vie qui suit
>   ton visage sera celui du désir satisfait.
>
> Ainsi plonge dans la vérité, découvre qui est l'Enseignant et
>   crois dans la Grande Résonance !
>
> Voici ce que te dit Kabir : lorsque l'Hôte est recherché, c'est
>   l'intensité de la recherche de l'Hôte qui fait tout.
> Regarde-moi et tu verras un esclave de cette intensité.

Deuxième injonction : « Faut être heureux quand même avec ce qu'on a. » (Le bonheur est obligatoire.)

D'abord, bonne morale et bonne logique obligent : « Comme tu peux toujours trouver plus malheureux que toi sur cette planète, tu es donc heureux ! » Dans cette logique, il n'est pas question de sentiment, mais bien de devoir : le devoir d'être heureux quoi qu'il advienne, comme si quelque chose d'aussi subtil et intime qu'un sentiment — et *a fortiori* un état intérieur — pouvait se commander par décret ! Dans cette logique donc, basée sur l'*avoir* plutôt que sur l'*être*, la culpabilité vient, encore une fois, envenimer la conscience : « Comment oserais-tu ne pas être heureux de ce que tu as, alors que tant de gens n'ont rien ? ! »

Que de personnes, prises en tenaille dans cette culpabilité, s'empêchent de faire leur grand nettoyage intérieur, alors que, pourtant, ce serait précisément l'occasion de retrouver leur profond bien-être ! Elles se mentent souvent à elles-mêmes en prétendant que « tout va bien », alors que leur être entier crie : « Rien ne va plus ! » Nous verrons plus loin une proposition pour passer de la culpabilité à la responsabilité.

Observons pour l'instant que cette injonction de bonne morale néglige le principe d'alternance. Prenez le cas de Jeanne, qui trouvait que sa fille *devait* être positive : c'était négliger la souffrance que cette dernière vivait alors, d'autant plus qu'elle était interdite d'expression. Et c'est précisément la conscience et l'expression de sa souffrance qui ont été l'occasion pour elle de redevenir plus heureuse, malgré l'inconfort des circonstances. Ainsi, l'obligation d'être heureuse et positive que Jeanne imposait à sa fille constituait précisément l'obstacle à le devenir.

Ensuite, une certaine interprétation réductrice et cependant courante de la pensée positive prend le relais de la bonne morale (« La vie est toujours belle et tout va bien. Il n'y a jamais de problèmes, que des solutions… »), instaurant semblablement une sorte d'obligation culpabilisante (« Je ne suis pas à la hauteur, les autres y arrivent et pas moi, je devrais faire encore plus d'efforts ») et négligeant le principe d'alternance. Le risque de la pensée positive prise au premier degré est l'angélisme. En effet, la vie n'est pas toujours belle, tout ne va pas toujours bien, et nous mettons souvent bien du temps et vivons beaucoup de souffrance à mijoter dans le problème avant qu'émerge une solution. Il vaut mieux le savoir — c'est-à-dire être conscient du principe d'alternance — pour ne pas déchanter à la moindre embûche.

Enfin, certains courants actuels brassent des notions tirées des différentes voies et traditions spirituelles de notre planète, du bouddhisme à la connaissance aborigène, du soufisme à la sagesse hindoue, et semblent proposer un raccourci pour le bonheur intérieur. Ils présentent en effet le bonheur comme une évidence dont l'accès est immédiat, sans rendre du tout compte des étapes successives que ces mêmes traditions rappellent et dont sont faits tous les chemins vers l'éveil, nonobstant la tradition. Cette vision donne une impression d'obligation mondaine, le dernier *must* à la mode qu'il ne faut pas manquer.

Je rencontre à l'occasion des personnes qui cheminent dans ces courants. Si j'ai, certes, de la compréhension pour leur élan, j'ai toutefois l'impression (vérifiée à maintes occasions) qu'elles espèrent pouvoir sauter les étapes et arriver à un stade d'éveil digne du Bouddha sans faire tout le chemin de transformation et d'alchimie personnel qu'une telle démarche demande. Généralement, elles se sentent déchirées, un peu honteuses ou même coupables de ne pas y arriver. Souvent, la vie, dans sa vigoureuse sagesse, leur montre qu'elles ne feront pas l'économie du cheminement et de l'intégration des étapes. Et cela n'est pas un moment confortable.

Il peut arriver que ces personnes viennent en thérapie, bouleversées d'avoir pris la réalité en pleine figure. Séparation, divorce, deuil ou maladie, licenciement ou accident se sont chargés de leur enseigner que le bonheur n'est pas une idée mais une conscience, et que celle-ci s'ancre et croît non pas par la pensée, mais bien par la connaissance née de l'expérience. Les belles notions dont elles émaillaient leurs conversations ne sont pas encore des fondations stables, posées pierre par pierre de leurs propres mains, et sur lesquelles elles peuvent construire solidement leur lieu de vie pour y installer leurs habitudes et y allumer un foyer lumineux et durable. Ces notions ont été comme un feu d'artifice qui les a fascinées et réjouies un moment dans la nuit, pour les y laisser aussitôt perdues. Heureusement, il est toujours temps de recommencer avec autant d'idéal… et plus de réalisme!

Comme l'évoque Boris Cyrulnik[4]: «Le bonheur s'élabore et le malheur aussi. C'est un échafaudage; chaque étage compte. Mais c'est un processus dynamique.»

Finalement, bien sûr, il y a notre société de consommation, avec ses biens et ses services faciles d'accès, et la publicité qui les vante en prétendant le bonheur obligatoire. Comment, en effet, oser ne pas être heureux alors que tout est si facile, alors que tout s'achète à coup de clic, de tapes, de bip et de zap! Pour cette société, dont l'illusion est de croire qu'elle puisse combler tous nos besoins, l'idée qu'on puisse ne pas être heureux n'est pas tolérable. Il n'y a pas de place pour le malheur, la détresse, la difficulté, le mal-être dans l'idéologie de la société de consommation. Il *faut* être heureux! Dans la réalité de tous les jours, on le sait aussi, c'est une tout autre histoire.

Double injonction/injection tétanisante et déchirante

Alors, il ne reste plus qu'à conjuguer ces deux injonctions:

1. *«On n'est pas là pour rigoler* (ou *Tu ne peux pas être heureux*) puisque d'autres ne peuvent pas rigoler, qu'il y a tant de choses qui vont mal et que, de toute façon, il reste tant à *faire*.»
2. *«Tu dois être heureux quand même* puisque tu as la chance d'*avoir plus* (de santé, d'argent, de relations, de biens, de sécurité matérielle ou affective…), puisque tout va bien, puisque le nirvana est là.»

---

4.   «Les clés du bonheur», *Le Nouvel Observateur*, 3-9 janvier 2002.

Nous obtenons ainsi un mouvement de cisailles ou de mâchoires qui casse ou broie l'élan de vie en instaurant dans le cœur de beaucoup d'entre nous non pas la confiance en soi et en la vie, mais le doute, voire la peur d'exister, d'être vivant, d'être soi, d'occuper pleinement sa place.

Cette double injonction, à la fois déchirante et tétanisante, crée une inhibition fondamentale encodée dans notre disque dur, si je puis utiliser cette expression empruntée au langage informatique. Si je repense au film *Shine*, je comprends qu'il y ait de quoi devenir schizophrène.

Ce qui est tragique dans une telle double injonction, c'est qu'elle soit à la fois généreuse dans son intention («C'est pour ton bien que je te dis ça») et, le plus souvent, implicite dans son expression, et ainsi doublement dotée du pouvoir de s'imprégner incognito, de façon subliminale, dans notre inconscient. L'encodage étant donc inconscient, le piège est parfait: inconnu, invisible, inusable.

J'ai côtoyé et je côtoie toujours tant des personnes qui sont inconscientes de ce double langage et qui vivent dans ce piège sans s'en être rendu compte, que des personnes qui en ont bien pris conscience mentalement mais qui n'ont pas encore trouvé la façon de transformer concrètement leur manière d'être.

Comment puis-je affirmer que ces personnes sont prises dans ce piège? Parce qu'elles me le disent! Certaines d'entre elles m'en parlent sans en être conscientes: «Vous savez, on n'a pas le choix. La vie, c'est comme ça. Faut encaisser les coups si on veut survivre…» D'autres abordent le sujet bien consciemment: «J'ai du mal à être heureuse. J'ai encore de la difficulté à m'arrêter de *faire* ou de courir pour goûter la vie. Je sens que je suis programmée pour l'action et le résultat. Comment pourrais-je m'arrêter pour souffler un peu?»

Que d'énergie ainsi perdue à gérer cette tension, à tenter de résoudre cet interminable conflit intérieur, cette querelle intestine! Toute cette énergie pourrait être consacrée à penser et à vivre autrement, à être de plus en plus dans la présence, à développer joyeusement la créativité et la fantaisie.

Surtout, quelle priorité nous accordons, pas seulement dans nos vies individuelles, mais aussi dans la vie même de nos communautés et de nos sociétés, à anticiper le pire plutôt qu'à préparer le meilleur, à nous défendre d'une menace éventuelle plutôt qu'à nourrir la confiance! Et croyez bien que je suis encore moi-même à l'école de ce que je vous propose d'apprendre ensemble.

DEUXIÈME DOUBLE MESSAGE CONTRADICTOIRE: UN RAPPEL EN DEUX INJECTIONS/INJONCTIONS

Déjà, le double vaccin, avec ses contre-indications aussi fatales que méconnues, met à mal bien des vies. Ce serait encore peu de chose si ses effets tragiques n'étaient encore aggravés par un second double message qui vient, tel un rappel de vaccin, renforcer le processus de déchirure et de tétanisation. Ses deux composantes s'énoncent comme suit:

- première injection (injonction): «Il faut être le meilleur!» (La performance et le succès sont obligatoires.)
- deuxième injection (injonction): «Il ne faut pas se prendre pour le meilleur.» (La performance et le succès sont interdits.)

Examinons ces deux injonctions pour y voir plus clair, encore une fois.

Première injonction: «Il faut être le meilleur!» (La performance et le succès sont obligatoires.)

C'est le «sois parfait!» proposé, entre autres, dans différentes méthodes de développement personnel. De nouveau, cette injonction n'était pas forcément formulée clairement ni dans cette intention-là pour le petit garçon ou la petite fille que nous avons été. D'ailleurs, si elle avait été dite aussi clairement, il nous aurait sans doute été plus facile de réagir en contestant, en discutant ou en laissant dire tout en nous faisant confiance personnellement.

Ainsi, sa formulation était plutôt du genre : «Faut pas s'endormir sur ses lauriers !» dès qu'on atteignait un succès. Pas le temps de s'en réjouir vraiment ni, bien sûr, de se reposer. À d'autres occasions, on la traduisait plutôt par des phrases éteignoirs du type «Peut mieux faire !», sans appréciation pour ce qui était déjà accompli ni pour les efforts fournis, indépendamment du résultat atteint.

En conséquence, que de vies usées, voire épuisées, par cette quête insatiable d'une perfection, par nature toujours hors atteinte, ou d'une performance pas toujours dans nos goûts ni dans nos capacités ! Cette injonction — en nous fixant comme objectif un état vers lequel on peut tendre, certes, par élan et par plaisir, mais qui n'est pas forcément à atteindre — a jeté en beaucoup d'entre nous le poison de la frustration constante et l'un de ses corollaires, l'esprit de compétition et de comparaison : être le meilleur, avoir la meilleure place, courir plus vite, être plus aimé ou plus reconnu, gagner plus d'argent, rouler plus vite, prendre les plus grandes parts du marché, monter au plus haut poste… Que de vies de femmes et d'hommes, de couples et de familles, broyées et laminées par cette course incessante de guerrières et de guerriers !

Cela commence dès l'école par la course pour la meilleure place, pour les meilleurs résultats, tant en mathématique qu'en gymnastique et au piano, et cela se poursuit la vie durant et au galop par un parcours effréné entre la vie professionnelle, la vie de couple et de famille, et la vie sociale. «Être au *top* en tout, sinon rien !» pourrait être la devise de ces marathoniens qui vivent la vie comme un programme à suivre étape par étape : on naît, on grandit à l'école, on réussit, on poursuit des études, on réussit, on se marie, on fait des enfants, on réussit, on devient vieux, on fait un peu d'hôpital, on survit et puis on meurt ! Programme accompli, rien à redire. La vie comme un parcours à *faire*.

Nous aurons *fait* toutes les étapes avec sans doute le bénéfice de la reconnaissance sociale habituelle… Mais nous serons-nous permis d'*être* vivants, présents, avec le bénéfice d'un profond contentement intérieur, à la fois croissant en nous et rayonnant autour de nous ?

Je me souviens de Patricia qui se disputait avec son fils de quinze ans. Elle se plaignait qu'il était difficile et paresseux parce qu'il n'obtenait pas les meilleures notes, qu'il ne lisait pas autant de livres qu'elle aurait souhaité et qu'il avait cessé ses cours de tennis alors qu'il passait des heures au foot et à écouter de la musique. Après deux séances au cours desquelles j'avais cherché à savoir ce qu'elle voulait vraiment de son fils, qui pourtant semblait joyeux, bien dans sa peau et, surtout, soucieux que sa mère lui lâche un peu les baskets, elle me répondit: «Mais je veux qu'il soit le meilleur!» en riant elle-même de constater son exigence.

Son fils, avec un aplomb que j'ai admiré, lui a répondu: «Eh bien, maman, je n'ai pas besoin d'être le meilleur. J'ai besoin de me sentir bien, heureux, détendu, d'avoir mes copains et d'avancer tranquillement dans mes études. Toi, tu peux continuer à te stresser et à t'épuiser pour tenter d'être au *top* en tout, tout le temps. Moi, ce n'est pas mon truc et j'aimerais que tu le comprennes!»

Commentaires

1. Cette réponse du fils, inconfortable à entendre pour Patricia, lui fut cependant salutaire pour prendre conscience de sa propre insécurité intérieure. Elle ne se sentait bien que parfaite: parfaitement habillée, parfaitement coiffée, parfaitement informée, parfaitement branchée, parfaitement organisée… Sa vie était épuisante, pour elle comme pour ses proches. La sécurité pour elle ne provenait pas d'un ordonnancement paisible de sa vie intérieure, mais plutôt d'un contrôle systématique et terriblement stressant de tout l'extérieur. Elle avait elle-même encodé dans son inconscient les injonctions suivantes: «Si je veux être aimée, appréciée, reconnue, je dois être parfaite. Une mère parfaite a des enfants parfaits. Donc mon fils doit être le meilleur.»

2. Sa belle intention consciente aveuglait Patricia. Dans son aveuglement, elle n'avait pas vu l'intention cachée et bien inconsciente de son attitude: croyant prendre soin de son fils,

elle prenait indirectement soin de sa propre sécurité et de son estime de soi, l'une et l'autre défaillantes. Mais, bien entendu, comme elle ne s'occupait d'elle qu'inconsciemment et indirectement, son attitude renforçait le piège au lieu de l'en sortir. Pourquoi cela ? En raison des deux principes suivants développés dans l'analyse systémique. Le premier principe est : *si je fais ce que j'ai toujours fait, j'obtiens ce que j'ai toujours obtenu.* La conséquence de ceci est le second principe : *si je fais toujours plus de la même chose, j'obtiens toujours plus de la même chose.* Ainsi, lorsque Patricia contrôlait et houspillait son fils, celui-ci rouspétait et s'échappait. Plus Patricia contrôlait et houspillait son fils, plus celui-ci rouspétait et s'échappait. Et plus ce dernier s'échappait et rouspétait, plus sa mère le houspillait et le contrôlait ! La guéguerre quotidienne, quoi !

Ce phénomène s'amplifie parfois jusqu'à la fuite ou à l'épuisement de l'un ou l'autre des protagonistes. Ce n'est qu'en démasquant l'intention cachée, soit le vrai besoin derrière le besoin apparent, qu'on peut envisager de s'en libérer. Pour démonter le piège de cette croyance, sortir de cette vision binaire des choses (« Soit je suis parfaite, donc aimée, soit je suis comme je suis, donc rejetée »), que d'inconforts salutaires à traverser pour Patricia !

Deuxième injonction : « Il ne faut pas se prendre pour le meilleur. » (La performance et le succès sont interdits.)

Nous avons entendu : « Ne te mets pas en avant. Laisse les autres passer devant. Ne te prends pas pour meilleur que tu n'es. » Nous avons encodé : « Reste en retrait et doute de toi. » L'intention de cette injonction était vraisemblablement l'invitation à la modestie qui, si elle n'est pas fausse, est une valeur que j'apprécie particulièrement. La vraie modestie nous maintient dans la vigilance, dans la capacité salutaire de se remettre en question sans se dénier soi-même.

Le risque que sous-tend cette dernière injonction, c'est de créer — ce qu'elle a fait chez bien des gens — le déni de soi, précisément. Et qui ne s'est jamais dit ou n'a jamais entendu dire ces petites phrases assassines?

- «Comme je ne suis pas le meilleur, je suis nul.»
- «Même si j'ai les meilleurs résultats, je peux mieux faire et je me dois donc d'être insatisfait de ce qui reste à faire plutôt qu'heureux de ce qui est accompli.»
- «Ce que je fais, ce que je vis n'a pas d'importance en soi; ce qui compte, c'est que je corresponde au programme prévu.»
- «Mon opinion dérange ou ne vaut rien, je ferais mieux de laisser parler les autres. Les autres savent mieux, font mieux, sont mieux.»
- «S'exposer, s'exprimer, c'est risquer de ne pas être le meilleur. Donc, je reste en retrait.»
- «Réussir, avoir du succès, c'est dérangeant; or il ne faut pas déranger.»
- «Oui, mais je n'ose pas, et qu'est-ce qu'on dirait de moi si j'osais?!»
- «Oui, mais même si j'osais, je n'y arriverais pas. À quoi bon essayer? Je ne suis pas capable. Cela ne vaut même pas la peine d'y penser.»
- «On ne m'accepte pas comme je suis. On va me critiquer, une fois de plus. Personne ne m'aime.»

Ces petites phrases, qui manifestent un tragique manque d'estime de soi, méritent notre attention vigilante: elles sont autant de jugements, de croyances ou de syllogismes simplistes qui enferment.

D'après les informations que je recueille, outre ma propre expérience dans l'accompagnement psychothérapeutique, il me paraît que plus de 80% des consultations en psychothérapie ont trait finalement à l'estime de soi. Je dis *finalement* parce que la demande de départ est rarement: «Je viens vous voir parce que j'ai besoin d'apprendre à m'aimer, à m'estimer, à me respecter et à me faire confiance.» Les personnes consultent parce qu'elles vivent difficilement un deuil, une séparation, un accident, une maladie, une dépendance ou une codépendance, une relation de couple ou parent-enfant tendue, des difficultés professionnelles ou scolaires, des colères explosives ou une timidité étouffante ou les deux, des fantasmes sexuels dérangeants ou des rêves de changement…

Tôt ou tard, dans la plupart des cas, apparaîtra au cours du travail d'accompagnement la question de l'estime de soi : « Est-ce que *je me* donne la place que j'attends désespérément qu'*on* me donne? Est-ce que *je m'*apporte cette reconnaissance ou ce respect profond, inconditionnel que j'attends désespérément qu'*on* m'apporte? Est-ce que *je m'*aime comme je suis, c'est-à-dire en route, en construction, même en chantier, ou est-ce que je continue à attendre d'être parfait et accompli pour commencer à m'aimer? »

Moi-même entré en thérapie parce que je me croyais vacciné contre le bonheur, j'ai pu décider de quitter mon thérapeute quelques années après lorsque j'ai commencé à sentir en moi comme une présence chaleureuse, amicale et sur laquelle prendre appui, non pas le bonheur mais l'estime de moi, c'est-à-dire la conscience et la confiance dans mes capacités à traverser les difficultés comme à me réjouir. Aujourd'hui, je peux vivre cela comme la fréquentation d'un espace intérieur de bien-être profond, un lieu d'assurance et de convivialité intime sur lequel je peux compter, quoi qu'il advienne.

Je suis vraiment frappé de constater dans les faits combien la blessure profonde de la plupart des personnes qui consultent (et j'aurais bien tendance à croire qu'il en est de même, mais encore plus inconsciemment, pour celles qui souffrent en silence et qui ne consultent pas) a trait à l'estime juste et mesurée de soi-même. Le risque, quand nous ne prenons pas soin de cette blessure, c'est d'entrer malgré nous dans toutes sortes de dépendances et de compensations douloureuses et pas forcément visibles, comme celles d'être accros au regard de l'autre, intolérants ou vulnérables à la moindre critique ou contradiction, incapables de solitude ou, au contraire, de vie en communauté, prisonniers d'une compulsion qui se manifeste dans les achats intempestifs ou les aventures amoureuses à répétition.

Dans *Cessez d'être gentil, soyez vrai!* j'évoque comme ceci cette dépendance tragique si répandue : «Si je ne m'apporte pas à moi-même une reconnaissance juste et mesurée, je risque de passer ma vie à quêter désespérément à l'extérieur de moi une reconnaissance déplacée et démesurée.»

De nouveau, travailler tous les jours à une juste estime de soi, cela suppose de développer sa propre capacité de se remettre en question et de regarder ses ombres, ce qui n'est pas confortable!

Double injonction/injection tétanisante et déchirante (bis)

Voyez qu'il suffit maintenant de combiner ces deux injonctions, ce double langage contradictoire :

1. «Il faut être le meilleur.»
2. «Il ne faut pas se prendre pour le meilleur.»

pour obtenir une fois de plus un mouvement de cisailles ou de mâchoires qui casse et broie l'élan de vie. Cette double injonction encode à son tour dans notre disque dur une inhibition fondamentale, à la fois déchirante et tétanisante, inhibition qui mène souvent à vouloir sans oser, à espérer sans entreprendre, à attendre sans transformer, à subir sans agir.

C'est également parce que son intention est généreuse («C'est pour ton bien…») que cette double injonction s'imprègne en nous inconsciemment. Comme il y a une belle intention de part et d'autre des messages contradictoires, le piège est rendu invisible, donc parfait.

DÉCODER LES DOUBLES MESSAGES CONTRADICTOIRES : QUITTER LA PENSÉE BINAIRE

Pour sortir de la tétanie et pour conjurer chaque jour la déchirure dans laquelle ces doubles messages nous maintiennent, la méthode de la communication non violente présentée dans mon premier livre peut nous aider considérablement. Concrètement, cela veut dire que nous nous mettons à l'écoute des sentiments (S) ainsi que des valeurs ou des besoins (B) que ces doubles messages expriment vraisemblablement, et que nous tentons de percevoir la belle intention derrière les mots.

Je vous propose, par exemple, les décodages suivants (attention ! c'est un décodage technique ; nous ne parlons évidemment pas en langage courant), en attribuant les messages aux personnes de référence de notre enfance.

Le double vaccin

Ce premier double message contradictoire («On n'est pas là pour rigoler, mais faut être heureux quand même avec ce qu'on a») pourrait se traduire par : «Moi, ton parent (ton enseignant, ton éducateur), j'étais préoccupé, soucieux (S) en raison de mon besoin de protection et de conscience (B). Comme la vie n'est pas toujours drôle, j'ai exprimé mes deux besoins de protection et de conscience en te prévenant — sans doute de façon lapidaire car je n'ai guère appris la nuance — *qu'on n'est pas là pour être heureux, pour rigoler* (D/A).

«Au fond, je voulais te dire : j'ai tant souffert moi-même (S), je voudrais tant te faire faire l'économie de la souffrance (B : protéger de la souffrance), mais je ne sais pas comment m'y prendre, alors je préfère t'éviter au moins la souffrance de la désillusion en te donnant ainsi d'emblée le pire des scénarios et la plus obscure des prévisions. De cette façon, je crois sincèrement maximiser pour toi le bénéfice si une éclaircie apparaît malgré tout.

«Mais comme il y a quand même des moments joyeux, que cela me réjouissait et me rassurait (S) et que j'avais besoin d'y croire (B: besoin de faire confiance, de croire), je t'ai enjoint également de façon lapidaire à *être heureux quand même* (D/A).

«Au fond, si j'avais eu plus de conscience et de vocabulaire, j'aurais aimé te dire que le véritable enjeu, c'est qu'il s'agit d'essayer d'être heureux même si la vie est souvent inconfortable.»

Si je repense à mes parents, à mes proches et à mes enseignants, je crois vraiment qu'ils auraient préféré une formulation de ce type plutôt que l'injonction en cause. Aujourd'hui, j'ai pu clarifier ce que, enfant, j'aurais tant aimé entendre, et trouver une formulation non plus binaire, mais complémentaire des valeurs ou des besoins maladroitement exprimés par la double injonction contradictoire.

Voici donc ce que, aujourd'hui, après avoir clarifié ce double lien, je tiens à montrer à mes enfants, davantage d'ailleurs dans ma façon d'être que dans mes paroles: j'appelle cela «les deux sens de la vie». Oui, la vie a deux sens:

1. Nous sommes là pour tenter de trouver un profond contentement intérieur qui se manifeste dans la douceur et l'intensité de la communion avec soi, avec les autres, avec la vie, avec l'Univers ou avec Dieu (quel que soit le nom que vous lui donniez). *Cela, c'est le sens de la vie, sa signification: c'est à cela qu'elle sert, la vie.* Ce profond contentement intérieur représente notre besoin (ou valeur) fondamental, notre élan vital en tant qu'êtres humains.

2. Et cette expérience passe par des frictions, des tensions, des ruptures, des déchirements, des renoncements, des deuils successifs comme elle passe par des joies, des émerveillements, des moments de grâce, de douceur, de fête et de paix. *Cela aussi, c'est le sens de la vie, sa direction, son parcours, son passage: la vie passe par là.* En tant qu'êtres humains, nous passerons par tous les sentiments, agréables et désagréables (voir la figure à la page suivante).

Comme j'aurais aimé entendre et comprendre (com-prendre, du latin *comprendere*, c'est faire sien, prendre avec soi) cela comme cela dès l'enfance, en sorte d'avoir d'emblée conscience des règles du jeu que j'ai mis tant d'années à trouver.

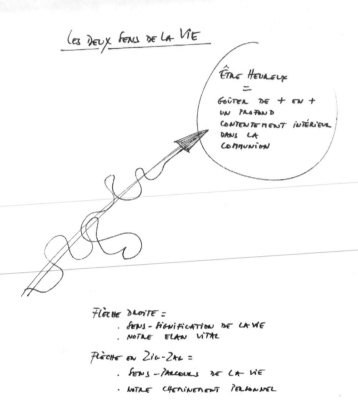

Le double rappel

Ce second double message contradictoire («Tu dois être le meilleur, mais ne te prends pas pour le meilleur») pourrait, lui, se traduire comme ceci : «Moi, ton parent (ton enseignant, ton éducateur), j'ai eu peur que tu ne t'enfermes dans la complaisance et l'égocentrisme (S). J'ai eu besoin de stimuler la vigilance et la capacité de se remettre en question (B). Donc, je t'ai dit de façon lapidaire : *faut pas se prendre pour le meilleur*. Mais j'ai eu peur aussi que tu ne t'enfermes dans l'insouciance et la médiocrité (S). Alors, je t'ai dit : *faut être le meilleur,* parce que j'avais besoin de t'encourager à te dépasser, j'avais besoin de te donner le goût du beau, de l'excellent (B).

« Si j'avais eu la conscience suffisamment claire et les mots suffisamment nuancés pour l'exprimer, j'aurais aimé te dire que nous sommes là pour explorer, découvrir et partager ce qu'il y a de meilleur en nous. Chacun possède un trésor. Sois conscient et généreux de ton trésor *et, en même temps,* reste ouvert, attentif à recevoir le trésor des autres, disposé à apprendre et à te remettre en question. Cherche la beauté, la vérité, l'excellence *en accueillant aussi* ta fragilité, ta vulnérabilité et ton ombre, de sorte d'être à même d'accueillir celles des autres. Occupe joyeusement ta place : il y a de la place pour chacun, sinon ni toi ni moi ne serions là. Pense que ta place que tu n'occupes pas pour ne pas déranger reste vide à jamais et réjouis-toi que chacun occupe pleinement la sienne autour de toi. »

J'aurais tant aimé entendre cela comme cela à l'époque. Aujourd'hui, je tiens à vivre et à faire vivre l'invitation du poète Rabindranath Tagore, lancée dans *Le Jardinier de l'Amour :*

> **« Viens prendre la place qui t'attend**
> **dans l'infini des choses, mon enfant. »**

CHAPITRE 3

Quelques pièges de l'éducation à la gentillesse

On ne construit pas son bonheur,
on détruit ce qui y fait obstacle.

CHRISTIAN BOIRON

D ans ce chapitre, je reprends cinq conditionnements à la gentillesse qui forment un tout; pour cette raison, je n'ai pas voulu les séparer, ce qui explique le volume de ce chapitre. Dans la section intitulée «Je t'aime si...» de mon ouvrage précédent *Cessez d'être gentil, soyez vrai!*, je décrivais certains d'entre eux comme une mécanique qui amène chacun de nous à se faire violence et à faire violence aux autres. Dans les pages qui suivent, je m'attacherai plutôt à montrer comment ces mêmes conditionnements — et d'autres qui me sont apparus plus clairement au sein de ma pratique des dernières années — nous piègent dans l'impossibilité d'être heureux.

D'entrée de jeu, j'aimerais apporter deux précisions : d'abord, en décrivant ces pièges, mon intention est de vous donner les moyens de les comprendre afin que vous puissiez exercer, si vous le voulez, votre liberté d'en sortir ou d'y rester; ensuite, je souhaiterais que vous puissiez lire ces considérations avec le cœur de l'enfant que vous avez été, et non comme le parent ou l'éducateur que vous êtes peut-être. De fait, je ne veux aucunement critiquer les personnes (parents, enseignants ou éducateurs) qui ont manifesté les attitudes dont il sera question ci-dessous. Ces gens ont, la plupart du temps, agi avec tout leur cœur et, surtout, avec les moyens qu'ils possédaient; et je tiens à ce que chacun soit respecté dans son intention et ses moyens.

Nous avons souvent, comme enfants, entendu des phrases telles que: «Sois gentil, range ta chambre», «Sois gentille, aide-moi à la cuisine», «Sois gentille, ramène-nous de bons points de l'école», «Sois gentil, mets ta belle chemise pour aller chez grand-maman». Cela, c'est ce que nous avons entendu avec nos oreilles d'enfant. Toutefois, ce que nous avons encodé dans notre cœur d'enfant, dans notre petit disque dur *affectivo-psychico-sensoriel*, est d'un tout autre ordre. Nous avons souvent encodé: «*Je t'aime si* tu ranges ta chambre», «*Je t'aime si* tu m'aides quand j'ai décidé que tu m'aiderais», «*Je t'aime si* tu réussis et que tu performes», «*Je t'aime si* tu portes les vêtements que je veux que tu portes».

Je le répète, je n'affirme pas ici que ces personnes nous ont dit «Je t'aime si...» ni même qu'elles ont voulu le dire; j'avance simplement que c'est ce que nous avons entendu et encodé, et c'est cette réalité-là qui m'intéresse puisque c'est celle-là qui fait mal.

Alors, que se passait-il dans notre cœur de petit garçon ou de petite fille lorsque nous ressentions ceci: «Mais moi, je n'ai pas besoin de ranger ma chambre, j'aime mon joyeux désordre, j'exprime mon identité d'ado et cela ne veut pas dire qu'une fois adulte je n'aurai pas le goût de l'ordre. J'ai besoin qu'on me fasse confiance dans ma capacité d'évolution...»; «Je suis fatiguée que ma mère m'appelle toujours à l'aide à la cuisine ou que papa me demande de lui prêter main-forte au jardin parce que je suis si gentille. J'ai besoin d'équité et de réciprocité, et j'aimerais qu'ils s'adressent aussi à mes frères et sœurs»; «Je ne peux pas ramener de bons points de l'école, parce que j'y pige rien en mathématique et qu'il n'y a personne pour me dire le sens de cette matière, en quoi son apprentissage me rendra plus heureux et plus responsable dans la vie. On m'a dit: "T'as pas le choix, c'est au programme, c'est comme ça!" Mais c'est pas une réponse responsable, ça!»?

Que se passait-il dans notre cœur d'enfant lorsque nous ressentions ces choses? Osions-nous les exprimer, confiants que nous serions écoutés, compris et respectés dans notre différence et notre identité?

(Pour entendre cela sans croire que je prône de laisser les enfants faire n'importe quoi, il s'agit de se rappeler un des principes de base de la CNV: nos besoins ont plus besoin d'être reconnus que satisfaits; autrement dit, le fait de reconnaître les besoins de l'autre ne veut pas forcément dire qu'on est prêt à les satisfaire. Reconnaître les besoins de l'autre, même s'ils sont différents des nôtres, fonde son identité et son altérité. Lorsque nous cessons d'être gentils, nous acceptons l'idée que reconnaître le besoin de quelqu'un ne veut pas dire démissionner du nôtre. Il s'agit plutôt de chercher ensemble une solution satisfaisante tant pour l'un que pour l'autre, sans dominer ni soumettre.)

La plupart du temps, nous nous serons *écrasés* pour être gentils et ne pas déranger, pour ne pas risquer de vivre du rejet, un renvoi ou le désamour. Ce besoin d'amour, de sécurité affective est absolument prioritaire pour l'enfant. J'ai rencontré des enfants battus ou victimes d'abus qui trouvaient toutes sortes de raisons pour excuser leurs parents et pour tenter de ne pas compromettre le lien affectif. Ils disaient par exemple: «Oui, mais mon père avait de gros ennuis au boulot. Son patron le faisait ch… donc, c'est normal qu'il se fâche contre moi et qu'il me frappe. Il fallait bien!»; «Oui, mais ma mère était si malheureuse toute seule, il fallait bien qu'elle trouve un peu d'affection! J'étais la seule personne proche. C'est normal.»

Ces enfants-là, il leur faut bien du temps pour reconnaître — quand ils arrivent à le faire — et pour accepter la colère et l'indignation qu'ils portent en eux vis-à-vis de leurs parents. Il leur faut bien du temps pour quitter la vision binaire : « Si je suis en colère contre mes parents, je transgresse le tabou qui veut qu'on aime toujours ses parents et je risque qu'ils ne m'aiment plus » et entrer dans une compréhension complémentaire : « *Et* je suis en colère contre mes parents, *et* j'ai de l'amour pour eux et je tiens à leur amour. » Et ce n'est, bien sûr, qu'au prix de cette colère rencontrée et exprimée en conscience qu'ils peuvent nettoyer la plaie et permettre à celle-ci de se cicatriser.

Nous n'avons, heureusement, pas tous été victimes d'abus ou frappés. Toutefois, nous sommes souvent pris par cette loyauté aveugle qui nous fait craindre le désamour dès qu'il y a désaccord.

Désaccord n'est pas désamour.

Ainsi, nous aurons notamment appris non pas à écouter, à comprendre et à gérer nos frustrations, mais à les taire quand ce n'est pas à les refouler complètement dans l'inconscient. Nous aurons appris à faire les choses non pas par élan d'amour, mais par devoir ; non pas par joie de donner, mais par peur de perdre ; non pas dans le goût de contribuer, mais dans la crainte du rejet ; non pas dans la responsabilité, mais dans la culpabilité.

Nous aurons appris à serrer le couvercle de la cocotte-minute et à laisser le feu brûler en dessous jusqu'à explosion ou implosion ! Cela, c'est la mécanique de la violence observée dans les conditionnements de l'amour conditionnel.

Maintenant, je vous propose d'observer dans ces mêmes conditionnements comment s'enclenche la mécanique *antibonheur*, à voir différents engrenages qui sont autant de pièges.

PREMIER PIÈGE : NOUS AVONS PLUS APPRIS À FAIRE QU'À ÊTRE

> *L'identité humaine n'est pas un simple lieu de séjour confortable,*
> *mais une interrogation permanente – comment être et comment être là ?*
>
> Vaclav Havel

« Range ta chambre, mets ta belle robe, aide à la cuisine, fais du sport, travaille à l'école… » Nous avons appris à faire tant de choses pour être aimés! Ce piège-ci me paraît le plus puissant et contraignant de tous, et ce, pour deux raisons : l'insécurité affective et l'obligation de faire, de produire biens et services, véhiculée dans notre société.

L'insécurité affective

> Je t'aime si tu fais, agis, réponds et corresponds,
> si tu « performes »…

Ainsi s'instaure *la course à tout bien faire.*

N'avez-vous pas cette croyance bien encodée en vous: être aimé pour ce que vous faites (la bonne prestation, la bonne action, les bons résultats, les bons points, la bonne figure…) et non pas pour qui vous êtes? Ne croyez-vous pas que vous risquez d'être blâmé, rejeté ou de vivre de la honte si vous n'êtes pas toujours prêt à *faire* quelque chose? N'est-elle pas épuisante, cette course à tout bien faire pour plaire à tout le monde et ne déplaire à personne?

Beaucoup d'épuisement, d'angoisse, de culpabilité, de dépression dans les couples et les familles comme dans les milieux socioprofessionnels s'expliquent par cette insécurité affective de base que j'ai vécue et entendue des centaines de fois formulée comme ceci: «En dépit de la bonne volonté et de l'amour de mes parents et de mes enseignants, je ne me suis pas senti, dans mon cœur, aimé inconditionnellement, aimé pour qui je suis, l'être unique que je suis. J'ai encodé malgré moi qu'*il faut faire des tas de choses* pour obtenir de l'amour. Donc, je n'arrête pas de courir de chose à faire en chose à faire pour être aimé, accepté, reconnu, pour avoir ma place. Et, au fond, si je veux bien me regarder en face, je n'arrive pas encore à me donner à moi-même de la reconnaissance, à me reconnaître de la place ni, *a fortiori*, à m'aimer autrement qu'en travaillant dix heures par jour, en m'occupant de mon conjoint et de mes enfants trois heures par jour, en poursuivant ma formation en cours du soir, en gardant la forme par le sport, en apprenant l'anglais et la guitare, en lisant les journaux et les derniers livres, en prenant des nouvelles de mes proches, en conservant une activité sociale ou humanitaire assidue...»

Vérifiez vous-même en vous posant cette question: «Si je me sentais vraiment en pleine sécurité affective, assuré totalement que je suis aimé et reconnu comme je suis avec mes défauts et mes qualités et que je m'aime moi-même solidement comme cela, avec ma lumière et mes ombres, est-ce que je ne lèverais pas un peu le pied pour en *faire moins* et me réjouir un peu plus d'*être?*»

Ne répondez pas tout de suite. Laissez la réponse vous venir dans les prochains jours ou les prochaines semaines.

L'obligation de produire véhiculée par notre société

Combien d'entre nous ne se sont pas un jour trouvés délicieusement perdus dans une rêverie contemplative, à la poursuite d'un bourdon qui passait la fenêtre de la classe vers le marronnier de la cour de récréation, songeant à la merveille d'être léger, volant dans l'air libre et parfumé? Combien d'entre nous n'ont pas cherché à déchiffrer le labyrinthe des mailles bleues dans un tapis de laine rouge, ou encore à trouver des visages et des personnages dans le dessin du dallage, et ne se sont pas fait réveiller brusquement de leur paisible rêverie par un «Reste pas là à rien faire, fais quelque chose!»?

Voici donc la deuxième raison pour laquelle ce premier piège est si puissant: elle tient au fait que, dans nos cultures occidentales, il n'y a pratiquement pas de place ni de reconnaissance pour d'autres types d'existence qu'active et dûment rubriquée au catalogue de la production des biens et services.

Quelqu'un qui travaille dix heures par jour, six jours sur sept, en sautant de réunion en rendez-vous, est une personne responsable qui fera impression, même si elle est malheureuse. Quelqu'un qui travaille quatre jours par semaine au lieu de cinq pour avoir le temps de s'occuper de ses enfants ou de son potager est suspect d'être un peu *baba cool* et simplet... Une mère ou un père au foyer, qui prend soin des enfants et de la maison — et Dieu sait que c'est à la fois sacré et composé de milliers de petites choses concrètes à organiser et à faire — ne *fait* rien!

Pour moi, cet angle de vue permet de comprendre tout un fonctionnement de notre société où l'humain et le relationnel sont délaissés pour l'action, la production et l'organisationnel. Qui reçoit plus de considération, sociale et financière, une banquière ou une institutrice à la maternelle? un avocat d'affaires ou un éducateur de rue? un patron d'entreprise ou un enseignant? une responsable politique ou une infirmière? (Et je ne dis pas que les banquiers, les avocats ou les patrons n'ont pas aussi, bien sûr, leur rôle social dans la collectivité.)

Qu'est-ce qui a la priorité budgétaire et dispose ainsi des ressources nécessaires, matérielles et humaines, pour fonctionner de manière optimale: les garderies, les écoles, les centres d'accueil pour les jeunes, les maisons de retraite pour personnes âgées, les hôpitaux, les associations caritatives, ou les bureaux, les grandes entreprises, les travaux publics, les zones commerciales ou industrielles? Dans quels domaines y a-t-il le plus de recherches, de moyens humains et matériels: les outils de paix ou les armes de guerre?

La question *How much do you make?* (combien gagnes-tu?), propre aux milieux d'affaires nord-américains et posée pour évaluer si l'interlocuteur est digne d'intérêt, illustre de façon caricaturale ce processus où l'être humain est réduit à sa fonctionnalité et à sa rentabilité, quel que soit son état d'être intérieur. Ainsi, bien des dérives cyniques ou tragiques de notre société de consommation trouvent leur cause et leur moteur dans cette habitude de *faire* pour acheter l'amour, la sécurité affective et la valorisation.

Comprenez-moi bien: je ne dis pas du tout que les institutrices, les infirmières, les éducateurs et les autres professionnels de la relation humaine devraient être mieux payés et mieux considérés que les banquiers, les avocats ou les patrons. Je souhaite simplement qu'ils le soient aussi bien! Les ressources ne manquent pas, c'est le choix des priorités dans l'affectation de ces ressources qui demande à être revu.

Le choix de ces priorités est pour moi fortement lié à notre habitude culturelle de nous valoriser par l'action, l'effort, la performance et les résultats. L'éducation nous tire souvent hors de nous-mêmes plutôt qu'elle ne nous invite à l'intériorité. Consacrer du temps à nos relations, goûter la compagnie de nos proches, contempler la nature, rêver à toutes sortes de choses, méditer, intérioriser ou juste ne rien faire, tout cela a longtemps été suspect d'oisiveté *mère de tous les vices,* de paresse, voire d'inadaptation sociale: «Tu es un doux rêveur, un contemplatif, or la vie est une dure lutte. Si tu continues, tu n'y arriveras jamais. Il faut se battre pour vivre!»

Et ainsi nous nous étonnons qu'ayant essentiellement appris à *nous battre pour vivre,* nous nous retrouvions dans un monde rempli de combats et de combattants! Nous récoltons simplement ce que nous semons, et je nous propose donc aussi simplement de semer autre chose.

Attention! je ne suis pas en train de dire qu'il n'y a rien à *faire,* juste à laisser *être*! D'une part, je dis que nous pouvons certainement agir, faire de nombreuses choses, parce que si nous ne marchons pas vers ce que nous voulons, nous courons grandement le risque soit de nous faire marcher dessus par ce que nous ne voulons pas, soit de n'aller nulle part. Si nous ne jardinons pas pour cultiver nos fleurs et nos légumes, il est fort probable que nos jardins seront envahis de ronces et de taillis! Et en outre, il y a beaucoup de joie à réaliser de nombreuses choses. D'autre part, je dis également que n'être que dans l'action, c'est passer à côté d'un gisement de bien-*être*, de contentement intérieur et de bonheur à portée de main gratuitement. C'est marcher, sans le savoir, sur le trésor que nous cherchons.

> **Nous marchons sans le savoir sur le trésor que nous cherchons.**

Et pour cause, nous avons davantage appris à marcher, et à marcher droit, qu'à chercher le trésor! C'est quoi, le trésor? Demandez-le aux gens. Oh, pas platement, sinon vous aurez des réponses plates! Laissez plutôt la conversation s'acheminer doucement sur le sujet dans la confiance et l'amitié.

Voici ce que, moi, je retiens de mes observations et de mes rencontres. Si nous résumons à l'extrême l'intention de chacun de nos actes, ne cherchons-nous pas, quoi que nous fassions, *un profond contentement de l'être dans la communion* avec le Tout, la Création? Vous travaillez, n'est-ce pas, pour nourrir votre besoin de sécurité matérielle et celui de vos proches, votre besoin d'appartenance et d'intégration à une communauté, votre besoin d'accomplissement, de responsabilité, de contribution au changement ou à l'évolution au sein de cette communauté? Vous cherchez votre contentement dans la communion, *ce qui ne veut pas dire que le boulot que vous faites vous plaise en soi.*

Vous choisissez de vivre en couple et de faire des enfants: n'est-ce pas pour nourrir votre besoin de sécurité affective, de confiance et de proximité, votre besoin de donner et de recevoir, votre besoin de tendresse et de douceur partagées, votre besoin de construire et d'évoluer ensemble, votre besoin de vous trouver par le frottement avec l'autre, votre besoin de transmettre et de durer? Vous cherchez votre contentement dans la communion *et cela ne veut pas dire qu'il n'y ait pas les horaires à respecter, les courses à faire, les factures à payer, toute l'intendance ménagère à faire tourner.*

Peut-être trouverez-vous ces deux exemples évidents, alors je vous propose de pousser un peu plus loin la réflexion par l'exemple suivant. Vous ajoutez de nouveaux engagements à votre vie, déjà pleine à craquer: n'est-ce pas pour contribuer à plus de bien-être pour vous ou autour de vous, dans les affaires ou la vie sociale, pour nourrir votre besoin de vous sentir utile ou celui d'être rassuré sur votre propre valeur, ou encore pour vous protéger des souffrances affectives ou d'un questionnement existentiel que vous ne voulez pas voir? Vous cherchez donc votre contentement dans la communion *et cela n'implique pas que vous en soyez conscient ni que vous soyez satisfait de votre façon de faire.*

Il est bien rare que nous demeurions habités durablement par cette conscience que, quoi que nous fassions et quels que soient nos alibis, même les plus altruistes, c'est toujours notre profond bien-être que nous cherchons. Peut-être serez-vous choqué de lire cela et prêt à jeter ce livre au loin, croyant vraiment que vous n'avez pas choisi certaines options de vos conditions de vie et ne voyant aucun bien-être à ces situations. Je ne tiens pas à convaincre quiconque.

Je peux toutefois témoigner que parmi les centaines de personnes avec qui j'ai étudié cet enjeu depuis dix ans — qu'il s'agisse d'un individu vivant en couple ou d'un célibataire, d'un parent ou d'un enfant, d'une infirmière, d'un éducateur de rue, d'une adjointe administrative, d'une patronne d'entreprise, d'un aumônier de prison, d'un garde forestier, d'un responsable politique ou d'une gestionnaire d'association caritative, d'une banquière ou d'un avocat, d'un professeur d'université ou d'une serveuse dans un *snack*, d'une assistante dans une crèche ou d'une directrice d'une boîte internationale de chasseurs de tête… — je n'en ai pas rencontré une seule qui ne veuille bien constater qu'au fond, ce qu'elle cherche, son vrai besoin, c'est cette paix intérieure, ce contentement profond de l'âme et que ce qu'elle a mis en place comme demande, action, comportement ou stratégie pour atteindre cet objectif, bref ses conditions de vie, est censé être au service de cela.

La plupart d'entre nous, ne sachant que c'est ce profond contentement dans la communion que nous désirons, ne cherchons pas au bon endroit, ni au bon moment, ni de la bonne manière. Et nous nous retrouvons malgré nous dans la peau de ce personnage de cette blague connue qui cherche quelque chose la nuit sous un réverbère. Un passant lui demande ce qu'il fait là : « Je cherche mes clés », répond-il. Le passant se met à chercher avec lui, puis un autre passant se joint à eux, puis un autre et encore un autre. Tout ce monde s'agite et s'affaire en se croisant sous le réverbère, jusqu'au moment où un des passants demande : « Mais vous êtes bien sûr de les avoir perdues ici ? » « Non, répond l'homme, mais ici au moins on voit clair, n'est-ce pas ? »

Comme cet homme, nous allons, la plupart du temps, à l'évidence, c'est-à-dire là où il fait clair : nous allons *faire ce qu'il faut faire* — travailler, gagner de l'argent, élever nos enfants, économiser, consommer, être performants et responsables —, et nous trouvons rarement ce que nous espérons trouver ! Au fond, c'est un peu comme si nous nous disions : « Je cherche là où c'est plus facile de chercher : j'ai un réverbère fixe, une demi-sphère de clarté bien délimitée et un cercle précis de pavés facile à explorer. Cela me donne une contenance, un alibi, je cherche très dignement. »

Dans cette métaphore, le réverbère est notre petite conscience dans l'immense nuit de l'inconscient ; la sphère de clarté, ce que nous connaissons ou croyons connaître du monde ou de nous-mêmes ; le cercle de pavés, nos habitudes, nos chemins bien fréquentés (j'écris cela en référence au livre de Scott Peck : *Le chemin le moins fréquenté*[5]), nos bonnes intentions dont chacun sait, en effet, que l'enfer est pavé…

Ce que nous cherchons (nos clés perdues dans l'herbe, les buissons ou le caniveau voisin) est là et attend. Ce que nous cher-

---

5. Scott Peck, *Le chemin le moins fréquenté ; apprendre à vivre avec la vie*, Paris, J'ai lu, 1991.

chons est toujours là et nous attend, dans l'au-delà bien présent du cercle fermé de ce que nous voyons, faisons, connaissons et ressassons.

Si nous nous arrêtons de chercher sous le réverbère, nous serons face à différents inconforts incontournables, notamment :

- reconnaître que nous venons de consacrer tout ce temps à quelque chose de peu satisfaisant, dépourvu de sens. Ce n'est pas agréable. Nous préférerons souvent continuer à nous agiter sous le réverbère ;
- accueillir la critique et le rejet des autres qui se sont mis à chercher croyant bien faire. Ce n'est pas agréable et souvent, pour être gentil et ne pas les décevoir, nous continuerons à chercher consciencieusement sous le réverbère.

Si nous décidons de chercher la clé là où il est probable qu'elle soit tombée, nous serons également face à différents inconforts :

- nous aventurer dans la pelouse, les buissons ou le caniveau. Ce n'est pas forcément agréable. Outre la difficulté de trouver, nous pouvons faire des rencontres inconfortables : herbe mouillée, épines, crottes de chien, voyou en quête de notre portefeuille, chute dans le caniveau… Que d'embûches ! Nous resterions si *volontiers* sous le réverbère ;
- constater que nous sommes mal outillés vu la pénombre et qu'il y a lieu de chercher de l'aide. Ce n'est pas confortable de frapper à une porte pour demander de l'éclairage ou l'assistance éclairante de quelqu'un. Nous préférerons souvent nous dire que nous nous en sortirons bien tout seuls.

Enfin, si nous ne savons vraiment pas où nous les avons perdues, ces fameuses clés, il nous reste à constater que notre vrai besoin n'est pas de retrouver nos clés (cela, c'est une demande ou une action, une stratégie [D/A]) ; notre vrai besoin, c'est de pouvoir rentrer à la maison, d'être en paix et en sécurité dans notre intérieur et d'accepter l'idée que nous avons peut-être d'autres accès à cet intérieur que celui auquel nous nous accrochons.

Ainsi, il y a au moins deux façons de faire toutes choses. Par exemple, si nous avons la chance d'avoir un balcon à fleurir ou un jardin à cultiver, nous pouvons entretenir nos géraniums «parce qu'il faut le faire... Si moi, je ne le fais pas, personne ne le fera!»; nous sommes alors dans le *faire*, nous assumons une fonction: nous fonctionnons. Nous pouvons aussi entretenir ces mêmes géraniums «parce que j'aime prendre soin des choses vivantes et odorantes autour de moi, j'aime contribuer à créer de la beauté dans le monde et à l'entretenir»; nous sommes alors dans l'*être*, nous participons à la vie, nous sommes vivants.

Si nous avons mis des géraniums à notre balcon et dans notre vie, c'est en principe pour notre contentement et notre bien-être profond. Mais dans la première attitude, nous nous «battons» avec ces fleurs et nous allons à l'encontre de notre bien-être; alors pour nous, la vie est une lutte. Dans la seconde, nous «allons avec» nos géraniums et nous stimulons notre bien-être profond; alors pour nous, la vie est une collaboration.

«Oui, mais! direz-vous, tout n'est pas aussi plaisant qu'entretenir ses géraniums. D'ailleurs, bien des gens n'ont pas de fleurs du tout!» Certainement. Je vous propose néanmoins de transposer cette double attitude à toutes choses, quelles qu'elles soient. Prenons la vaisselle, qui n'est peut-être pas une chose exaltante en soi... Lavez-la en vous disant: «Il faut faire la vaisselle, il faut ranger la cuisine, j'ai pas le choix, si moi, je ne le fais pas, personne ne le fera» et vérifiez votre état d'être. Ensuite, lavez la prochaine vaisselle en conscience, c'est-à-dire en clarifiant la valeur que vous servez alors: «Je fais ma vaisselle parce que l'ordre et la propreté me plaisent et que je sais que ni l'une ni l'autre ne tombent du ciel: ces états sont à créer autour de moi et cela fait partie de mon choix de vie. Je choisis d'habiter un lieu propre et entretenu et la conséquence de ce choix est notamment de faire la vaisselle.» Vérifiez alors votre état d'*être*: s'il n'est peut-être pas forcément très confortable (laver la vaisselle reste pour vous une chose peu exaltante en soi), il y a cependant des chances qu'il soit plus heureux parce que vous êtes alors plus conscient d'être dans l'exercice de votre choix de vie.

Le risque tragique de la première attitude, c'est de se dire: «Je serai en paix *quand* j'aurai: 1. fini la vaisselle, 2. rangé la maison, 3. mis de l'ordre dans mes papiers et fait ma comptabilité, 4. repeint la chambre du petit, 5. visité ma vieille tante à l'autre bout du pays, 6. lu les 10 livres qui attendent d'être lus sur la tablette de ma chambre, 7. réussi à faire une heure de sport tous les jours, 8. maîtrisé enfin mon ordinateur, 9. terminé mon cours d'anglais, 10. achevé ma thérapie, 11. clôturé mon divorce, 12. atteint l'illumination…»

Nous pouvons ainsi attendre cent cinquante ans à nous agiter nerveusement, à *faire* toutes ces choses l'une après l'autre (et souvent l'une dans l'autre), dans une grande confusion et une grande insatisfaction du cœur, espérant toujours que la suivante nous comblera davantage, au lieu de puiser notre satisfaction profonde à la fois dans la chose elle-même, dans la valeur que sert la chose, et dans l'être, notre être, qui est, dure et vit au-delà de la chose.

Un hamster dans un tambourin

Connaissez-vous ce tambourin que les détenteurs de hamsters proposent à leurs protégés comme distraction? C'est une sorte de cage cylindrique tournant sur elle-même sur un axe horizontal. Le hamster s'y introduit et semble d'abord s'amuser du mouvement qu'il génère en faisant tourner le tambourin au rythme de ses pas. Très vite cependant, le mouvement s'accélère, la cage tourne de plus en plus vite, de sorte que le hamster, qui n'y trouve plus ses pas, trébuche et roule. C'est lui qui devient la chose manipulée, le jouet du mouvement qu'il avait lui-même généré pour jouer!

Je vous écris en tant que hamster revenu — ou tâchant de revenir — de cette soumission aux choses et au rythme des choses, et tentant de reprendre un peu de pouvoir sur sa vie. J'ai en effet été beaucoup — et je suis encore parfois — ce hamster malmené par le mouvement qu'il avait d'abord créé pour son contentement.

Bien sûr, j'étais à la fois dans le piège du *faire* et sous le coup du double vaccin : intérieurement, je n'imaginais pas pouvoir être aimé ni, *a fortiori,* m'aimer moi-même sans avoir « performé » dans le travail (de dix à douze heures par jour), dans le sport (le jogging sous la pluie et dans la nuit après le bureau), dans la vie sociale (sorties, soirées, rencontres), dans la vie intellectuelle (lectures, conférences, spectacles) et même dans le bénévolat (soirées, week-ends, vacances consacrées à des activités sociales).

Dans cette vie en tourbillon, il n'y avait pratiquement pas d'espace ni de temps pour être bien. Au fond, gentil garçon que j'étais, j'avais appris à ne me sentir bien qu'en ayant *mérité,* qu'en ayant *fait,* et fait *dans l'effort.* Et je remarquais que mon état naturel était plutôt triste, comme nostalgique de quelque chose que j'aurais connu et quitté. J'avais beau *faire* beaucoup de choses souvent passionnantes avec beaucoup de gens très différents, me revenait toujours au cœur, avec un goût amer, un sentiment de tristesse et de solitude.

Là, le double vaccin faisait merveille ! Il me suffisait de me rappeler qu'*on n'est pas là pour rigoler* pour me rassurer que j'étais dans le bon et que c'est bien ça la vie, un truc au goût amer de tristesse et de solitude, quoi qu'on fasse. Au moment où j'allais me résigner, la seconde injonction surgissait : *oui, mais tu dois être heureux avec tout ce que tu as et tout ce que tu as la chance de faire. Ne reste pas là à te lamenter, fais quelque chose !* Et je repartais en croisade chercher désespérément mon contentement ailleurs, sans savoir qu'ainsi je le fuyais. Ajoutez au double vaccin la double piqûre de rappel et le tableau est complet : toujours convaincu que je ne pourrais être aimé sinon en étant le meilleur, du moins en en donnant l'impression, il me fallait me surpasser en tout, tout n'étant jamais vraiment satisfait de rien.

Et le tambourin tragique tourne et tourne et peut tourner ainsi toute une vie durant. Plus il tourne, moins la conscience de soi n'a l'occasion de poindre.

Mourir à la course

Il y a plus de quinze ans, dans mon métier d'avocat puis de conseiller juridique, j'ai travaillé plusieurs années durant et successivement avec deux personnes dont les personnalités et les comportements se ressemblaient. Toutes deux étaient ce qu'on appelle des bourreaux de travail, faisant des journées de douze à quinze heures, travaillant tous les week-ends et ne prenant que trois jours de vacances quand, à bout de souffle, elles n'en pouvaient plus. Même alors elles ne quittaient pas pour autant leur ordinateur portable, leur téléphone et leur télécopieur; toutes deux tombaient d'ailleurs presque aussitôt malades et rentraient dare-dare au bureau reprendre le rythme qui leur était familier. L'une et l'autre disaient vouloir être les meilleures dans leur domaine. L'une et l'autre parlaient ouvertement de leurs rêves d'aisance matérielle, de reconnaissance dans leur carrière et de grand train de vie. L'une et l'autre étaient prêtes à tous les sacrifices pour cela. Ni l'une ni l'autre n'avait trouvé le temps de nouer une relation affective durable et nourrissante.

Même si j'avais du mal à comprendre leur choix de vie, je tenais à ne pas les juger. J'ai d'ailleurs toujours eu beaucoup d'estime pour l'intelligence, la compétence professionnelle, la volonté et la détermination de ces deux personnes et je leur suis encore reconnaissant de tout ce qu'elles m'ont permis d'apprendre en travaillant avec elles.

Évidemment, lorsque j'ai entendu il y a quelques années qu'elles venaient toutes deux de mourir, sur des continents différents, emportées chacune par un cancer fulgurant à moins de cinquante ans, j'ai été très impressionné mais, à vrai dire, je n'ai pas été surpris. Très impressionné parce que, en dépit de l'énergie déployée leur vie durant, de l'esprit d'entreprise et de créati-

vité qui les a habitées dans leur travail et des succès professionnels obtenus, je ne suis vraiment pas assuré que ces personnes
aient été profondément heureuses. Je crains plutôt qu'elles se
soient fait violence toute leur vie : il n'y avait pas de place dans
leur programme pour la douceur, la tendresse, l'abandon, la
confiance, pour goûter la paix et le bien-être intérieurs, pour oser
ne rien faire du tout !

Je suis vraiment tenté de déchiffrer leur parcours (et c'est une
pure interprétation de ma part que j'ose faire dans le souci amical
de les comprendre) comme l'illustration typique du parfait empoisonnement par le double vaccin et le double rappel : *on n'est pas là
pour rigoler, faut travailler dur et être le meilleur, mais je prétends être heureux
quand même ou, en tout cas, je le serai plus tard quand je serai riche et reconnu.*

Durant ces années de collaboration, il m'est souvent venu à
l'esprit cette image du jongleur de cirque qui fait tourner des
assiettes sur une tige. Le jeu consiste à parvenir à faire tourner le
plus d'assiettes possible en même temps. Plus il y a d'assiettes, plus
c'est stressant ! Et montent d'ailleurs dans le public à la fois la tension et la fascination : jusqu'où ira-t-il ? Évidemment, il y a un
point de non-retour : à un certain moment, le fait d'ajouter une
seule assiette compromet la gestion équilibrée de l'ensemble, et
tout s'écroule.

Il est évident que le jongleur qui court d'une tige à l'autre pour
maintenir en rotation chaque assiette fait l'expérience d'une
certaine intensité de vie — tout comme le public qui regarde, fas-
ciné — mais au prix de ne plus pouvoir s'arrêter sans faire de casse
ni ralentir (en supprimant assiette par assiette) sans perdre en
intensité. Comment ralentir sans faire de casse ni perdre en intensité ? Comment courir moins tout en étant mieux là ?

Être là : se donner le droit
de conjurer la malédiction du double vaccin

L'habitude de la course rend difficile la présence à soi, à l'autre, à
la vie. Le hamster — et j'en sais quelque chose — a plutôt tendance

à se relever de sa chute et à se remettre à courir de plus belle dans son tambourin. Il se juge alors sévèrement, se considérant comme nul et incompétent d'être tombé ; il se jure que, cette fois, il va y arriver, cette fois, il sera performant, plutôt que d'admettre qu'il en a ras le bol de ce jeu et qu'il y a vraisemblablement des enjeux plus intimement satisfaisants sur cette planète !

Mais voyez le piège : par l'effet conjugué du double vaccin et du double rappel, le hamster malheureux, qu'il soit mâle ou femelle, acceptera sans trop rechigner l'inconfort d'être malmené dans son tambourin tout en s'y accrochant, mais il sera extrêmement réticent à entrer dans l'inconfort d'une remise en question du jeu et des enjeux ! Il développera même une grande habileté à justifier son maintien dans le tambourin professionnel, familial, social qui se joue de lui : le respect de *ce qu'on a toujours fait*, la tradition, sa conviction d'une issue favorable, son austère devoir de mère ou de père, son âge, la sécurité du marché de l'emploi, toutes raisons vraies sans doute, mais que partiellement, et qui masquent vraisemblablement la vraie raison : «Est-ce que je me donne le droit de conjurer la malédiction du double vaccin ? Est-ce que je me donne le droit de décider d'être heureux et est-ce que j'accepte d'en payer le prix : l'inconfort ?»

L'inconfort, c'est d'abord arrêter la course malgré le regard des autres sur soi et le regard de soi sur soi. C'est ensuite écouter les tensions et les déchirements entre l'envie de continuer, celle de faire tout autre chose, et celle de ne plus rien faire du tout. C'est parfois ne rien entendre et cependant attendre, entre doute et confiance, comme un veilleur attend l'aurore entre le goût de se perdre dans le sommeil et celui de ne pas perdre l'aube.

L'inconfort, c'est résister à la pression de l'habitude et des recommandations des autres qui se veulent bienveillants et qui n'expriment souvent que leur propre peur du changement, de la nouveauté, de l'inconnu.

Je vous suggère un petit exercice pour mesurer simplement cet inconfort : tentez d'écouter quelqu'un qui vous parle de quelque chose qui le préoccupe en vous contentant d'être là, dans une présence empathique à l'autre sans vous sentir obligé de *faire* quelque chose, de renchérir, de contester, de résoudre, de «performer». C'est souvent inconfortable de se laisser être soi-même présent et à l'écoute, sans se croire obligé de réagir, de faire bonne figure ou bonne impression…

Acceptez cet inconfort et laissez monter en vous le simple plaisir de la présence. Cela ne marche pas d'un coup! Acceptez encore cet inconfort et réessayez. Jardinez ainsi votre jardin: on ne fait pas pousser une fleur en tirant dessus.

Petit à petit, il n'y aura plus d'inconfort, que le bien-être de la présence. Et la personne qui vous parle, heureuse d'être écoutée sans jugement ni conseil, y verra sans doute plus clair dans ses difficultés et vous dira probablement comme je l'ai entendu moi-même souvent: «Merci pour tout ce que tu as fait pour moi!», alors que vous n'avez rien fait, que vous vous êtes *contenté* d'être là. Vous aurez été *content* d'être là.

« Le bonheur est dans le pré : cours-y vite, il va filer! »

Ne connaissez-vous pas de ces pères ou mères de famille, les uns comme les autres si gentils, tellement pris par *tout ce qu'il faut faire* pour leur famille qu'ils en oublient d'être là, avec leur famille, et qui ne comprennent pas les reproches qu'on leur adresse, eux qui *font* tout si bien pour le bien des autres!

J'ai entendu tant de conjoints me dire combien ils ou elles préféreraient une qualité de vie matérielle moindre pour une qualité de vie relationnelle plus grande. Mais allez dire au mari, à l'épouse qui se dévoue à son métier ou à ses multiples activités annexes, chacune légitime en soi, et ce, douze heures par jour, sept jours par semaine, que le *bonheur est dans le pré* et qu'il s'agit simplement d'aller l'y goûter sinon il va filer, comme le disait si bien Prévert!

Le conjoint en question dira sans doute: «C'est pour votre bien que je m'échine, et puis, on n'est pas là pour rigoler, on n'a pas le temps!» Rengaine connue. Et que de fois lorsque *le franc tombe*, lorsque le conjoint prend conscience, il est trop tard: le bonheur a filé!

Ne connaissez-vous pas de ces maîtresses de maison, particulièrement les mères ou les grands-mères, qui reçoivent généreusement toute une tablée de famille ou d'amis et sont alors tant soucieuses de *bien faire*, courant de la cuisine au salon et du salon à la table, se relevant sans cesse pour vérifier l'intendance, qu'elles ne sont finalement pas avec ceux avec qui elles voulaient être? Ensuite, elles se lamentent: «C'est épuisant, ces réunions de famille. J'ai couru tout le temps et je n'ai vu personne!» Ce qui est presque drôle, si ce n'était tragique, c'est que les convives, enfants ou proches, diront souvent la même chose: «C'est dommage, nous voulions être avec maman ou grand-maman et nous ne l'avons pas vue: elle courait tout le temps!» Il y a là comme un serpent qui se fuit de se mordre la queue: pour trouver mon contentement profond, je fuis précisément ce qui pourrait me l'apporter.

« Fuir le bonheur de peur qu'il ne se sauve. »

Comme le chantait si bien Jane Birkin, nous fuyons le bonheur de peur qu'il ne se sauve!

Maître en autosabotage, version n° 1 : le consciencieux inconscient

Certaines personnes, passées maîtres en autosabotage, parviennent très consciencieusement, très inconsciemment et avec les meilleures intentions du monde, à mettre tout en place pour ne pas courir la chance d'être heureuses, d'être là, dans la paix intérieure et l'abandon.

J'ai ainsi rencontré des épouses et mères débordées, épuisées, à bout, affolées pourtant à l'idée de déléguer, de faire confiance, de lâcher un morceau de leur fonction maternelle. Elles s'organisaient vraiment pour n'avoir jamais un moment à elles, un moment de répit profond, et accusaient le monde entier ou la vie même de leur épuisement, sans voir qu'elles seules détenaient la clé du changement.

J'ai rencontré également des époux et pères débordés de travail et peu présents à la maison toute la semaine ; le week-end, ils s'organisaient pour être soit avec de nombreux amis, soit pris par des obligations de tous genres, de sorte qu'ils n'avaient pratiquement aucun moment de présence à eux-mêmes ni à leurs proches.

La plupart du temps, cette *organisation* est largement inconsciente. Ceux et celles qui en prennent conscience, qui réalisent qu'ils sont dans un piège et consultent pour en sortir, en témoignent de façon souvent émouvante : ils ont tellement encodé au plus profond d'eux la peur de ne pas être aimés s'ils ne sont pas performants tous azimuts, optimaux en tout, qu'ils ont longtemps pris le *faire* — l'action, le programme, les réalisations, être parfait, se montrer parfait — comme la seule façon d'*être*, même si le rythme qu'ils se sont donné se révèle infernal. Le double vaccin se chargeait de leur rappeler qu'il fallait à la fois gagner son pain et nourrir sa famille à la sueur de son front *et* ne pas faire *le difficile* ni s'attendrir, *a fortiori* s'apitoyer sur son sort. D'ailleurs, « on ne se plaint pas » !

Maître en autosabotage, version n° 2 : la résistance au bien-être

Je me suis moi-même souvent retrouvé en train de saboter mon bien-être et, en conséquence, celui de mes proches, par mon incapacité à accepter d'être heureux, d'être bien *durablement*. Comme si mon seuil de tolérance au bien-être était très rapidement atteint. Comme si la durée dans le bien-être devenait intolérable et commandait de revenir au mal-être.

Ma capacité d'autosabotage m'est apparue clairement au début de ma relation avec Valérie, aujourd'hui ma femme. Après des années de célibat défensif, où j'avais bien trop peur de me perdre dans la relation en devant *être gentil* pour survivre, j'ai trouvé suffisamment d'estime et de confiance en moi pour entrer dans une relation durable et engagée avec elle (l'estime et la confiance en Valérie, je l'avais déjà; ce qui me manquait, c'était bien l'estime et la confiance en moi).

Nous avons donc décidé de nous marier, de faire des enfants et même de nous installer aussitôt ensemble (Valérie travaillant alors aux Pays-Bas), tant nous étions heureux et tant nous sentions que notre relation était confortable: nous y trouvions chacun notre place avec tendresse, autonomie et respect. C'était merveilleux! «Trop merveilleux! C'est trop beau pour être vrai! Prépare-toi à déchanter tôt ou tard! Autant déchanter tout de suite pour ne pas tomber de trop haut…» ont claironné dans ma tête quelques vieilles voix que je connaissais bien et que je n'avais pas encore réussi à déprogrammer. Ainsi, j'ai souvent attrapé n'importe quel prétexte futile pour créer la dispute avec Valérie, la chamaille, afin de pouvoir retrouver ce que je connaissais bien: la tension, la discorde, le sentiment d'isolement, liés à l'impression de n'être pas compris, pas accepté, de ne pas avoir mon espace à moi.

Je retournais — intérieurement — dans mon célibat défensif, accueilli là par toutes ces vieilles voix familières: «Tu vois: on te l'avait bien dit, cela ne pouvait pas durer. Tu vois bien qu'on ne peut pas être heureux longtemps, alors cesse d'espérer…»

Un jour, j'emmenai Valérie fêter son anniversaire dans un restaurant que j'aime bien, qu'elle ne connaissait pas encore et dont je savais qu'elle aimerait la décoration de par son métier de décoratrice. Tout allait bien, elle était ravie, le repas était délicieux et la conversation, joyeuse. Puis, je me suis vu comme malgré moi mettre sur la table un des rares sujets qui nous divisaient, qui suscitaient vraiment notre désaccord, comme pour dire: «Tu vois, on ne peut pas s'aimer puisqu'on n'est pas d'accord sur tout.»

Rappelez-vous, gentil garçon, gentille fille, que nous prenons souvent le désaccord pour du désamour. Comme pour me rassurer que je ne risquais pas de me perdre dans le bien-être, de m'y dissoudre comme un sucre dans une tasse de tisane, je rouvrais ce dossier litigieux qui me permettait de me remettre dans le personnage qui s'oppose, conteste, argumente, se sent seul pour se prouver qu'il existe. J'ai poursuivi ce petit manège jusqu'à ce que Valérie m'arrête d'un «Stop! tu sabotes!» salutaire, qui m'a permis de mesurer aussitôt à quel point le vaccin *on n'est pas là pour rigoler* circulait encore en moi. J'ai vu à quel point être heureux demande une acclimatation, un apprivoisement, une gestion du stress émotionnel; à quel point nous pouvons vite quitter un inconnu délicieux (l'entente, la tendresse, le bien-être intérieur) pour revenir à du connu détestable (le conflit, la tension, la solitude), et ce, par manque d'habitude et de liberté intérieure.

Commentaires

1. *Le bonheur est un stress à gérer comme un autre.* C'est Guy Corneau[6] qui m'a éclairé là-dessus il y a quelques années. Je lui confiais que, malgré toutes sortes de difficultés éprouvantes à traverser, je me sentais de plus en plus heureux, et ce, de plus en plus souvent et de plus en plus fort, et que j'étais surpris de trouver cela fatigant, parfois même difficile à vivre! Il m'a répondu: «Sans doute te sens-tu fatigué, d'une part, parce qu'être heureux est encore un tel interdit dans nos sociétés que tu as à franchir toutes tes résistances à toi d'abord, puis toutes celles, formulées ou tues, des milieux où tu vis et des personnes que tu rencontres. D'autre part, en soi une émotion agréable suscite un stress tout comme une émotion

---

6. Guy Corneau est un psychanalyste jungien, auteur de quatre best-sellers traduits dans de nombreuses langues: *Père manquant, fils manqué, L'amour en guerre, La guérison du cœur* et *Victime des autres, bourreau de soi-même.* J'ai le grand plaisir de travailler avec lui depuis plus de dix ans.

désagréable, c'est-à-dire que ton organisme a à s'adapter à cette information positive comme il a à le faire lorsque l'information est négative. Alors, cela peut t'expliquer ta fatigue, surtout si tu vis en même temps des émotions agréables et des émotions désagréables.» Ce qui était bien mon cas.

Son commentaire m'a éclairé : tout comme, dans mon enfance, je n'avais pas appris à gérer le stress des émotions désagréables (vivre mes colères, dire mes tristesses, traverser les deuils, accepter l'impuissance…), je n'avais pas non plus appris à vivre l'intensité du bonheur, que j'avais donc tendance inconsciemment à écarter par peur de m'y consumer, ni *a fortiori* à faire cohabiter en moi des émotions agréables et désagréables.

2. *Nous avons besoin de nous autoriser à être heureux, de nous donner cette liberté.* Face à l'interdit d'être heureux qui prévaut encore souvent de façon subliminale, il y a une autorisation à se donner et à se redonner régulièrement avec bienveillance et encouragement afin de démonter et de re-démonter chaque fois les pièges de la pensée binaire : «Je peux m'autoriser à être heureux sans crainte de devenir égoïste ou indifférent. Je peux m'abandonner au bien-être sans perdre ma force et ma détermination. Je peux entrer durablement dans la douceur et la tendresse sans perdre ma capacité d'indignation et d'action. Je peux être pleinement présent à l'instant, sans être pour autant insouciant du futur.» C'est un travail de jardinage quotidien.

3. *Être heureux, c'est aussi être vigilant.* Face au pouvoir extraordinaire de l'inconscient qui tire les ficelles de notre marionnette, face à la puissance de l'encodage dans le noyau de notre disque dur, pour ceux (dont je suis) pour qui cela ne coule pas de source, être heureux demande beaucoup de vigilance, de présence, c'est-à-dire de pouvoir être dans le présent. Par exemple, vous pouvez constater que vous changez parfois

d'humeur subitement sans comprendre ce qui a changé. Vous vous retrouvez en un instant irascible, irrité, agaçant et agacé, inquiet ou découragé, alors que, quelques secondes avant, tout allait bien. Vigilance! Vous avez sans doute réagi à une pensée, à une image, à une impression qui passe en vous comme une image subliminale passe au cinéma pour vous donner une information sans que vous en soyez conscient.

Cette pensée et cette image inconscientes sont souvent des expressions du double vaccin ou du double rappel, des croyances ou des injonctions culpabilisantes, ou une question de fond que vous n'abordez pas de face. Alors même que tout va bien, que vous êtes détendu et confiant, votre mental vous envoie un message qui reste sur le seuil de l'inconscient sans entrer dans la conscience et cependant vous imprègne. Ce message est la voix de votre disque dur. Il vous dit, par exemple: «Ne te réjouis pas trop, il y a encore beaucoup à faire. D'ailleurs, ne te crois pas arrivé, tu es encore nulle part. Tu ne peux pas te détendre, pense à tout ce qui reste à faire dans ton bureau, ta maison, ton jardin. Tôt ou tard, on va se disputer c'est sûr, alors prépare-toi à la lutte.» Ou encore: «Ma mère est malheureuse, je devrais m'en occuper plus. Je suis trop gros, je me laisse aller. Je devrais m'interroger sur le sens et le fonctionnement de ma vie de couple. Mon ami d'enfance est mort, il est temps que je pense à ma mort et au sens de ma vie…»

Christian Boiron analyse ce phénomène d'une façon qui m'a beaucoup intéressé dans son livre *La source du bonheur est dans notre cerveau*[7]. Il appelle ces messages «pensées automatiques pathogènes». Elles sont automatiques parce qu'elles sont conditionnées, non filtrées par l'intelligence. Elles sont pathogènes parce que créatrices de souffrance.

Il propose cette distinction: «Il faut avoir à l'esprit la différence entre une pensée intelligente et une pensée automatique:

---

7.   Christian Boiron, *La source du bonheur est dans notre cerveau*, Paris, Albin Michel, 1998.

la pensée intelligente est souple, complexe, nuancée, ouverte à l'enrichissement ou à la contradiction. Elle irradie un sentiment de léger optimisme inconditionnel. Alors que la pensée automatique est rigide, ne supporte pas la contradiction. Elle est simple voire simpliste, peu nuancée, elle dégage une forte sensation d'évidence, on a l'impression qu'il n'y a pas d'autre choix possible.»

Une grande vigilance est donc nécessaire pour débusquer ces pensées automatiques et les décoder en conscience, en les passant au scanner de l'intelligence, afin de ne pas être possédés, manipulés par elle, et afin de retrouver notre pouvoir de transformation. Cette vigilance, pour moi, fait partie de l'hygiène de vie: par respect pour moi-même et pour mes proches ainsi que pour toutes les personnes que je côtoie, je tiens à nettoyer ma conscience régulièrement de ce qui la parasite, l'encombre ou l'entartre, exactement comme je prends soin régulièrement de me nettoyer sous la douche, de laver mes vêtements ou de détartrer ma cafetière. Ce travail de vigilance n'est certainement pas toujours confortable: personnellement, je n'en ai pas toujours envie, certes, mais je sais que j'en ai besoin.

4. *Se dépiéger ensemble.* Si, dans l'exemple personnel cité, Valérie a pu me dire «Stop! tu sabotes!», comme un langage code, c'est que je lui ai donné la clé de mon piège ou, plutôt, le double de la clé. Si je veux, en effet, garder mon pouvoir d'action (conserver ma propre clé), je sais que je suis encore souvent pris au piège sans même le voir et alors même que j'aborde ce sujet si régulièrement dans mon travail! J'ai donc intérêt à donner le double de la clé à la personne avec qui je vis.

Il y a pour moi deux bénéfices à indiquer à l'autre les pièges classiques dans lesquels nous tombons. D'abord, nous nous donnons ensemble plus de pouvoir pour en sortir. Il y a, à mon sens, beaucoup plus de conscience dans deux êtres qui cherchent à mieux vivre que dans deux êtres qui ne cherchent pas ou qui, *a fortiori,* se maintiennent farouchement dans leurs habitudes !

Ensuite, nous donnons à l'autre l'occasion de mieux vivre ces moments : au lieu de nous voir, par exemple, agressif ou défensif, l'autre nous voit pris au piège et cela suscite plutôt sa bienveillance et sa compréhension que de l'agressivité en retour ou la fuite. Inversement, nous serons plus bienveillants vis-à-vis de l'autre si nous connaissons ses pièges.

> **Constater que je n'aime pas quelque chose dans ma vie, ce n'est pas forcément me plaindre, c'est le point de départ nécessaire pour en changer.**

Revenons à l'expression évoquée ci-dessus : « On ne se plaint pas ! » Dans cet état d'esprit, le fait de constater que quelque chose ne convient pas serait suspect : on passerait pour quelqu'un qui se plaint, qui est négatif. Remarquez comme c'est curieux : si vous dites de quelque chose d'accessoire à votre vie, par exemple que vous n'aimez pas la mer ni la musique classique et que vous préférez la montagne ou le jazz, on vous écoutera et on vous demandera sans doute, pour mieux vous comprendre, ce que vous aimez tant à la montagne et dans le jazz et que vous n'aimez pas à la mer ou dans la musique classique. Par contre, si vous abordez un sujet important dans votre vie, que vous dites, par exemple : « Je n'aime plus mon boulot ni la vie citadine que je mène ici ; je préférerais faire quelque chose de plus créatif et de plus humain, et surtout à mon rythme et à la campagne », vous entendrez vraisemblablement : « Mais ne te plains pas ! Tu as bien de la chance comme cela, d'autres seraient contents à ta place… »

Voyez le piège : parler montagne ou musique, c'est souvent *faire* la conversation, c'est agréable et, surtout, pas dérangeant. On parle de choses à faire. Mais aborder un aspect principal de la vie, ce qui occupe la moitié de son temps, aïe aïe aïe, cela touche l'*être* et le sens, et cela est beaucoup plus difficile à entendre pour l'interlocuteur, qui a peut-être trop peur de se poser ces questions-là.

Notez bien que si vous abordez les sujets de la montagne ou de la musique, non plus comme accessoires mais comme éléments essentiels pour vous, la même réaction se manifestera probablement. Dites, par exemple: «Je me découvre une passion pour le jazz ou la montagne, c'est vraiment grisant! Depuis quelques mois, je sens que tout mon être vibre à cette musique ou à l'idée de repartir en escalade et je voudrais m'y consacrer totalement. Je pense suivre des cours dans une école et changer de métier.» Il est fort possible que la première réaction soit du genre: «Tu es fou ou quoi? Quitter ton boulot et ta sécurité pour aller pianoter dans un bar ou crapahuter sur des chemins de chamois!», plutôt que: «OUAAAH! Tu es vraiment passionné, là! Dis-moi donc ce qui t'enchante tant!»

L'intensité de l'être nous fait peur.

Nous avons peur de l'intensité de l'être, alors même que c'est elle qui nous manque[8]. Curieusement, si nous ne mettons pas l'intensité de l'être au cœur de notre vie, c'est quand même d'elle qu'inconsciemment nous chercherons, parfois insatiablement, à nous approcher par la course du hamster. Et nous nous retrouvons ainsi dans l'hyperkinésie professionnelle, sociale, familiale, sportive ou mondaine, ce que je décris comme étant de l'*agitatite*, c'est-à-dire un étourdissement organisé pouvant procurer une impression d'intensité périphérique, sans cependant nourrir en profondeur ni qui plus est rassasier.

8.　«Ce qui manque à l'homme, c'est l'intensité.» (Carl Jung)

Si nous voulons mettre l'intensité de l'être au cœur de notre vie, nous en aurons d'abord peur nous-mêmes. En effet, notre propre intensité nous fait peur. Il me semble que chacun de nous a peur de s'y perdre, de s'y dissoudre, et ce, par manque d'habitude de rester uni, centré, cohérent et puissant, dans la collaboration, l'intégration et l'appartenance.

En effet, nous avons plutôt appris à jouer petit, à ne pas déranger, à ne pas faire trop de bruit, à nous méfier de nos élans et de nos enthousiasmes. Nous n'avons donc pas appris à vibrer pleinement avec la vie, à palpiter avec chaque chose vivante, à vivre nos élans.

Rappelons-nous ce texte, extrait de *A course on miracles*, lu par Nelson Mandela lors de sa nomination au poste de président de son pays : «Ce qui nous effraie, ce n'est pas notre ombre, ce qui nous effraie, c'est notre lumière : nous sommes puissants au-delà de toute mesure... Notre façon de jouer petit ne sert pas le monde.» C'est cet homme qui a passé vingt-sept ans en prison qui nous rappelle ainsi notre puissance avec la conviction que seule l'expérience apporte.

Cette puissance bienveillante, généreuse, nous fait peur, pris que nous sommes dans notre conditionnement de gentil. Souvent, avant même de l'avoir expérimentée, nous battons en retraite, retrouvant des façons d'être et, surtout, de *faire* plus sécurisantes parce que plus habituelles.

À ce propos, je me souviens bien d'Anne-Françoise, une dame dans la soixantaine venue en consultation quatre ou cinq fois. Elle se plaignait de se sentir emprisonnée dans sa vie de couple parce qu'elle voulait toujours *faire plaisir.* En quelques séances, elle a constaté elle-même qu'elle n'avait jamais cessé d'être libre, que sa liberté était totale, vivante et vibrante, mais qu'elle avait choisi de s'enfermer dans une façon de vivre la relation qui, à ce moment-là, ne lui convenait plus. Elle a vu surtout qu'elle était libre de transformer cette façon d'être en relation, tout en respectant son conjoint auquel elle tenait.

Anne-Françoise s'est mise aussitôt à en parler à son mari et à créer de la liberté dans ses habitudes. Elle a été tellement surprise de vivre rapidement des changements auxquels elle ne croyait plus et d'en voir son mari heureux et lui aussi libéré, qu'elle m'a téléphoné avant la cinquième séance pour me dire: «Je vous suis très reconnaissante de ce que vous avez fait pour moi, mais cela va trop vite. Je vous demande d'interrompre un peu notre travail, je veux pouvoir apprivoiser ces changements tranquillement!»

Commentaires

1. Pendant soixante ans, Anne-Françoise avait eu bien trop peur de s'écouter et de s'interroger sur son être: peur de perdre le lien avec l'autre, peur de compromettre l'intégration affective et sociale. Bien sûr, elle se sentait enfermée depuis longtemps. Mais cet enfermement avait pour elle des bénéfices secondaires: en dépit de l'inconfort, elle trouvait sa place et sa sécurité.

2. Aujourd'hui, en acceptant de s'écouter, donc d'être présente à elle-même, cette même Anne-Françoise était impressionnée de découvrir sa propre capacité à transformer sa vie. Et elle voulait prendre le temps de s'acclimater à sa propre puissance, à sa capacité d'être. Elle constatait également qu'elle pouvait vivre autrement son besoin de sécurité et d'intégration, son besoin de trouver sa place.

3. Elle me remerciait «pour tout ce que vous avez fait pour moi». Je n'ai rien *fait* pour elle si ce n'est être là, à l'écoute, en l'invitant à s'écouter au bon endroit, c'est-à-dire dans ses vrais besoins. Ce qui voulait dire pour elle: «J'ai besoin d'oser être l'être que je suis sans avoir peur de faire peur à l'autre ou de l'empêcher d'être l'être qu'il est.» C'est elle qui, se sentant écoutée, s'est accueillie, reconnue et donné le droit de changer ce qu'elle voulait changer.

4. Tous les conjoints qui consultent n'obtiennent pas les transformations qu'ils souhaitent en cinq séances, loin de là! Anne-Françoise, son conjoint et leur couple étaient *tous les trois* mûrs pour ces prises de conscience et ces transformations.

5. Imaginez l'économie de souffrance et le bénéfice en qualité d'être si Anne-Françoise et son mari avaient, dès l'enfance, appris non pas à *faire plaisir* mais à *être* tant à l'écoute d'eux-mêmes qu'à l'écoute de l'autre et s'ils avaient appris à bien connaître et à bien utiliser leur puissance!

Les autres aussi ont peur de notre intensité d'être puisqu'ils ont peur de la leur. Et nous serons souvent partagés sur notre route entre l'élan d'avancer et la tristesse de laisser en chemin des amitiés auxquelles nous tenions jusqu'alors ou des rencontres que la peur de l'intensité compromet.

Proposition de réflexion sur le piège du faire

*   Si nous cheminons vers l'estime de soi et l'amour incondition-nel pour nous-mêmes, nous parvenons de plus en plus à établir les priorités qui nous conviennent vraiment, ainsi qu'à instaurer dans nos vies des rythmes qui nous plaisent davantage.
*   Plus nous ferons ce que nous aimons faire ou, du moins, plus nous serons pleinement conscients et habités de la raison pour laquelle nous faisons telle ou telle chose même si nous n'aimons peut-être pas la faire en soi, plus nous y trouverons de la légèreté et peut-être de la grâce — même si la tâche est lourde et peu gratifiante —, et plus notre entourage bénéficiera de ce bien-être.
*   Plus nous nous respecterons ainsi dans nos choix et nos rythmes, plus nous nous ouvrirons à respecter les autres dans leurs choix et leurs rythmes (car si nous nous imposons choix et rythmes, nous avons tendance à les imposer aux autres ou à ne pas tolérer les leurs). Et notre entourage également en sera reconnaissant.
*   Plus nous sommes vraiment présents à ce que nous faisons, mieux nous le faisons. Plus cela nous contente, moins nous éprouvons le besoin de *faire beaucoup de choses*. C'est reposant et notre qualité de vie y gagne!

- Nous pouvons utilement nous poser cette question qui, pour moi, a des effets *autonettoyants*: «Est-ce que je continue à mettre de plus en plus de choses à faire dans ma vie ou à mettre de plus en plus de vie dans les choses à faire?»

DEUXIÈME PIÈGE: NOUS N'AVONS PAS MIS NOTRE SÉCURITÉ ET NOTRE CONFIANCE EN NOUS, MAIS DANS LE REGARD DE L'AUTRE

Quand ma route est dure et difficile, quand les autres ne comprennent pas où je vais ou pourquoi j'y vais, cela ne veut pas dire que je me trompe.

ANNE LEVY-MORELLE

Regard de l'autre et fragilité personnelle

Le «Je t'aime si…» a souvent conditionné en nous la dépendance ou, du moins, la fragilité par rapport au regard de l'autre. Comme nous avons inconsciemment pris l'habitude de croire que nous étions aimés pour nos actes, nos compétences et nos performances, et non pas pour nous-mêmes, nous avons laissé beaucoup de nos attitudes se faire formater par la peur du jugement, de la critique, du rejet, au lieu de les laisser être l'expression joyeuse de notre personnalité et de notre créativité: «Qu'est-ce qu'on va penser de moi si je dis ceci et pense cela, si je m'habille comme ceci et me coiffe comme cela, si je fais ceci et ose cela?»

Il me semble que nous connaissons tous des personnes, si ce n'est nous-mêmes, qui alignent leur vie sur ce critère-ci: tenter de plaire, éviter à tout prix de déplaire, faire tout comme il faut. Plusieurs d'entre elles s'étonnent d'être toujours en quête, toujours en attente et de ne pas être heureuses. Comment voulez-vous qu'elles le soient? Comment voulez-vous qu'elles ressentent un profond contentement *intérieur* si leurs attentes sont toutes à l'*extérieur*?

Je ne crois pas que nous puissions être heureux sans accepter parfois l'inconfort de ne pas plaire à tout le monde. Bien sûr, je n'invite personne à chercher délibérément à déplaire! Je propose simplement de manifester respect et considération pour l'autre sans démissionner de soi-même. Évidemment, beaucoup de *gentilles* personnes pensent qu'on leur manque de respect lorsqu'on ne fait pas ce qu'elles veulent ou trouvent juste. Elles entretiennent malgré elles une confusion entre besoin et demande, entre demande négociable et exigence, et elles se maintiennent dans un fonctionnement de pensée binaire.

Nous rencontrons souvent cette attitude: «Tu dis que tu me respectes et qu'il faut se respecter mutuellement, mais tu ne fais pas ce que je demande, donc tu es incohérent!» Réponse proposée: «Et je te respecte, et je ne suis pas d'accord avec ta demande. Si, pour que ton besoin de respect soit satisfait, je n'ai pas le choix de faire autre chose que ce que tu as décidé, je vis ton attitude comme une exigence et, dans ce cas, ce sont mes besoins de respect et de liberté qui ne sont pas satisfaits. Comment pouvons-nous faire pour nous respecter mutuellement sans nous soumettre ni nous imposer et pour accepter l'inconfort des désaccords sans les vivre comme des attaques?»

Au fond, je ne crois pas que nous puissions goûter la sécurité et la douceur de la fidélité aux êtres et à la vie si nous manquons de fidélité à la première personne avec qui nous sommes en relation, c'est-à-dire nous-mêmes, notre vraie personne derrière notre personnage.

Le film *Le Rêve de Gabriel* relate l'histoire de ce Belge, Gabriel de Halleux, qui quitte en 1950 ses confortables racines familiales en Belgique pour aller s'installer en pionnier, avec sa femme et ses dix enfants, sur une terre perdue au fond de la Patagonie où tout est à créer et à inventer: routes, maison, troupeaux et cultures. Sa réalisatrice, Anne Levy-Morelle, déclarait à la sortie de son film: «De Gabriel, j'ai appris deux choses: premièrement, quand je m'ennuie, c'est signe que je ne suis pas sur mon chemin, c'est un avertissement à changer ; deuxièmement, quand ma route est dure et difficile, quand les autres ne comprennent pas où je vais ou pourquoi j'y vais, cela ne veut pas dire que je me trompe.»

J'aime cette double invitation parce qu'elle résume bien ce que je veux dire. Il y a tant de gens qui s'ennuient dans leur vie et qui tolèrent cela longtemps sans y voir une invitation à chercher leur chemin. Sans doute est-ce sous l'effet du premier vaccin (*on n'est pas là pour rigoler*), mais c'est aussi par peur du regard des autres, peur que les autres ne les comprennent pas.

Voici quelques réflexions sur ce point :

1. Si nous attendons de plaire à tous et d'être sûrs de ne déplaire à personne, nous risquons bien de passer notre vie à côté de nous-mêmes comme des gentils garçons, des petites filles bien sages et qui s'ennuient très patiemment sans même oser se le dire.

2. Se respecter soi, ce n'est pas faire tout ce qu'on a envie ni suivre tous ses désirs. Se respecter, c'est à la fois s'écouter, se comprendre et faire droit à ses vrais besoins derrière ses désirs et ses envies ; c'est aussi accepter l'inconfort d'y mettre des priorités, l'inconfort de renoncer pour choisir, l'inconfort de vivre des désaccords.

3. Respecter l'autre, c'est littéralement la même chose : ce n'est pas faire tout ce dont il a envie ni suivre tous ses désirs. Respecter l'autre, c'est à la fois l'écouter, le comprendre et faire droit à ses vrais besoins derrière ses désirs et ses envies ; c'est aussi accepter l'inconfort d'y mettre des priorités, de renoncer pour choisir, de ne pas être toujours d'accord.

4. Écouter son élan propre et le suivre, apprendre à s'estimer et à se faire confiance, puis changer ce que l'on a à changer et lâcher ce que l'on a à lâcher, *avec fermeté et bienveillance, en tentant de respecter l'autre et soi-même*, cela bouscule et dérange, et je ne vois pas comment cela pourrait se vivre confortablement.

Le stade exécrable

J'ai à cœur d'évoquer ici une étape qui semble assez classique sur le parcours du développement personnel et de la connaissance de soi: le stade dit *exécrable*. (Je tiens cette appellation de Marshall Rosenberg avec lequel j'ai fait ma formation en CNV et qui a une longue expérience de l'accompagnement des personnes dans leur développement personnel.) Je veux donner cette explication parce que cette étape est la cause de grandes incompréhensions et souffrances, et je crois que le fait de saisir ce qu'il en est peut aider à mieux vivre cette phase, que l'on soit la personne en transformation ou l'un de ses proches.

La personne qui commence un travail de connaissance de soi passe par le stade où elle réalise soudain combien elle s'est négligée et écrasée longtemps par peur du regard des autres ou pour faire plaisir. Elle constate que ses besoins sont légitimes et mesure combien elle a souffert de les méconnaître pendant tant d'années. Et là, elle adopte souvent une attitude de revendication unilatérale de la satisfaction de ses besoins, la plupart du temps de façon très exigeante, sans attention ni, *a fortiori*, respect pour les besoins, eux aussi légitimes, de l'autre. Son aveuglement sur la violence avec laquelle elle bouscule ou rompt ses relations est tel que, souvent, c'est elle qui juge violente la réponse de l'autre, qui, pourtant, tient simplement à faire respecter ses besoins.

Paradoxalement, j'ai souvent vu des personnes être inconsciemment plus violentes dans leur attitude après quelques séances de thérapie ou une session de CNV qu'avant! Maintenant, je vois ce stade exécrable comme une étape, sans doute nécessaire, dans le mouvement de balancier de l'évolution personnelle qui cherche son point d'équilibre: la personne s'est longtemps écrasée et réduite, alors, pour le moment, elle explose et envahit. Avec un peu de chance et beaucoup de travail, elle va tôt ou tard se centrer davantage, en conscience et en paix.

Je sais que, parfois, bousculer ses relations ou les rompre peut être la seule façon de s'en sortir vivant, que cela peut être vraiment salutaire. Toutefois, il me semble que, plus souvent que ce que nous voulons bien voir, nous pouvons transformer ces relations, nous pouvons les regarder et les vivre autrement, quitte à se séparer à un moment donné dans l'estime et la bienveillance. Mais ce travail de transformation est généralement inconfortable parce qu'il remet en question, et il paraîtra plus facile de tout bazarder dans bien des cas. Le risque en bazardant tout, c'est de n'avoir rien appris, de n'avoir tiré aucune leçon de l'expérience, donc de reproduire plus loin le même scénario.

Processus de sortie du piège et de transformation personnelle

Bien sûr, la confiance en soi et l'estime de soi ne se décrètent pas. Ce n'est pas seulement une idée ni une décision, c'est une pratique quotidienne.

> « La lucidité est la douleur la plus proche du soleil. »
> RENÉ CHAR

Pour cette pratique, je propose le processus suivant:

1. *Constater le piège,* c'est-à-dire accepter de nommer lucidement ce qui ne va pas en soi, par exemple: «Au fond, je ne me fais pas confiance. Si quelqu'un parle plus fort que moi, si quelqu'un est revêtu d'une autorité familiale, hiérarchique ou fonctionnelle, je démissionne aussitôt de moi-même.»

2. *Identifier les sentiments (S) et les besoins (B)* qui peuvent être mélangés et confus: «À la fois cette attitude me satisfait (S) parce que j'achète ainsi la paix (B: besoin de me protéger) et elle ne me satisfait plus, j'en ai même plus qu'assez (S), parce que j'ai besoin d'être moi-même et d'exister parmi les autres sans plus me dissimuler (B).»

3. *Laisser se clarifier la ou les priorités en termes de besoins fondamentaux*, par exemple en se disant régulièrement : « J'ai vraiment besoin d'apprendre à me faire confiance, de croire que je dispose en moi des ressources nécessaires pour me transformer, même si j'ai pris l'habitude de ne pas y croire et de me décourager, voire de saboter toutes mes tentatives. J'ai aussi besoin d'être rassuré sur le fait que je peux être heureux comme cela et de garder cette appartenance et cette intégration dans mon couple, ma famille, mon milieu professionnel et social. »

4. *Tendre vers ce(s) besoin(s) prioritaire(s) avec une infinie bienveillance* pour les premiers pas, sans doute hésitants et peu satisfaisants : « Je donne mon avis même s'il ne correspond pas à celui des autres. Je signale simplement mon désaccord lorsque je le ressens et je m'enhardis à dire posément *non* de façon claire et non agressive. Si je n'y parviens pas, je me donne beaucoup d'empathie pour ma peine et ma difficulté sans me juger ni me condamner ! » Dans ce quatrième point, nous aurons à cœur de ne pas tomber dans la pensée binaire : « Soit je m'écoute et je me respecte, soit j'écoute les autres et je m'écrase », pour viser la conscience complémentaire : « Je m'écoute et je me respecte, *et* j'écoute les autres et je les respecte. »

5. *Prendre du temps pour célébrer* les micromouvements, les microchangements qui s'installent et s'en nourrir comme d'une vitamine. N'oubliez jamais que vous êtes votre meilleur partenaire. Si vous ne vous encouragez pas d'abord, comment pourrezvous ensuite entendre les encouragements des autres ? Ditesvous par exemple : « Je suis heureux d'avoir pu dire à mon père ou à mon directeur que je ne partage pas son point de vue pour telle ou telle raison qui me tient à cœur. Je suis très surpris de constater qu'il a répondu : "Ah bon !" avec l'air de devoir digérer le fait que je réagisse autrement, mais je n'ai pas été

dévoré tout cru ni enterré vivant. Je célèbre mon audace et ma détermination et je m'encourage dans cette voie.»

Cette dernière étape peut paraître enfantine. Elle est cependant cruciale. Tout comme un enfant naissant à la vie a besoin de soutien et d'encouragement pour se développer et particulièrement pour oser de nouvelles choses qui nous paraissent simples à nos yeux d'adultes (c'est-à-dire se tenir droit, marcher, rouler à vélo, nager…), nos besoins naissants à la vie requièrent des encouragements bienveillants. Il ne viendrait à l'idée de personne de juger nul ou incompétent un enfant qui réclame de l'aide pour tenir sur son vélo ou qui hésite à entrer seul dans l'eau du lac.

Il me semble que, pour pouvoir grandir, il nous faut parfois redevenir un enfant hésitant, balbutiant, afin de nous permettre vraiment de faire de nouveaux apprentissages. *Et ce n'est pas confortable*! Il y a une part de nous qui aime s'installer confortablement dans ses certitudes et ses habitudes et qui préfère, par exemple, maintenir fermée la porte de l'apprentissage en se disant: «À quoi bon? À mon âge, on ne change plus. De toute façon, je n'y arriverai jamais!» plutôt que d'accepter d'être encore et encore à l'école de la vie, et d'oser faire autrement!

> **Nous mettons plus souvent notre besoin de sécurité dans le contrôle que dans la confiance.**

J'ai observé que les personnes qui ne se font pas vraiment confiance — c'est-à-dire qu'elles n'ont pas, solidement ancrée dans leur cœur, de confiance en elles-mêmes — fonctionnent souvent en contrôlant leur vie et celle de leurs proches. Elles s'attendent à ce que les autres fonctionnent comme elles l'ont décidé. Encore une fois, cela s'explique: la sécurité étant un besoin fondamental, si nous ne mettons pas notre sécurité en nous, dans des repères intérieurs, dans une confiance profonde en soi et en la vie, nous risquons bien de mettre notre sécurité à l'extérieur dans le contrôle et la programmation. Le cas de Patricia, qui voulait que son fils soit le meilleur, nous éclairait déjà là-dessus.

Ces personnes sont rarement profondément heureuses, et pour cause! Elles sont dépendantes de leur environnement qui, forcément, ne s'aligne pas toujours sur leur programme et ne se soumet pas constamment à leur contrôle ni à leur volonté.

Le cas de Solange, une femme dans la cinquantaine, mère de trois enfants, est à la fois courant et éclairant. Lors d'une consultation, elle me déclarait: «Je suis le pilier de la famille; sans moi, tout s'écroulerait, c'est sûr! Et heureusement que je suis là tout le temps, parce que mon mari est de plus en plus souvent parti pour son travail et mes enfants, de plus en plus difficiles à vivre. C'est moi qui dois tout faire: programmer les horaires et les activités de chacun, choisir leurs vêtements, surveiller leurs sorties et leurs rencontres, organiser les week-ends et les vacances. Je n'ai pas une minute à moi et, malgré toute mon attention, ils sont insupportables. Et mon mari qui ne m'aide pas! Comment puis-je les faire changer?»

Nous pouvons observer ici l'action des deux mêmes principes d'analyse systémique constatés dans le cas de Patricia. Plus le mari s'échappe dans son travail et plus les enfants se rebellent, plus la mère renforce le contrôle. Plus la mère renforce le contrôle, plus le mari s'échappe et plus les enfants se rebellent. Le piège infernal!

C'est en prenant conscience de sa difficulté à faire confiance (point 1 du processus de sortie du piège décrit ci-dessus: constater le piège), de son souci constant de coller à l'image de la bonne mère qui fait tout parfaitement (soit la première injection de rappel: *faut être parfait*) et de son habitude de ne jamais se demander si au moins elle est heureuse (premier vaccin antibonheur: *on n'est pas là pour rigoler*) que Solange a pu commencer à travailler sur la confiance en soi et en la vie: «J'ai besoin de m'aimer comme je suis quel que soit le regard de l'autre, même si ma maison n'est pas en ordre et que mes enfants sont plus turbulents que ce que je ne voudrais vraiment; je veux apprendre à avoir confiance dans la sagesse de la vie et des autres, même si tout ne se passe pas toujours nécessairement comme je le voudrais; je veux développer, d'une part, la capacité à me faire confiance et à respecter mon intuition et, d'autre part, la capacité à rester ouverte à l'avis des autres et à me remettre en question avec bienveillance.» Ici, nous sommes au quatrième point du processus de sortie du piège: Solange quitte la pensée binaire («Soit je me plie à la vie des autres, soit je m'impose comme je suis») et adopte la conscience complémentaire («Je veux me faire confiance et me respecter, *et* je veux rester ouverte et à l'écoute des autres»).

Après quelques mois, Solange était déjà moins stressée. À ce propos, elle me confiait: «J'ai lâché pas mal mon habitude de contrôler qui fait quoi, à quelle heure chacun et chacune sort et rentre. J'écoute et je fais davantage confiance qu'avant, en rappelant parfois simplement mais fermement mes besoins, tout en manifestant de la compréhension envers ceux des autres. Eh bien, je vois que mon mari revient beaucoup plus souvent à l'heure prévue et qu'il se rend de plus en plus disponible durant les week-ends. Avec mes enfants, c'est aussi plus facile, et je mesure maintenant combien moi-même je contribuais à créer toute cette tension que j'attribuais aux autres. Je ne les ai pas changés eux, je me suis changée moi. Et c'est cela qui m'était si difficile au début, quand je suis venue vous trouver: au fond, je ne voyais pas ma part de responsabilité.

«Je crois que, par moi seule, il m'était impossible d'admettre que j'étais trop contrôlante et que cette attitude résultait de ma peur. Il m'était impossible d'accepter que j'avais, au fond, très peur de la vie, du cours de la vie que je ne peux pas toujours prévoir, très peur du nouveau, du différent, de l'inconnu! J'avais besoin, pour arriver à apprivoiser ma peur, sans la refouler automatiquement ni la nier systématiquement, de la sécurité de nos entretiens réguliers. Je n'aurais pas toléré sans aide l'inconfort de ces prises de conscience qui m'ont remuée de fond en comble et, par moments, complètement déstabilisée. Pensez donc: je venais pour changer ma famille et je constate moi-même que c'est à moi de changer! Quelle panique, mais quel résultat!»

Commentaires

1. Si Solange a pu, rapidement à mes yeux soit en quelques mois, faire les prises de conscience nécessaires pour transformer ce qu'il était utile qu'elle transforme, c'est d'abord grâce à son humilité, notamment à quatre égards:

    -   l'humilité d'accepter que ce n'est pas parce que son intention est des plus généreuses que son attitude est juste;
    -   l'humilité d'accepter que ce n'est pas parce qu'elle fait des efforts surhumains que ceux-ci sont adéquats;
    -   l'humilité de ne plus attendre inconsciemment de la reconnaissance pour tous ses efforts;
    -   l'humilité d'accepter de changer sa façon d'être sans attendre que les autres changent.

    L'humilité n'est guère à la mode aujourd'hui. Elle est cependant la clé de nos transformations personnelles successives. Si nous nous installons dans nos habitudes de fonctionnement sans les mettre et les remettre en question, nous nous enfermons dans la vanité de croire qu'il n'y a qu'une bonne réponse et que c'est nous qui l'avons.

    Solange, tout à fait inconsciemment et avec la plus belle des intentions, se croyait toute-puissante, capable de compenser seule l'absence du père et de tout prendre héroïquement sur elle. En se mettant ainsi elle-même sous pression, elle mettait malgré elle la pression tout autour. Son travail a consisté à accepter sa «non-toute-puissance» sur le monde et les autres et à trouver sa vraie puissance par rapport à elle-même.

J'ai besoin d'accepter ma « non-toute-puissance ».

Je peux témoigner que, dans mon travail d'accompagnement, la prise de conscience de ce besoin est apparue des centaines de fois comme libératrice et source de guérison, quelle qu'ait été la personne en cheminement : conjoint, parent, enfant, médecin, cadre, responsable politique, femme d'affaires…

Pour beaucoup d'entre nous, la combinaison du vaccin et du rappel antibonheur, ainsi que les pièges du faire et de l'insécurité par rapport au regard de l'autre, nourrissent cette illusion que nous devons être tout-puissants. D'une part, pour plaire aux autres et nous rassurer sur notre intégration familiale, sociale ou professionnelle ; d'autre part, pour nous plaire à nous et nous rassurer sur notre propre identité : « Je fais tout ce que je peux avec beaucoup d'efforts et de sacrifices, donc j'existe. »

J'aimerais apporter ici une précision, qui me tient fort à cœur, sur le sens du sacrifice, à mon avis souvent mal compris. Le mot sacrifice vient du latin *sacrificare,* qui signifie « faire du sacré, rendre sacré ». Si je renonce à certains besoins pour en préférer d'autres, je me *consacre* à cette priorité. Par exemple, si je renonce à ma vie d'artiste ou de voyageur pour prendre soin de mes enfants, je rends cette priorité (donc ce choix) sacrée. Je m'y *consacre,* je la choisis et la rechoisis tous les jours, en sorte de ne pas *massacrer* mes enfants ni ma vie dans mon sacrifice mal compris.

2. Si Solange a pu faire rapidement ces prises de conscience, c'est aussi grâce à son courage et à sa force. Sa remise en question lui demandait d'accepter sa fragilité (« Je suis épuisée, j'ai peur, je ne me fais pas confiance ») et par là même sa force (« Je mise désormais sur la confiance en la vie et sur ma force intérieure. Si je suis plus solidement ancrée en moi-

même, quelque chose de cet ancrage rassurant s'infusera dans mon entourage. Si j'accepte ma «non-toute-puissance» sur le monde et les autres, j'accepte aussi toute ma puissance sur moi-même.»)

3. C'est parce que l'intention de son comportement est généreuse que Solange ne voit pas le piège. Rappelons que l'enfer est pavé de bonnes intentions... Elle se croit *la bonne épouse et la bonne mère qui fait bien tout ce qu'il faut* : «D'ailleurs, je n'ai pas une minute à moi», disait-elle comme si elle y trouvait une preuve de sa générosité. Encore le gentil hamster qui tourne et tourne dans son tambourin! Et c'est souvent parce qu'il s'en trouve éjecté malgré lui, par la maladie, la dépression, l'épuisement, le ras-le-bol d'une vie affective tendue ou brisée, qu'il prend alors le temps, humblement, de reconsidérer ses choix.

4. C'est en acceptant d'accueillir l'inconfort de changer, d'affronter le regard et les commentaires de l'autre («Tu as changé, tu n'es plus comme avant...»), d'apprivoiser ses peurs que Solange a pu retrouver plus de bien-être et — tiens, tiens! — permettre plus de bien-être autour d'elle.

TROISIÈME PIÈGE : NOUS AVONS APPRIS QUE LA DIFFÉRENCE ÉTAIT MENAÇANTE

> *On ne peut s'expliquer l'emprise qu'exerce la peur d'être différent, la peur de s'éloigner du troupeau ne fût-ce que de quelques pas, sinon en comprenant à quelle profondeur se situe le besoin de ne pas être séparé.*
>
> ERIK FROMM

La différence vue comme une menace

Nous n'avons pas appris, en tant que gentils garçons, gentilles filles, à vivre avec la différence comme avec une alliée, une amie, une partenaire. La différence a souvent été pointée du doigt comme la dangereuse, l'hostile, l'ennemie. Qui parmi nous, lorsqu'il était enfant puis adolescent, a pu se dire : «Moi, les idées politiques ou sociales de mes parents ou de mes enseignants, leurs conceptions des rapports au pouvoir, à l'argent et aux biens, je ne les partage pas. Je vois ces choses autrement. Moi, les questions de liberté, d'identité, de respect des personnes, mais aussi de foi ou de sens de la vie, je ne les vois pas comme mes parents ou mes enseignants!»? Qui a pu exprimer de tels propos à ses parents et à ses enseignants en ayant pleinement confiance d'être entendu, compris et respecté dans sa différence?

Il me semble que, la plupart du temps, on s'est «écrasé pour être gentil», pour ne pas déranger, pour ne pas risquer de subir la retenue à l'école, la privation de dessert, de sortie ou d'argent de poche à la maison, ou simplement le regard de rejet ou de mépris.

Depuis bientôt dix ans que je pose ces questions en conférence à des milliers de personnes, je peux témoigner que la grande majorité se reconnaît dans cette habitude prise dès l'enfance de ne pas montrer sa différence pour ne pas déranger, pour ne pas être seul ou séparé, pour acheter la paix ou, du moins, des faveurs.

Cette habitude a au moins deux conséquences :

- La première, c'est que nous nous sommes très tôt interdit notre propre différence en la jugeant menaçante : «Si je pense autrement, que je parle autrement, que j'agis autrement, est-ce qu'on va m'aimer encore?» Il en résulte bien de la difficulté à être heureux : nous sommes piégés par ce regard sur nous-mêmes. Autrement dit, nous reproduisons sur nous-mêmes le regard attribué aux parents et aux enseignants. *Nous ne nous regardons pas avec nos propres yeux, mais avec le regard que l'éducation a encodé en nous*;

- La seconde, c'est que nous avons bien de la peine à accueillir la différence de l'autre. Et pour cause! Si nous avons passé notre vie depuis l'enfance à dissimuler nos différences, notre vision des choses, notre spontanéité, notre fantaisie, notre exubérance ou notre réserve, notre délicatesse, notre fragilité ou encore notre puissance, le jour où quelqu'un se montrera spontané, fantaisiste, exubérant ou bien fragile, délicat ou réservé, ou même puissant, nous le pointerons intérieurement du doigt en le considérant comme dérangeant voire menaçant. Nous le prierons de se taire, de rentrer chez lui ou de rentrer dans l'ordre, mais nous aurons beaucoup de difficulté à l'accueillir tel qu'il est.

Vérifiez, si cela vous amuse, votre capacité à écouter quelqu'un développer des idées très différentes des vôtres sur des sujets qui vous tiennent à cœur, sans l'interrompre, sans argumenter, sans combattre. Si vous résistez plus d'une minute sans exploser par un «oui, mais…! Moi, je….», bravo! Et encore, une minute, c'est énorme! Dans la plupart des conversations, il me semble que nous n'écoutons pas l'autre plus de trente secondes si sa position diffère de la nôtre sur un sujet qui nous touche.

Au fond, notre seuil de tolérance à la différence est très vite atteint. Au-delà des discours des personnes de référence de notre enfance («Il faut s'accepter dans ses différences», «Chacun a droit au respect de ce qu'il est et de ses idées»), nous avons rarement ressenti profondément dans la pratique que la différence était un élément constitutif, fondamental pour la croissance et l'évolution, et qu'elle était en cela bienvenue. Nous ne l'avons pas apprivoisée ni intégrée comme un ingrédient de base ni, *a fortiori*, comme une ressource, une occasion à saisir, et de cela aussi, il résulte bien des difficultés à être heureux.

Pour beaucoup, l'accueil de la différence et le respect de tous forment une belle idée à laquelle chacune et chacun souscrit, mais qui reste bien difficile à vivre concrètement dans le quotidien. Si nous espérons passer toute une vie sans nous confronter à la différence, nous nous promettons bien des malheurs.

Dans les pages qui suivent, je vous présente des exemples qui illustrent les deux conséquences évoquées ci-dessus. Voici le premier.

Martine et son conjoint

Martine est furieuse que son mari rentre du jardin dans la maison sans retirer ses bottes. Elle juge cela sale et désordonné.

«Je suis à la fois en colère et découragée, parce que j'ai besoin d'ordre et de propreté. Et je ne comprends pas comment il ne comprend pas! En soi, c'est pas si grave de passer un coup de brosse, surtout qu'il est prêt à le faire lui-même. Mais c'est le principe: on n'entre pas avec ses bottes dans la maison!

— Aurais-tu donc besoin de comprendre ton conjoint? Qu'est-ce qui fait que, pour lui, cela lui convient très bien de garder ses bottes aux pieds? Aurais-tu besoin de te comprendre, toi, quand tu dis comme une évidence "On n'entre pas avec ses bottes"?

— Cela me paraît évident: on n'entre pas avec ses bottes! Je trouve qu'il n'y a rien d'autre à comprendre là-dedans! Mais j'accepte cette idée: cela m'aiderait de pouvoir le comprendre, lui.

— Mets-toi un moment dans sa peau si tu veux. Comment se sent-il et quels sont ses besoins quand il jardine et rentre avec ses bottes aux pieds?

— Il se sent détendu, heureux et passionné par son jardinage, tellement pris par ce plaisir qu'il en oublie ses bottes.

— Qu'est-ce que cela te fait de voir ton mari ainsi?

— J'aime son côté artiste et bohème. Au fond, je m'en fous, moi, de le voir avec ses bottes dans la maison. Quand je lui dis "On n'entre pas avec ses bottes dans la maison", c'est pas moi qui parle, c'est ma mère en moi.

— Qu'est-ce tu ressens en évoquant cela?

— (Très émue.) Je suis bouleversée parce que je comprends que je me suis contrainte et corsetée pour plaire à ma mère. J'étais bohème et insouciante, elle était méthodique et perfectionniste. J'ai passé ma vie à me contrôler pour donner une image de bonne épouse et de bonne maîtresse de maison au mépris de moi-même. Comme je ne m'accepte pas, je n'accepte pas mon mari. Quelle prison, d'autant plus dorée que je croyais bien faire!»

Commentaires

1. Martine a d'emblée identifié un premier niveau de besoins dans la situation qui la préoccupe: ordre et propreté. Mais elle reste fixée à ce premier niveau. Si elle ne le dépasse pas, elle s'y piège; sa vie, comme celle de ses proches, peut effectivement devenir une prison, voire un enfer. Bien sûr, le fait de dire à son conjoint: «Moi, j'ai besoin d'ordre et de propreté (B); serais-tu d'accord d'enlever tes bottes (D/A)?» témoigne déjà d'un niveau de conscience et de responsabilité plus élevé que de l'invectiver: «Tu es un vieil égoïste, tu ne penses jamais aux autres!» Il s'agit déjà de dire la vérité de ce qui se passe en soi plutôt que les quatre vérités de l'autre. Toutefois, si c'est la vérité de ce qui se passe en Martine, ce n'est pas *toute la vérité, rien que la vérité.*

2. La vérité vraie, c'est que le premier niveau de besoins identifié par Martine cache des souffrances et des besoins encore plus fondamentaux, que nous pouvons appeler les élans de vie, selon la belle expression employée par Guy Corneau[9].

   Si Martine reste accrochée à ses besoins d'ordre et de propreté, elle demeure dans le système de compensation qu'elle a habilement mis en place pour se protéger du rejet de sa mère. Elle s'enferme elle-même dans la cage qu'elle s'est construite. Toute la difficulté du travail pour Martine réside dans le fait de prendre conscience que cela même qui l'a protégée et servie pendant tant d'années, aujourd'hui la dessert et l'asservit.

---

9. Dans son livre, *Victime des autres, bourreau de soi-même*, dont je recommande chaleureusement la lecture, Guy Corneau explore de façon très éclairante ces différents niveaux de besoins qui peuvent masquer nos élans de vie. Il y explore également différents pièges et conditionnements qui nous empêchent de trouver notre élan vital et, par là même, d'être heureux.

Martine est enfermée dans ses croyances comme dans une prison qu'elle ne voit pas. Nous verrons juste après comment se construit — et peut se déconstruire — le piège de la croyance dans lequel Martine ne se sait pas emprisonnée.

3. C'est en s'ouvrant à la différence de son mari plutôt qu'en le jugeant, c'est en comprenant la vie qui l'anime, ce qu'il y a de beau et de vivant en lui derrière la façade ou le comportement qu'elle n'aime pas, que Martine s'ouvre à plus d'humanité : plus d'humanité pour son mari d'abord («J'aime son côté bohème», constate-t-elle elle-même) et plus d'humanité pour elle ensuite («Moi aussi, j'avais un côté bohème»).

À ce niveau-là, nous ne sommes plus à jouer à *qui a tort, qui a raison, qu'est-ce qui est juste et pas juste, qu'est-ce qui se fait et ne se fait pas...* Nous touchons sans doute à l'essentiel, à ce qui a un jour rapproché ces deux êtres, à ce qui fait l'âme de leur vie. Et c'est bien ce qui fait peur à l'ego : l'ego s'arc-boute de toutes ses forces pour maintenir ce qui lui donne sa petite identité séparée, malheureuse, contrainte, qu'il connaît si bien. L'ego a très peur de l'élan, de ce qui rapproche, ouvre et libère, car il y perd son pouvoir.

Ainsi, quand l'être en Martine dit : «Je m'en fous des bottes, j'aime l'insouciance bohème de mon mari. D'ailleurs, moi aussi je veux vivre plus joyeusement et librement l'instant!», tout son ego crie : «Au secours! Nous allons nous perdre dans l'abandon, dans l'entente, dans l'union des cœurs et des âmes au-delà de nos différences. Reprends-toi, argumente, juge, ne lâche pas ta grille de catégories, d'étiquettes, de préjugés et tes croyances qui nous divisent, nous séparent et me rassurent moi, ton ego!»

4. Évidemment, le cas de Martine illustre aussi le phénomène connu de l'effet miroir : Martine n'aime pas chez son mari ce que son ego et son personnage à elle n'aiment pas en elle, alors même que sa vraie personne ou son être profond en rêve. L'effet miroir invite vraiment à une leçon d'humilité : qu'est-ce que je vois chez l'autre que je ne veux pas voir en moi ?

Lorsque j'étais adolescent, les feux de camp scouts qui avaient lieu l'été, dans la campagne ardennaise où je vivais, m'agaçaient souvent suprêmement. Je n'étais pas scout moi-même, mais j'étais invité avec les jeunes du coin à la soirée finale du camp d'été d'une troupe de passage. Partages fraternels, échanges à cœur ouvert, place ouverte à la créativité de chacun, chansons en chœur, joies simples au coin du feu sous les étoiles, tout cela me hérissait. Je me sentais irrité, mal à l'aise, impatient, et j'avais hâte de retrouver ma bulle de solitaire. Mon ego me criait : « Au secours ! Tu vas te perdre dans cette communauté. Il faut se battre, résister, s'opposer pour vivre. » Je jugeais ridicules et simplistes ces assemblées.

Il m'a fallu longtemps pour comprendre que je rejetais là ce qui me manquait tant. Mon être profond me soufflait déjà : « Va vers l'échange de cœur à cœur, le partage fraternel, la confiance dans la créativité de chacun, la tienne y compris ; va vers l'appartenance joyeuse à la communauté des humains tout habitée d'inspiration et d'élan ! » Et de cet élan, des dizaines d'années plus tard, j'ai fait mon métier et ma vie.

Construction et déconstruction du piège d'une croyance

Voici comment se construit et peut se déconstruire le piège de la croyance de Martine, croyance sur soi, sur la vie ou sur les autres. C'est une pure interprétation, à des fins didactiques, de l'exemple de Martine.

1. *Construction de la cage.* « Ma mère est méthodique et perfectionniste. Mon côté bohème et artiste n'est pas accueilli. J'ai trop peur des colères de ma mère, qu'elle me boude ou me rejette. Je m'écrase et je joue la méthodique et la perfectionniste. Je deviens très gentille, et ainsi je gagne son affection, sa reconnaissance et l'intégration familiale. »

2. *Renforcement de la cage.* « Mon jeu marche bien, j'achète aussi l'intégration scolaire et sociale. Comme petite fille gentille,

méthodique et perfectionniste, je suis reconnue et appréciée partout. Je ne sais même plus que j'ai eu un côté insouciant. D'ailleurs, l'insouciance et la fantaisie chez les autres, cela m'agace. C'est bien la preuve!»

3. *Limites de la cage.* «Oui, mais tout le monde n'apprécie pas! Mes enfants se rebellent ou s'enfuient. Mon mari s'enferme dans le silence ou son jardinage. Il y a des signes d'enfermement qu'évidemment je ne veux pas encore voir.»

4. *Enfermement dans la cage.* «Cela devient intolérable. Personne ne comprend mon besoin d'ordre et de propreté. Ils sont tous égoïstes et indifférents. Je me sens seule, incomprise, pas respectée. Je deviens exigeante, pointilleuse ou j'entre en dépression à force de m'être mise sous pression, ou encore je quitte ce mari et cette maison en emportant ma cage avec moi!»

5. *Prise de conscience de l'enfermement.* «Quelque chose coince et je veux bien voir que cela a finalement trait à moi-même, à ma façon d'être. Derrière mon sacro-saint besoin d'ordre et de propreté, je commence à voir que mon vrai besoin, c'est d'être moi-même, d'oser vivre comme moi j'ai envie de vivre, en remettant intérieurement, poliment mais fermement, ma mère à sa place et en retrouvant ma liberté par rapport au regard des autres.»

> **Ce qui hier m'a sauvé, aujourd'hui me tue.**

6. *Remerciement à la cage.* Cette étape est rarement facile. Il s'agit pour Martine d'arriver à dire sincèrement à sa cage: «Merci, cage, tu m'as bien servie et protégée lorsque j'étais petit oiseau et que j'avais peur du chat. Tu m'as sauvé la vie et je t'en suis

reconnaissante. À présent que j'ai grandi, que mes ailes ont poussé, je me sens à l'étroit et j'ai besoin de voler de ma propre vie et de passer la porte. Si j'ai peur, je reviendrai peut-être de temps en temps me poser sur les perchoirs familiers et rassurants derrière tes barreaux. Mais, à présent, je sais que la porte est ouverte, grande ouverte, et que je suis libre d'entrer comme de sortir.»

Au fond, il s'agit pour Martine d'arriver à admettre en conscience: «Ce qui hier m'a sauvée, aujourd'hui me tue.» Voyez de nouveau, c'est parce qu'il y a eu longtemps un bénéfice à la chose que le piège est invisible, donc qu'il se maintient. Reconnaître, c'est-à-dire accepter avec reconnaissance, qu'il y a eu bénéfice à cet enfermement est une des clés nécessaires pour en sortir. Je ne dis pas que c'est facile ni confortable. Je dis que c'est indispensable pour commencer à vivre en paix.

Ce qui rend difficile le fait de remercier la cage pour ses bons et loyaux services, c'est souvent la révolte qui accompagne la prise de conscience qu'il y a une cage (l'étape n° 5): «Comment ai-je pu m'enfermer moi-même dans un truc pareil? Je suis vraiment nulle!»

Si ce moment de révolte est un passage légitime et nécessaire, nous avons besoin de le dépasser par un processus de deuil. Il s'agit de faire le deuil de l'être conscient et responsable que nous aurions tant aimé être plus tôt, de faire le deuil de toute cette souffrance dont nous aurions tant voulu faire l'économie si nous avions su, et d'accepter pleinement, sans l'amertume de la résignation, qu'alors nous ne savions pas et qu'il était donc également légitime d'agir ou de réagir comme nous l'avons fait à l'époque.

De cette acceptation, fruit du deuil traversé, naît la capacité d'émanciper en nous l'être conscient et responsable qui attendait, asservi mais présent. Nous ne pouvons pas avancer vers plus de paix intérieure si nous restons en guerre ou en *guéguerre* avec une partie de nous-mêmes. Comme on ne le sait pas assez, le deuil est

117

un processus qui peut durer toute une vie et requérir ainsi régulièrement notre vigilance et notre attention. Nous y reviendrons plus loin.

Dans la tradition chrétienne, on parlera de cette étape comme du pardon à soi-même.

Personnellement, je comprends mieux la notion de réconciliation : on n'est plus divisé, mais bien pleinement réconcilié avec cette partie de soi qui a vécu cela, accepté cela, enduré ou infligé cela.

En d'autres mots, nous apportons toute notre bienveillance à cette partie de nous : nous l'aimons inconditionnellement. Ce n'est ni facile ni confortable, et c'est cependant une clé pour être heureux.

7. *Clarification des élans.* Reste pour Martine à laisser petit à petit émerger et se clarifier ses élans profonds. Maintenant qu'elle a pris conscience que la porte est ouverte, et quel élan la porte et la transporte, il lui reste à ressentir vers où elle veut aller. Cette écoute comporte également ses inconforts, dont le principal est sans doute l'apprivoisement de toutes les peurs qui vont se réveiller comme une meute aboyante de chiens affolés. Martine ne s'en sortira pas sans convoquer chacune de ses peurs, sans les apprivoiser.

Je vous propose maintenant un exercice de dialogue et d'apprivoisement des peurs.

> **Apprivoiser ses peurs par le dialogue intérieur
> entre deux parties de soi.**

Voici l'exercice que Martine peut faire pour tenter d'écouter les besoins sur lesquels sa peur la renseigne et pour faire dialoguer la partie d'elle-même qui a peur de changer avec celle qui ressent l'élan de changer. Mon intention est de montrer que si Martine a peur, elle n'a pas *que* peur : elle a aussi confiance, elle sent aussi un élan. Ce dialogue permet d'abord de quitter la vision binaire : «J'ai peur donc je ne change pas.» Ou : «Je veux changer, donc je nie mes peurs qui me poursuivent et s'attachent à moi quand elles ne m'entravent pas complètement.» Puis il permet d'entrer dans la vision complémentaire : «J'ai peur *et* je veux changer.»

Partie de Martine qui a l'élan de changer	Partie de Martine qui a peur de changer
Je veux trouver plus de confiance, de légèreté et d'insouciance dans ma vie.	Peur n° 1 : Mais tu es folle ou quoi ! Que va-t-on penser de toi ? Tes amis, ta famille… Toi, une femme si organisée, appréciée de tous !
Je t'entends, Peur n° 1, tu es affolée (S) parce que tu tiens à mon intégration familiale et sociale et que tu veux être sûre que je ne me retrouve pas seule et abandonnée (B).	Peur n° 1 : Mais oui, on te rejettera, tu n'auras plus la considération des autres, tu seras malheureuse.
Donc, tu es vraiment très inquiète (S) et tu voudrais être assurée que je conserve une intégration sociale, des liens d'amitié et le bien-être de l'échange (B)?	Peur n° 1 : Bien sûr, jusqu'ici tu as trouvé tout cela en étant bien gentille et bien organisée, bonne épouse et bonne maîtresse de maison. Si tu deviens bohème, tu vas tout perdre !
Bon, Peur n° 1, tu voudrais bien être assurée que si je vis les choses plus légèrement, avec moins le souci du regard de l'autre et plus de fantaisie, je ne vais pas pour autant négliger mon conjoint, mes enfants, ma maison. Est-ce cela ?	Peur n° 1 : Évidemment, jusqu'ici cela ne me semblait pas compatible. J'aimerais tant avoir confiance que c'est possible !

Partie de Martine qui a l'élan de changer	*Partie de Martine qui a peur de changer*
Merci pour tes précieuses mises en garde, Peur n° 1. Maintenant, je serais heureuse que tu me fasses confiance. Je n'ai plus besoin de toi: tu peux te retirer.	Peur n° 2: Oui, mais tu n'y arriveras pas, tu le sais bien! La pression que tu t'es mise est trop forte. Tu rêves, ma fille! Allons, pour qui te prends-tu?
Alors, Peur n° 2, toi, tu as vraiment peine à croire que j'ai la force et la vitalité nécessaires pour y parvenir (B: besoin de croire en sa force et en sa vitalité), n'est-ce pas?	Peur n° 2: Évidemment, cela fait quarante-cinq ans que tu brides ta vitalité, ton enthousiasme, ta fantaisie. Lâcher tout cela, c'est beaucoup trop dangereux!
Tu es terriblement inquiète (S) à l'idée que je ne puisse assurer une transition douce vers la nouvelle façon d'être qui m'attire, que je ne puisse m'acclimater pas à pas, et que je pète les plombs ou renonce (B: assurer une transition douce, rester reliée à soi-même). Est-ce bien cela?	Peur n° 2: C'est cela. J'ai peur que tu te disperses et que tu t'éparpilles comme ces ballons d'enfant gonflés d'air qui partent en virevoltant et en faisant «pfffff...» et que cela ne dure guère.
Bon, Peur n° 2, tu veux apparemment t'assurer que je mûrisse assez mon choix de changer, afin de bien trouver mes assises et mon élan pour que cela constitue une véritable étape de croissance pour moi, et pas une coquetterie passagère. Est-ce que je t'ai bien comprise?	Peur n° 2: C'est tout à fait cela, tu m'as bien comprise, merci. Je me retire: je t'ai fait les mises en garde qui me tenaient à cœur. Maintenant, je reconnais que, par habitude, je formule mes mises en garde de façon négative. Je te dis par exemple: «Tu n'y arriveras jamais.» Toi, tu m'as aidée à prendre conscience que, sous cette expression maladroite, je veux te dire: «Sois vigilante, prends ton temps, trouve ta vraie force et ton élan, et vas-y!»

Un dialogue intérieur de ce type peut prendre plusieurs semaines voire plusieurs mois. J'en ai vécu certains pendant dix mois, parfois quinze! Tout ce temps! direz-vous. Oui, tout ce temps à faire dialoguer peurs et élans, à découvrir la bonne intention de ma peur, à apprivoiser cette amie fidèle en moi, bien que maladroite, qui se cache sous l'expression farouche.

Pour moi, le bénéfice de ce travail de rencontre et de cohabitation pacifique avec nos peurs est double. D'abord, beaucoup de peurs se retirent une fois les mises en garde intégrées: elles ont rempli leur office, qui est de protéger, pas d'inhiber. Seul le travail de conscience permet d'entendre et d'intégrer la mise en garde opportune sans être tétanisé par l'inhibition.

Ensuite, la fréquentation régulière de nos peurs permet, petit à petit, la grande liberté de *ne plus avoir peur d'avoir peur*. Voici un autre exemple qui illustre deux conséquences, évoquées plus haut, de l'habitude de considérer la différence comme menaçante.

Aïcha et sa fille

En consultation, une maman d'origine marocaine, Aïcha, se plaignait du fait que sa fille de quinze ans sortait dans la rue avec, disait-elle, «le nombril à tout vent et le jeans moulant».

«Je trouve cela inconvenant et déplacé. De mon temps, on se respectait.

— Es-tu triste et inquiète (S) parce que tu tiens à ce que ta fille se respecte et soit respectée (B)?

— Très inquiète, évidemment, qu'on ne la respecte pas, mais aussi qu'elle ne respecte pas les usages et les traditions.

— Les usages et les traditions, cela nourrit quel besoin en toi?

— L'appartenance. Moi, j'ai besoin d'appartenance à mon milieu social et à mes origines.

— Je comprends, l'appartenance est effectivement un besoin fondamental. Maintenant, Aïcha, est-ce que cela te conviendrait d'essayer de comprendre ce qu'elle vit, ta fille, quand elle décide de s'habiller comme cela? Quel est son besoin?

— (Aïcha respire et soupire largement, comme si l'évidence lui apparaissait peu à peu.) Évidemment, elle aussi a besoin d'appartenance. Elle aussi veut être intégrée à son milieu social, à l'école, en ville, chez ses copines actuelles. Je veux également la respecter et pour cela, je dois accepter qu'aujourd'hui, ce milieu-là n'est pas forcément le mien et n'en a pas forcément les usages. Reste que j'ai peur!

— Aïcha, bien sûr, tu aimes ta fille et tu souhaites qu'elle puisse se sentir en appartenance dans son groupe, intégrée à son époque et, en même temps, tu as peur qu'elle tombe sur le grand méchant loup. Est-ce cela que tu ressens? (Aïcha soupire en opinant.) Est-ce que tu aimerais arriver à lui dire quelque chose comme: "Ma fille, quand je te vois sortir habillée comme cela (O), à la fois je suis heureuse que tu t'autorises à vivre ta liberté et que tu aies le goût d'appartenir à ta génération; je t'ai mise au monde pour que tu sois libre et vivante. Et à la fois je suis affolée par le grand méchant loup, je veux dire par l'idée que tu suscites la convoitise de certains et que tu te retrouves dans des situations dangereuses que tu ne saurais pas gérer. Je voudrais également être rassurée sur le fait que ton plaisir de bien-être dans ton corps ne masque pas celui d'être d'abord bien dans ton cœur et qu'en cela tu te respectes. Voilà où j'en suis. Qu'en penses-tu?"

— Oui, je voudrais pouvoir clarifier ces deux valeurs, la liberté et la sécurité, sans les mettre en opposition. Je veux l'inviter à la vigilance, pas à l'inhibition. Je pense qu'une telle mise en garde respectueuse et bienveillante la rendra attentive sans l'étouffer.»

Commentaires

1. Ce qui dans la forme divisait, au fond rassemble. Bien sûr, Aïcha n'aime pas trop la tenue de sa fille car elle ne correspond pas à ses critères. Accepter l'évolution des mœurs ves-

timentaires est inconfortable pour elle. Cependant, la prise de conscience que sa fille et elle, avec des comportements très différents, satisfont exactement les mêmes besoins l'a rassurée et humanisée. Rassurée d'abord parce qu'elle constatait que sa fille n'était pas une extraterrestre incompréhensible, vivant sur une autre planète, mais bien un être humain avec des besoins comme elle. Humanisée ensuite parce qu'elle comprenait que c'est la tradition qui est au service de l'appartenance et de la continuité de l'être humain, et non pas l'être humain qui est au service de la continuité de la tradition.

2. Sans doute y a-t-il dans ces attitudes, tant celle d'Aïcha que celle de sa fille, d'autres besoins que l'appartenance; cela n'est pas le sujet ici. Ce qui est intéressant, c'est de prendre conscience qu'un même besoin (ici l'appartenance, l'intégration) peut trouver des expressions et des formulations différentes: la tenue traditionnelle ou le look à la mode. Nous avons ainsi le choix de nous battre sur les formulations ou de tenter de nous entendre sur les besoins.

3. Aïcha était piégée dans la vision binaire: «Je ne peux pas laisser faire sans réagir, donc je dois l'interdire.» C'est en constatant que cohabitent en elle le besoin de respecter sa fille et celui de la protéger, le besoin de liberté et celui de sécurité, qu'elle se libère du piège. Elle trouve ainsi une façon de réagir à la situation et de se situer avec clarté, sans pour autant fermer la relation ou enfermer sa fille.

> **La différence est un ingrédient de l'évolution
> et de la croissance, pas un accident.**

C'est parce qu'il y a différence des sexes qu'il y a reproduction. C'est parce qu'il y a différence entre la situation du fruit dans l'arbre et celle de l'homme sur le sol, qu'il y a invention de la gaule et de l'échelle. C'est parce qu'il y différence entre la tombée de la nuit et le besoin de l'homme de poursuivre ses activités qu'il y a invention de la lampe à huile, puis de l'éclairage électrique.

C'est parce qu'il y a différence entre ce que je vois dans le monde et ce que je vis dans mon cœur qu'il y a rédaction de ce livre: si j'avais toujours su comment être ou redevenir heureux, si je voyais autour de moi tous les êtres humains bien outillés pour être ou redevenir heureux, je n'aurais aucun besoin de rédiger ce livre. (De là, je me prends à rêver que ce livre puisse aider le lecteur à se fabriquer sa gaule pour cueillir les fruits de son arbre et son échelle pour le tailler à la bonne saison; je rêve qu'il puisse l'aider aussi à façonner sa lampe à huile pour maintenir allumée dans son cœur la lumière de la joie, même au cœur des nuits noires.)

C'est parce qu'il y a différence entre notre besoin parfois éperdu de liberté, de beauté, de fluidité et de grâce, et les contraintes bien concrètes de notre incarnation dans l'espace-temps, que nous composons des partitas, des oratorios ou des chansonnettes, que nous sculptons des merveilles de puissance ou d'harmonie, que nous peignons ou dansons tout le rêve et la beauté que nous portons en nous.

L'artiste ne trouve-t-il pas dans son art la sortie du piège (le quatrième point du processus de sortie: quitter la pensée binaire), son échappée belle? «Et je suis lourd de chair et d'os, et je porte en moi la légèreté de la grâce: donc, je danse. Et cette pierre est inerte et brute, et je porte en moi l'intuition d'une ligne pure, aérienne: donc, je sculpte. Et cet instrument est de bois, mes doigts gourds, ma page blanche et j'entends dans mon cœur un chant d'ange, un *jam* de fête: donc, je compose.»

Mais si nous dansons, sculptons et composons et que le résultat final est beau et réjouissant, que d'inconforts à traverser; que de pas, de coups, de notes de travers; que de dérapages du pied, du ciseau ou de la voix! Et s'il y a des moments de joie pure, certes, que de moments de ras-le-bol, de dégoût! Ce n'est pas qu'il y ait la joie *ou* la peine, c'est que la joie vient souvent au-delà de la peine traversée.

Vous l'aurez compris, j'aime les métaphores! Toutefois, au quotidien, l'accueil de la différence est souvent très prosaïque: «Mon conjoint ronfle. Il est couche-tôt, lève-tôt, alors que je suis couche-tard, lève-tard. J'adore les sorties et les copains; il est casanier et ne veut voir personne. J'adore un joyeux désordre et la vie bohème; il est méthodique comme un conservateur de musée et aurait pu être préfet de discipline dans un collègue anglais du XIXe.» Qu'est-ce qu'on fait dans ces cas-là? En gros, je propose ceci:

1. *Se parler et s'écouter souvent*: c'est-à-dire au moins chaque jour. Si cela paraît évident, je peux cependant vous affirmer que ce n'est pas courant dans la vie quotidienne des gens. Se reconnaître mutuellement dans ses différences et faire preuve d'empathie face à la difficulté de vivre ces différences, voilà une bonne façon de les rendre plus vivables. Je suis effaré de voir combien de gentilles personnes en couple écrasent leurs frustrations pour ne pas déranger et deviennent ainsi des cocottes-minute à explosion retardées prêtes à tout faire sauter. Se parler de ses différences crée un sentiment de communauté;

2. *Demander ce qu'on veut demander*: si vous n'en pouvez plus de ne pas arriver à dormir sous les ronflements de votre partenaire, cessez de bougonner et de vous retourner nerveusement dans le lit en tirant rageusement la couette vers vous. Demandez-lui clairement s'il veut bien dormir ailleurs ou allez-y vous-même. À force d'être si gentil, on finit par devenir franchement agressif;

3. *Transformer ce qu'il y a à transformer*: pour dormir malgré les ronflements, vous pouvez, outre quitter vous-même la chambre, mettre des boules Quies ou consulter ensemble un spécialiste, notamment. Rappelez-vous: *if you don't like it, change it; if you don't change it, like it* (ce que tu n'aimes pas, change-le; ce que tu ne changes pas, aime-le);

4. *Lâchez ce qu'il y a à lâcher* : votre partenaire de vie ne vous accompagne pas dans vos sorties, et cela vous attriste et vous déçoit. Vous ressentez de la solitude. Pleurez. Pleurez le conjoint idéal que vous auriez tant aimé avoir, qui aurait aimé les mêmes choses que vous, au même moment, dans le même rythme ! Faites le deuil de cet idéal : votre partenaire est incarné, pas virtuel.

Vous me direz : « C'est ça ! C'est encore moi qui dois m'écraser pour être gentil ! Je pensais que vous m'inviteriez à cesser de l'être et à être vrai ! » Certainement, soyez vrai dans l'expression de vous-même ; accueillez et exprimez vos besoins de partage, de changement, d'intimité et de connivence. Soyez aussi vrai dans l'écoute : accueillez l'autre et laissez-le exprimer ses besoins de calme, de paix, d'intimité et de solitude. Vous demandez d'être respecté dans vos besoins, respectez l'autre dans les siens.

> **Un besoin souvent méconnu et cependant fondamental :**
> **l'acceptation.**

Si cette écoute mutuelle ne permet pas de dégager ensemble une solution négociée qui tiendrait compte des besoins de l'un comme de ceux de l'autre, d'une façon satisfaisante pour chacun, il reste sans doute un besoin méconnu à accueillir et à développer : l'acceptation. Parmi nos besoins fondamentaux, se trouve le besoin d'accepter ce que nous ne voulons pas ou ne pouvons pas changer en raison de nos limites de temps, d'énergie, de disponibilité et de puissance.

Au fond, vous avez ces options-ci :

*   quitter cette relation qui ne vous convient plus ;

- rester dans cette relation en état de guerre ouverte ou froide, à votre goût, en vous bagarrant tous les jours pour ce qui ne vous plaît plus, sans plus rien voir de tout ce qui vous plaît;
- rester dans cette relation en état de paix et d'accueil.

Vous me direz que c'est une invitation à la résignation ou au refoulement. Je n'invite évidemment personne à la résignation, encore moins au refoulement. Je tiens tellement à contribuer à ce qu'il y ait plus de conscience dans nos vies! Je vous invite plutôt à accepter que nous ne pouvons pas tout avoir et à ne pas vous piéger dans un mode de pensée binaire qui vous ferait dire: «Puisque mon partenaire de vie ne partage pas l'un ou l'autre de mes goûts, je suis seule et malheureuse.» Une proposition de sortie du piège serait: «Je me sens triste (S) de ne pas partager tel ou tel goût avec mon partenaire car j'aurais un grand besoin de partage et de connivence (D), et je ressens quand même de la satisfaction (S) parce que je tiens aussi à l'accueillir et à le respecter tel qu'il est (B); et puis, j'ai également besoin d'autonomie dans ma vie et d'indépendance dans mes relations (B).»

> **Quelle différence y a-t-il
> entre la résignation et l'acceptation?
> La résignation se maintient dans l'amertume.
> L'acceptation se vit finalement
> dans la joie.**

C'est la joie profonde qui vous dira si vous avez fait le deuil et êtes entré dans l'acceptation ou si vous demeurez dans la résignation.

> **J'ai peur des conflits.**

La peur de la différence sous-tend la peur du conflit. Dans le conflit, l'autre se révèle autre. Or, n'avons-nous pas le rêve qu'il soit *même*, qu'il pense comme nous, partage les mêmes valeurs, fonctionne au même rythme que nous?

Si je me suis personnellement longtemps délecté de la contra-diction (contester, argumenter, convaincre…), dans laquelle ma fragile estime de soi trouvait son assise en s'opposant, j'ai long-temps espéré vivre sans conflits. Le vrai conflit personnel me fai-sait peur et j'ai mis beaucoup d'énergie à tenter de l'éviter, quitte à *léviter pour l'éviter.* J'ai en effet longtemps plané au-dessus des con-flits que je ne voulais pas voir, en les jugeant inutiles, subalternes, matérialistes.

La vie s'est entendue à me faire comprendre que nous ne pou-vons pas vivre sans conflits tant nous sommes tellement différents les uns des autres, et ce, même au sein d'une famille. J'ai mis du temps à comprendre que l'énergie que je mettais à éviter les con-flits, je pouvais bien plus facilement l'utiliser à tenter de mieux les vivre, à oser entrer dedans pour tenter d'en sortir, ou encore à accepter le désaccord comme faisant aussi partie de la vie. Il est clair que tant que je mettais toute mon énergie à éviter les conflits, j'étais bien malheureux et souvent solitaire: j'osais peu exister parmi les autres et je me retirais vite dès le moindre signe avant-coureur de tension.

Je vois aujourd'hui tant de personnes qui me confient se tenir sur le seuil de leur vie sans oser entrer dedans tant elles ont peur de déranger, donc de vivre des conflits en étant pleinement vivantes. Elles n'entrent pas dans la vie: elles lévitent. Elles rêvent, comme je rêvais aussi, d'harmonie parfaite entre les êtres et s'effa-rouchent ou dépriment à la moindre escarmouche. Elles sont devenues *accros* à l'harmonie et se rendent la vie bien malheureuse.

Il me semble donc aujourd'hui que le conflit n'est pas un acci-dent de la vie; c'est un de ses ingrédients.

Le conflit n'est pas un accident, c'est un ingrédient de la vie.

Les conflits signalent fréquemment une évolution nécessaire, un changement à accueillir. Beaucoup de nos conflits naissent d'ailleurs de notre résistance bien connue aux changements. Pourquoi avons-nous peur du changement? Parce qu'il comporte lui-même un inconfort, même s'il nous amène souvent vers plus de confort; par exemple, pour partir en vacances, il faut s'organiser, programmer, réserver et se déplacer. D'ailleurs, je ne suis jamais parti en voyage, même vers des destinations vraiment passionnantes, sans ressentir dans les jours qui précèdent à la fois le besoin profond de profiter de ma maison et de rester chez moi, et la vacuité du voyage ainsi que de la vie de nomade.

De même, le fait de déménager d'un petit appartement devenu trop étroit pour s'installer dans un plus grand nécessite du travail, de l'énergie et la renonciation à certaines de ses habitudes. Changer de vie pour une nouvelle comporte un deuil de la vie ancienne que chacun n'est pas prêt à faire.

Dans notre relation à nous-mêmes, nous n'aimons guère ressentir un conflit entre différentes parties de nous. Souvent, nous tenterons d'échapper à ces tensions en les refoulant et en mettant ainsi beaucoup d'énergie à essayer de maintenir en place le couvercle de la cocotte-minute, pourtant prête à l'explosion.

Dans notre relation aux autres aussi, nous préférons souvent que notre conjoint ou notre enfant soit tel qu'il a toujours été ou tel que nous rêverions qu'il soit, plutôt que celui qu'il est en train de devenir. Dans un couple, quand l'un des deux partenaires évolue, le conflit naît souvent de ce que l'un est pris par la peur de se perdre dans le changement et l'autre, par la peur de s'étouffer dans le *statu quo*. Remarquez : ces deux peurs différentes nous renseignent sur un même besoin : la sécurité, la survie. Le conflit indique que l'évolution est devenue nécessaire pour que les deux partenaires puissent s'accorder; il mérite non pas le rejet ou le déni, mais toute l'attention de chacun.

Quand les conflits apparaissent entre parents et adolescents, c'est également le signe de l'évolution: chacun est appelé à évoluer dans son rôle. Si c'est sain, c'est toutefois rarement confortable. L'ado apprend à se fonder, à se situer, alors que le parent apprend à s'accomplir, à se resituer. L'un et l'autre sont amenés à exprimer, à transformer ou à lâcher des éléments de leur vie. C'est un accouchement de part et d'autre: chacun accouche de soi-même ainsi que d'une nouvelle façon d'être ensemble.

Enfin, cohabiter sur la planète, dans son village, son quartier ou son immeuble en acceptant vraiment la différence de l'autre comme un élément de la vie, cela n'est pas toujours confortable. Qui n'a connu des querelles de voisinage, des luttes fratricides, des conflits de pouvoir en entreprise ou en institution! Même les religieux dans les monastères font l'expérience de cet inconfort.

J'ai en effet animé différentes formations à la communication non violente en milieu monastique et j'ai pu constater que le retrait du monde et la proximité physique rendaient parfois la vie difficile aux mieux intentionnés. Une moniale responsable d'une communauté me confiait: «Aimer l'autre tant qu'elle me ressemble, c'est facile. Mais comme c'est difficile de me maintenir dans l'amour quand l'autre est différente! Je ressens parfois l'envie d'imposer ma vision, alors que nous sommes censées décider collégialement. C'est un dur travail que de tenter de trouver une qualité d'*être ensemble* qui dépasse nos querelles d'ego.» En l'écoutant, moi qui ai songé (très brièvement!) à la paix de la vie retirée d'une communauté monastique, j'étais bien éclairé sur le fait que la paix comme l'amour est à travailler partout: ni l'une ni l'autre ne tombent du ciel, même au monastère! Elles sont à jardiner à travers et au-delà de nos frictions, et ce n'est pas nécessairement confortable.

Pierre et son fils

Pierre et Gregory, venus me consulter il y a quelque temps, nous en donnent un autre exemple éloquent. Pierre est un homme d'affaires de cinquante ans qui s'inquiète du fait que son fils Gregory, âgé de dix-sept ans, refuse de terminer ses études secondaires à quelques mois de l'examen final.

«C'est incroyable, il a tout pour réussir. Il est intelligent, sensible, organisé et il fout tout en l'air parce qu'il en a marre à quelques mois du but! Quel gâchis!

— Vous êtes surpris et découragé (S) parce que vous connaissez les qualités de votre fils et vous tenez à ce qu'il en fasse un usage satisfaisant (B)?

— Évidemment! Il a des qualités magnifiques et il est en train de tout perdre.

— Vous êtes en outre très inquiet (S) parce que vous n'êtes pas certain qu'il soit conscient de toutes les conséquences de sa décision de quitter l'école (B). Est-ce bien cela que vous ressentez?

— C'est exactement cela. Je crois qu'il part sur un coup de tête et qu'il va le regretter amèrement. Mais il ne veut pas m'entendre!

— Donc, vous êtes franchement préoccupé (S) parce que vous voudriez avoir confiance qu'il mesure et assume les conséquences de sa décision (B). Est-ce que je vous comprends bien?

— Oui, c'est cela. J'aimerais lui faire confiance, être assuré qu'il sait où il va.

— Est-ce que cela vous convient que nous lui demandions ce qu'il ressent à vous entendre?

— (Pierre est un peu méfiant, comme s'il connaissait déjà la réaction de Gregory.) Oui, ça va.

— Gregory, ton père dit qu'il se sent découragé (S). Il connaît tes qualités, notamment ton intelligence, ta sensibilité et ton sens de l'organisation, et rêve que tu en fasses un usage satisfaisant pour toi (B), et il se sent inquiet parce que tu veux cesser tes études (S). Il aimerait être rassuré sur le fait que tu mesures les conséquences de ta décision de quitter l'école et avoir confiance que tu es prêt à les assumer (B). Comment te sens-tu en entendant cela?

— Heureux comme vous n'en avez pas idée! Et soulagé! Savez-vous que c'est la première fois qu'à sa manière il me dit qu'il m'aime? Il me reconnaît intelligent, sensible et organisé, et ça me fait un grand bien! Je ne sais pas si c'est grâce à vous qui êtes là à l'écouter, mais d'habitude, il ne dit pas ça. Il me dit: "T'es un con, un égoïste, tu ne penses qu'à ta petite liberté, tu n'arriveras jamais nulle part et nous, on se sera crevés pour rien!" Aujourd'hui, j'entends qu'il est concerné, lui, par ce qui m'arrive, et je sens qu'il m'aime. Ensuite, je me sens soulagé d'entendre qu'il voudrait arriver à me faire confiance. C'est bien ce que je lui demande depuis des mois. Je voudrais qu'il comprenne que je ne suis pas comme lui, que j'en ai rien à foutre de faire de belles études pour reprendre son entreprise et m'épuiser au boulot! Moi, je veux travailler tout de suite et me débrouiller seul. J'ai peut-être que dix-sept ans, mais je sais que je veux une vie paisible, un métier tranquille comme tenir un petit commerce, et une femme et des enfants autour de moi. Lui a bossé comme un malade pendant vingt-cinq ans. Il a gagné sa grosse BMW, ses bureaux ultramodernes et son chiffre d'affaires mirobolant. Mais il a perdu maman et une bonne partie de mon estime. On n'est pas sur terre pour faire du fric et faire carrière. On est sur terre pour être bien, heureux avec ses potes. Alors, c'est vrai que je voudrais qu'il me fasse confiance, que ce n'est pas parce que je ne vois pas les choses comme lui que je ne serai pas heureux et responsable de mes choix, même si je tiens une petite boutique au coin de la rue. (Le visage de Gregory est déterminé et lumineux. Il semble avoir pu sortir ce qu'il avait à sortir depuis longtemps.)

— Donc, Gregory, tu es heureux (S) de sentir concrètement l'affection de ton père et sa reconnaissance de tes qualités (B). Tu es aussi soulagé (S) d'entendre que vous avez le même besoin : toi, d'obtenir sa confiance ; lui, de te la donner même si le projet de vie n'est pas le même (B).

— Oui, c'est super ! Tu t'en doutais pas, hein pap, qu'on avait le même besoin ?

— (Pierre) Je suis tout impressionné de t'entendre comme cela. J'ai aimé ta détermination et ta clarté. J'en prends plein la figure avec ma bagnole et mes nouveaux bureaux, mais je reconnais que tu m'épates. Je n'ai jamais entendu si clairement ta détermination de faire ta vie à ta manière, ta confiance en toi et en tes valeurs, et ton besoin que j'accepte que tes choix soient différents des miens. Tu te contentais d'habitude de me traiter de bourgeois réac et de trouver nullissime mon choix de vie. Cela ne m'aidait pas à t'écouter. De mon côté, j'ai un peu cru que ce qui était bon pour moi devait l'être pour toi. Maintenant, je t'entends. Mon rêve évidemment, au-delà de la reprise de mes affaires, c'est bien sûr que tu sois un homme heureux, entouré, libre, et responsable à ta manière, même si ce ne sera certainement pas facile pour moi d'accepter que tu tiennes un petit commerce, alors que tu pourrais gérer une grosse entreprise.

Commentaires

1. Ce père et ce fils se connaissent et s'aiment, en dépit de leur désaccord. C'était clair dès la première séance. Gentils garçons l'un et l'autre, ils ont plus de facilité à se lâcher mutuellement leurs quatre vérités, même crûment, qu'à partager la vérité de ce que chacun vit en soi.

2. Au début, le père avait du mal à dire à son fils : « J'ai peur parce que je t'aime et que je tiens à toi, à ton épanouissement, à ton bonheur. » Il lui disait plutôt : « Tu n'arriveras nulle part comme cela ! » Mais comme le fils ne tenait pas à *arriver* au sens où le père l'exprimait, on était dans un dialogue de sourds !

3. Le fils avait du mal à dire à son père : « J'ai besoin de faire ma vie à ma façon et cela implique pour moi des choix différents des tiens. » Il lui disait plutôt : « Tu es un bourgeois réac et ta carrière est nulle ! » Comme le père, qui était d'origine modeste, en avait crevé à tout monter en partant de rien, c'était difficile à entendre !

4. C'est quand ils ont commencé à parler vrai, à dire leurs sentiments et leurs besoins, qu'ils ont commencé à s'entendre. S'entendre ne veut pas dire être d'accord, mais bien s'accueillir dans la différence.

5. Quitter l'école en ce moment n'était évidemment pas le vrai besoin de Gregory (B), c'était l'action mise en place (D/A), le comportement adopté pour exprimer son vrai besoin d'être entendu et respecté par son père. Il a d'ailleurs terminé ses études, ayant pris conscience que pour gérer un commerce, même petit, il serait mieux outillé après avoir fait quelques études de comptabilité et de gestion !

6. Voyez la mécanique classique : si le père impose les études, le fils les lâche ; si le père accepte la liberté du fils, tout en se situant par rapport à cela (c'est-à-dire en lui faisant les mises en garde sur les conséquences de son choix), le fils reprend ses études. Tant que Pierre n'accepte pas la différence de Gregory, c'est la *guéguerre*, et le mal-être entre dans la famille. Quand il l'accepte, même si ce choix n'est pas confortable, le bien-être revient. Cette situation illustre une autre loi de la vie (toujours au sens de principe de fonctionnement) : quand nous nous accrochons à une chose, à un projet, nous obtenons souvent le contraire de ce que nous voulons. Quand nous acceptons de lâcher prise par rapport à une chose, à un projet, souvent ce que nous espérions vraiment nous arrive.

QUATRIÈME PIÈGE : GENTILS GARÇONS, GENTILLES FILLES, NOUS N'AVONS PAS APPRIS À DIRE NI À ENTENDRE NON

Je prétends me faire vrai devant toi. Vrai, tu m'entends ?
Non pas digne d'amour, mais vraiment, crûment vrai.
Comme si je pouvais pour la première fois, dans ton cœur, me montrer
clairement à Dieu afin qu'il me connût et lui dire :
« Seigneur, voici Seigneur les métaux de mon cœur
qui tintent sur le pavé comme les petites pièces
que l'on donne au mendiant…
Mais à présent il s'agit, en fondant tout ensemble, de voir
s'il est possible d'en former l'alliage dont devrait être faite
la cloche que tu voudras peut-être un jour tirer de moi
lorsque l'heure te paraîtra venue et la forme accomplie.
Seigneur, pose en moi l'assurance qu'une parenté sainte existe
entre tous ces métaux qui n'ont pas encore connu l'épreuve,
qu'ils sont aptes à fusionner, capables de se fondre en
un bronze qui ait une âme, qui ne vienne plus tinter contre
la pierre du pavé mais ait là-haut son chant dans
la belle transparence de ton air,
hésitant entre les anges et les oiseaux. »

RAINER MARIA RILKE

Nous nous sommes habitués à croire que nous étions aimés pour ce que nous faisions et non pas pour ce que nous étions. Ainsi, nous avons pris l'habitude de dire oui même si nous pensons non et de *faire* beaucoup de choses pour acheter l'affection ou la reconnaissance.

Nous n'avons pas appris à prononcer non dès que nous le ressentons, encore moins à l'exprimer avec assurance et de façon non agressive. Par conséquent, nous avons souvent accumulé tant de oui qui n'étaient pas sentis que nous finissons, cocotte-minute à bout de pression, soit par exploser en lançant un non agressif à la figure de n'importe qui, soit par imploser en tombant dans l'épuisement, le *burn-out* ou la dépression, soit encore par nous installer dans la litanie plaintive de la victime, en nous croyant exploités par tous et responsables de rien (voir en annexe le monologue de la litanie de la victime, p. 275).

Et nous nous retrouvons bien *mal heureux*! D'abord, parce que nous n'avons pas réussi à dire non à temps *ni à la bonne personne*; nous avons accepté l'invitation de la belle-mère, le coup de main au copain qui déménage, le remplacement du collègue et la surcharge de travail qui s'ensuit… non pas par élan mais par devoir, pour être gentils mais à contrecœur. Ensuite, parce que nous avons explosé si agressivement, souvent en projetant nos frustrations accumulées sur la *mauvaise personne*, qui sert alors de malheureux bouc émissaire. Enfin, parce que nous nous jugeons nous-mêmes sans pitié et sans appel, ou parce que nous ressassons nos misères de façon incessante.

Apprendre à dire non de façon affirmative et non agressive

Apprendre à dire non, ce n'est pas confortable. Pour arriver à dire non de façon affirmative et non agressive, il s'agit d'abord d'entendre le besoin de l'autre sans se croire immédiatement obligé de le satisfaire. Nous pouvons, certes, contribuer à sa satisfaction par plaisir, par élan, par amour, mais en ayant conscience que l'autre est, en principe, pleinement responsable de ses besoins.

Il s'agit ensuite de s'écouter pour reconnaître ses propres besoins et, parmi ceux-ci, ses priorités — c'est-à-dire ce à quoi nous disons oui quand nous prononçons non. Cette opération consiste à s'accorder du temps et de la place. Et rien que cela fait peur à beaucoup de gens! En effet, faire, agir, répondre «toujours prêt!», courir en tous sens pour tenter de gagner ou de conserver l'approbation des autres, tout cela est très souvent, inconsciemment, une façon d'éviter d'être avec soi, d'être présent à soi. C'est une façon très *correcte, sur les plans social ou familial*, d'être dans la fuite, et non pas dans la rencontre, et ce, sous la plus louable appellation de devoir ou d'attention aux autres ou même de charité.

Je me fuis ou je me rencontre.

Une amie, qui me paraît la générosité même, me racontait récemment sa profonde satisfaction d'avoir réussi à dire non alors qu'elle se trouve trop gentille, voire bonne poire, depuis longtemps :

«Un des responsables de l'organisation dont je m'occupe m'a appelée pour me dire qu'il était débordé par un surcroît de travail, me confiait-elle. Jusqu'à il y a peu, j'aurais tout pris en main pour faire plaisir et, au fond, pour me prouver que je suis une bonne fille généreuse. Mais là, j'ai d'abord vérifié comment je me sentais. Et puis, je n'étais vraiment pas disponible, alors je lui ai dit : "Tu te sens débordé et tu aurais besoin d'aide ?" Comme il me répondait "Oui, bien sûr !", j'ai poursuivi : "Je comprends ton besoin d'aide ; en même temps, je suis moi-même épuisée par différentes difficultés familiales auxquelles je voudrais consacrer toute mon attention, mon affection et mon énergie pour le moment ; c'est ma priorité. Je te propose de demander de l'aide à tel ou à tel…" À ma grande surprise, il m'a répondu : "Ah bon ! Oui, tu as raison, je vais faire appel à eux ou me débrouiller autrement." Tu vois, c'était plus simple que je ne craignais, et cela m'a fait tellement de bien ! Être la gentille qui dit oui à tout m'a assez joué de tours ! J'ai besoin de me respecter davantage et je vois que je peux le faire sans manquer de respect aux autres. Au contraire, cela rend la relation plus claire et plus simple !»

Au fond, il ne s'agit pas tant d'apprendre à dire non que d'apprendre à ne plus se fuir ni à fuir la relation vraie. J'ai longuement développé cette notion dans mon livre précédent, *Cessez d'être gentil, soyez vrai !* Je rappellerai seulement ici que l'on peut aller vers les autres et prendre soin des choses à faire tout en allant vers soi-même et en prenant soin de soi, de son être, comme on peut aller vers les autres et s'occuper des choses à faire tout en s'arrangeant pour se fuir et se négliger soi-même.

Lorsque nous nous négligeons en prenant soin de l'autre, l'opération s'annule pour ainsi dire : *il n'y a, au bout du compte, pas plus de soin ni de respect de la vie dans le monde* ; car en nous négligeant, nous contribuons, malgré nous, à entretenir la négligence dans l'Univers. Lorsque nous nous échappons de nous-mêmes en essayant de nous relier à l'autre, l'opération s'annule également : *il n'y a pas plus de rencontre ni de présence dans le monde*. Là encore, nous contribuons malgré nous à entretenir la fuite et la division dans le monde, alors même que nous croyons favoriser la rencontre. Si nous déplorons la fuite, la négligence, la confusion, la division qui habitent la planète, nous pouvons agir pour changer cet état de choses, nous pouvons individuellement contribuer à transformer cette situation.

> **Si je prends soin de l'autre en me négligeant moi-même,
> j'entretiens la négligence et non pas le soin.**

Contribuer individuellement
à ce qu'il y ait plus de clarté

N'est-ce pas un certain Jésus qui déclarait «Que ton oui soit oui, que ton non soit non. Je vomis les tièdes.»? Voilà bien une déclaration claire! Pour moi, cette clarté individuelle est au service d'une conscience collective, donc d'un monde plus clair.

Pour mieux comprendre cette notion, je vous propose de regarder l'Univers comme un écosystème : ce que je fais à une partie du système affecte le tout, pas seulement dans l'instant mais aussi dans la durée. Ce n'est pas juste une vision poétique ; c'est une observation scientifique et clinique. Les recherches en analyse systémique et, plus récemment, en analyse transgénérationnelle (je pense particulièrement à la méthode des constellations familiales de Bert Helliger), montrent combien, par exemple, tout un système familial peut porter le poids de l'inceste vécu par l'arrière-grand-mère et caché par toute la famille, le poids de la maternité inattendue de la grand-tante, le poids de la collaboration du grand-père pendant la guerre, le poids de traumatismes tus qui pèsent de toute leur charge de silence et d'interdit. Il arrive ainsi qu'une personne serve inconsciemment de fusible entre toutes ces tensions transgénérationnelles et, bien sûr, inconscientes, du système familial, et qu'elle disjoncte.

Les émotions individuelles créent une marque, un impact, dans la mémoire collective. Ainsi, je suis de plus en plus enclin à croire que ce qui se vérifie pour une famille ou un groupe, se vérifie également pour tout un peuple, et peut-être même pour le fonctionnement de la conscience collective planétaire vue comme un seul grand écosystème. Je crois profondément qu'en acceptant l'inconfort de nettoyer nos propres mémoires et de stimuler nos propres consciences individuelles, nous contribuons au nettoyage et à la stimulation de la mémoire et de la conscience collectives.

Il me semble que les communautés monastiques un peu partout sur la planète comptent également sur ce fonctionnement d'écosystème global ou de vases communicants : en privilégiant le recueillement, la sobriété et la participation communautaire, ces communautés, même retirées du mouvement extérieur du monde, contribuent à ce qu'il y ait plus de paix, plus de simplicité et plus de communion dans l'Univers.

Trouvez-vous cela difficile à comprendre ? Pourtant, si nous ajoutons une goutte d'eau chaude à un bain d'eau froide, nous serons tous d'accord pour dire que, techniquement, l'eau du bain est plus chaude, même si c'est d'un degré infinitésimal. Additionnez les gouttes et vous finirez par avoir un bain chaud. C'est mathématique et pas seulement poétique ! Cette conscience-là suffit à me donner envie d'être une goutte d'eau chaude, même si c'est l'océan planétaire qu'il s'agit de tempérer. Et je sais maintenant qu'il y a de plus en plus d'êtres humains qui ont décidé de ne pas attendre que l'océan se réchauffe pour devenir eux-mêmes une goutte d'eau chaude.

Je crois profondément que si le monde est empreint de confusion, nous avons individuellement le pouvoir d'y ajouter, à notre choix, plus de clarté ou plus de confusion, et ce, par infusion, comme une herbe à tisane infuse toute la tisanière et parfume encore la chambre alentour. Curieusement, cette conscience de notre propre pouvoir nous fait peur, un peu comme la conscience de notre liberté nous fait plus peur que la contrainte.

Ainsi, arriver à dire non de façon consciente et non télécommandée par l'inconscient suppose l'inconfort de se connaître dans ses contradictions, de s'accueillir dans son impuissance, de se sentir tiraillé ou même déchiré par des choix difficiles. Assumer ses non comme ses oui, c'est être à la fois libre et pleinement responsable de ses choix. Voilà à mes yeux la source d'une des plus grandes joies : la conduite de sa propre vie. Et je ne vois pas comment nous pourrions vivre cela sans traverser toutes sortes d'inconforts.

J'aime cette interpellation de Vaclav Havel dont l'élan s'est forgé à travers les blocages, les inerties et les absurdités inhumaines du totalitarisme : « À chacun d'entre nous il est donné de découvrir qu'en changeant lui-même, il peut contribuer à changer quelque chose dans le monde. Cet impératif est mystérieux parce qu'il porte en lui la fabuleuse idée que n'importe qui peut ébranler le monde. Mais cet impératif est logique car si je ne me décide pas, ni toi ni lui ni nous tous, à emprunter cette voie, le monde où nous vivons, que nous contribuons à créer et dont nous sommes responsables, ne pourra jamais bouger non plus. Chacun d'entre nous doit commencer par lui-même. Si nous devions tous attendre que l'autre commence, l'attente ne finirait pas[10]. »

Accueillir le non de l'autre

Si nous pouvons acquérir petit à petit plus d'aisance à dire non lorsque nous le voulons, il se peut qu'il nous reste encore à déve-

---

10. Cité par Jean Pick dans *Vaclav Havel, la force des sans-pouvoirs*, Éditions Michalon, le Bien Commun.

lopper plus d'aisance à accueillir le non de l'autre lorsque nous y faisons face. La vie ne nous fera pas faire l'économie de cet inconfort: tout le monde ne nous dit pas oui tout le temps et c'est, effectivement, souvent inconfortable à vivre!

En tant que gentils, nous risquons régulièrement d'être à la merci de cette attitude, c'est-à-dire soit de démissionner de nous-mêmes dès que l'autre dit non pour nous soumettre à son attente, soit de prendre le non comme un rejet ou une attaque personnelle et de nous rebeller en contre-attaquant ou, à tout le moins, en argumentant solidement. Il y a alors fuite ou agression, il n'y a pas rencontre.

Quand l'autre nous dit non, il est rare que nous nous sentions paisiblement à même d'écouter ses besoins — ce à quoi il dit oui quand il prononce non —, puis de faire valoir nos propres besoins et de nous attacher à trouver une solution équitable pour les deux. Écouter l'autre et chercher cette solution, ce n'est pas toujours confortable. Cela peut prendre du temps, nous amener à renoncer à ce à quoi nous tenons et à lâcher prise.

Nous avons souvent tendance à privilégier le *confort* d'une argumentation en forme de rafale de mitraillette du genre «J'ai raison parce que... (rafale d'arguments). Tu as tort parce que... (rafale d'arguments)»; comme au combat, cet échange de rafales vise à dégager l'autre de sa position par la force. Ou alors nous privilégions le *confort* de la démission par des propos du genre «Bon, bon, d'accord, tu as raison. J'écrase et je ne te demanderai plus rien», qui visent à trouver la paix par la désertion. Ces relations, comme vous le voyez, se vivent *sur le pied de guerre*. Dans les deux cas, nous sommes bien malheureux — de notre agressivité comme de notre passivité.

Négocier ou vivre avec le non de l'autre, avec force intérieure et détermination mais sans quitter le *pied de paix*, c'est une autre histoire! Je crois cependant que, comme je l'ai déjà dit, nous sommes beaucoup plus heureux lorsque nous tentons de résoudre nos conflits — même si nous n'y arrivons pas toujours — que lorsque nous réussissons à les entretenir.

Le cas d'Augustin, un cadre supérieur distingué d'une cinquantaine d'années qui vit seul, illustre bien ce propos. Lorsqu'il m'a consulté, il était bien malheureux de ne pas arriver à voir sa fille de vingt-quatre ans et son fils de vingt-six ans aussi souvent qu'il le voulait. De fait, ses enfants répondaient fréquemment non à ses demandes. Augustin les jugeait; il les trouvait égoïstes, indifférents, voire ingrats.

En partant de ces jugements, nous avons travaillé sur la conscience de ses sentiments et de ses besoins. Après quelques séances, Augustin s'est senti un peu plus au clair avec la vérité, avec ce qui se passait vraiment en lui, plutôt qu'avec les quatre vérités de ses enfants. Il comprenait et admettait mieux ce qui lui appartenait, ce qui était sous sa responsabilité, soit ses besoins. Il était devenu ainsi plus disponible pour comprendre ce qui se passait dans le cœur de ses enfants. Je lui ai demandé alors: «Comment vous sentiriez-vous dans la peau d'une jeune femme et d'un jeune homme que le père appelle régulièrement pour les voir et leur parler?» Il a réfléchi, pris une profonde respiration et m'a répondu: «Agacé, je crois. Assez agacé, oui. J'aurais besoin qu'il me lâche les baskets, qu'il me laisse vivre un peu ma vie et, surtout, qu'il assume la sienne!»

Je lui ai demandé alors ce qu'il ressentait en prenant conscience de cela: «Je suis impressionné, je ne voyais que mon côté mais pas le leur. Je leur mets trop de pression. Je mélange mon besoin de garder un lien fort avec eux et mon besoin de trouver de la compagnie, de l'affection et du sens à ma vie.»

Augustin a changé d'attitude. Il a réduit son nombre d'appels; il téléphone de temps en temps à ses enfants pour prendre de leurs nouvelles, sans plus les presser de les voir. Après quelques semaines, ce sont eux qui l'ont contacté pour lui dire: «Papa, il y a longtemps qu'on s'est pas vus, allons manger ensemble.»

Commentaires

1. Le non de ses enfants invite Augustin à faire l'inventaire de ses besoins en conscience et à cesser de leur en attribuer la res-

ponsabilité. En travaillant sur le non plutôt que de se rebeller contre lui, Augustin se responsabilise : il accepte qu'il ne peut pas transformer ses enfants, mais qu'il peut transformer *sa façon d'être avec* ses enfants.

2. En même temps qu'il se responsabilise, Augustin se libère et libère ses enfants. En mettant sur eux toute la pression de son besoin d'affection insatisfait, il créait sa propre prison : ses enfants le fuyaient de plus en plus, et il était de plus en plus seul. En prenant conscience de son besoin d'une vie affective plus nourrie, il s'est lui-même ouvert et s'est rendu disponible à cette perspective. Quand nous nous sommes quittés, il avait rencontré une compagne de vie et avait retrouvé un lien joyeux et fluide avec ses enfants.

Trois notions clés : l'intention, le pied de paix et l'effet longue durée

L'exemple d'Augustin nous amène à clarifier rapidement trois notions qui ont tout leur sens ici, bien qu'elles dépassent sans doute le thème de cette section (apprendre à dire et à entendre non).

L'intention

Si notre intention est d'obtenir de l'autre ou de l'amener à faire quelque chose de précis, la mécanique des sentiments et des besoins proposée par la CNV perd son sens ; d'ailleurs, dans ce cas, elle ne fonctionne pas la plupart du temps. Si notre intention est de nous relier à ce qui habite l'autre (l'empathie pour l'autre) sans nous couper de ce qui nous habite nous (l'honnêteté ou la franchise), c'est-à-dire de vraiment créer la relation avec l'autre même si nous ne sommes pas d'accord avec lui, alors cette mécanique des sentiments et des besoins peut nous aider à clarifier les enjeux et à trouver des solutions satisfaisantes. Ce n'est pas un vœu, c'est une constatation très concrète.

J'ai entendu souvent des gens dire: «La CNV, c'est joli si tout le monde veut bien collaborer, sinon cela ne marche pas!» Bien sûr, s'ils pensaient avoir trouvé un outil pour «faire faire» gentiment ce qu'ils voulaient aux autres, heureusement que cela n'a pas marché! Il n'est pas nécessaire d'attendre que l'autre soit disponible pour la relation pour entrer en relation avec lui.

Remarquez, il ne suffit malheureusement pas que l'intention soit de se rejoindre, de se respecter, de se comprendre pour que, d'office, «ça marche». Bien d'autres qualités se révéleront nécessaires, notamment la patience, la persévérance, le courage et l'expression de sa vulnérabilité… L'intention n'est pas une condition suffisante, mais c'est une condition nécessaire.

Le pied de paix

Pour nous maintenir dans cette intention, nous devons fournir un effort et faire preuve de vigilance afin de ne pas enclencher — par peur, par fatigue, par saturation, par automatisme de sabotage, entre autres — la machine de guerre de l'agression, des critiques, de la division, du rejet, de la culpabilisation active ou passive. À ce propos, j'entends parfois cette critique: «La CNV, ce n'est pas spontané. C'est un langage formaté.» Je comprends, bien sûr, ce sentiment de surprise ou d'inconfort par rapport à certaines formulations sans doute peu habituelles et qui sont le reflet d'une vigilance dans l'écoute et l'expression. Avec un peu d'entraînement cependant, nous pouvons dépasser ce formatage (qui correspond au troisième stade de l'apprentissage que nous évoquons dans la section consacrée au cinquième piège ci-après) sans perdre de rigueur. J'invite effectivement ici à la rigueur dans l'hygiène relationnelle.

Et puis, si s'engueuler, se tirer la gueule, râler, se plaindre ou se justifier, s'envoyer du vitriol, régler ses conflits par l'agression-soumission, répondre à la colère par la colère ou la fuite, c'est spontané, moi, je ne suis pas d'accord! Pour moi, ce n'est pas spontané, c'est seulement programmé, réactionnel, habituel, je dirais même «pavlovien». Et je propose de découvrir une tout autre spontanéité en prenant d'autres habitudes, en nous ouvrant à d'autres types de réactions. Si un peuple ou des hommes en guerre — et donc sur le pied de guerre — sont capables de maintenir une discipline de guerre, pourquoi ne serions-nous pas capables de nous maintenir dans une discipline de paix?

L'effet longue durée

Cet effet résulte des deux notions précédentes: si nous nous maintenons dans l'intention juste avec la rigueur d'une discipline de paix, nous récoltons ce que nous avons semé. Peut-être pas tout de suite — il peut se passer des semaines, voire des mois entre les semailles et la récolte — mais, assurément, nous récolterons. Si vous semez des radis ou des courgettes au bon moment (c'est l'intention: «Je tiens à obtenir des radis ou des courgettes comme je tiens à trouver la rencontre avec l'autre»), que vous en prenez soin régulièrement en arrosant, en dégageant les mauvaises herbes et les limaces, et en vérifiant l'ensoleillement (c'est la régularité du soin, c'est-à-dire le pied de paix, la rigueur ou la discipline), vous aurez des radis ou des courgettes (c'est le résultat et l'effet longue durée).

Marshall Rosenberg, en mettant au point l'articulation de la CNV, a appelé sa méthode *processus* pour cette raison. Ce n'est pas un truc de communication, c'est une façon d'être et d'être ensemble. Pour beaucoup d'entre nous, ce n'est pas quelque chose que nous pouvons nous contenter d'*ajouter à notre façon d'être,* comme un outil de plus dans notre coffre, un livre de plus dans notre bibliothèque; c'est quelque chose qui nous invite à *changer notre façon d'être.*

Je vous propose d'illustrer ces trois notions par un exemple tiré d'un fait vécu avec mes filles, puisque c'est davantage avec elles que j'ai l'occasion d'expérimenter l'*effet longue durée.* Bien sûr, vous me direz qu'elles sont encore toutes jeunes et que vous attendez de voir dans une douzaine d'années quand elles seront ados… Je ne prétends évidemment pas ici faire un traité d'éducation en CNV et j'espère sincèrement avoir l'occasion d'en reparler plus tard de façon approfondie. Même si j'évoque quelques pistes qui pourront intéresser les parents, il s'agit simplement, en partant d'une situation de *non*, d'une proposition pour comprendre comment on peut vivre la relation en restant sur le pied de paix et instaurer, *dans la durée, une façon d'être ensemble.*

Il y a quelques jours, j'emmenais mes filles Camille (cinq ans) et Anna (quatre ans) se promener au parc. Anna, qui avait demandé à prendre son petit vélo, roulait joyeusement dans les allées, tandis que Camille marchait la main dans la mienne. À un moment donné, Camille veut faire du vélo à son tour; elle demande à Anna de lui prêter son vélo, mais celle-ci refuse. Camille insiste, Anna persiste et Camille éclate en sanglots. Moi, je tombe d'emblée dans le vieux scénario classique: «Anna, il faut partager dans la vie! Descends de ton vélo tout de suite et prête-le à ta sœur!» Refus net d'Anna, qui se met à son tour à pleurer en roulant le plus loin possible. Je prends immédiatement conscience que ce n'est plus comme cela que je veux gérer les enjeux humains. Je respire, donc, et je me recentre: mon besoin est que chacun se comprenne et se respecte.

«Anna, tu es tellement contente de rouler à vélo (S) que tu voudrais continuer encore un peu (B)?

— Oui, papa, dit-elle en reniflant ses larmes. C'est très rigolo, et puis, c'est mon vélo!

— Tu veux dire que puisque c'est ton vélo, tu veux décider par toi-même si tu le prêtes ou non, c'est ça (B: besoin de libre choix)?

— Oui, il faut me demander.

— Comment aimerais-tu que Camille te le demande? (D/A: quelle demande souhaites-tu qu'elle te fasse?)

— (Anna, enjouée et répétant avec un air espiègle la formulation classique que je leur ai souvent proposée pour se demander les choses plutôt que de se les prendre): Anna, est-ce que tu veux bien me prêter ton vélo, s'il te plaît?

Je me tourne vers Camille, l'œil interrogateur, pour voir si elle est d'accord pour poser la question magique.

— Anna, est-ce que tu es d'accord de me prêter ton vélo? dit Camille, elle-même amusée de la tournure de la chose.»

Et sans hésiter, Anna lui prête le vélo en riant.

Commentaires

1. Comme vous le voyez, je ne suis pas encore tout à fait déprogrammé des scénarios d'autorité et de contrainte du genre «Il faut, c'est comme ça, t'as pas le choix...»!

2. Quelques éléments me rappellent à la vigilance. D'abord, la plupart du temps, ce scénario classique ne marche pas. J'obtiens même d'habitude le contraire de ce que je veux. Si je veux l'entente, j'obtiens la dispute; si je veux le partage, j'aboutis au repli de l'une et de l'autre. Ensuite, lorsque le scénario d'autorité marche à court terme, et cela se produit parfois, il ne procure pas du tout la qualité de vie relationnelle que je désire. En aucun cas, je ne souhaite que mes enfants obéissent et agissent pour être gentils, pour faire plaisir, pour gagner une récompense ou, *a fortiori*, par peur d'une réprimande! (L'histoire — et l'histoire très récente — est remplie d'atrocités commises par des êtres qui ont bien appris à obéir et qui sont prêts à commettre les pires horreurs pour être reconnus par leurs pairs comme étant gentils et pour gagner une récompense [même au paradis] ou pour échapper à une réprimande.) Personnellement, je tiens à prendre le temps (et il en faut parfois plus que prévu) de partager et d'adhérer ensemble aux valeurs qui font le bien-être de la vie commune.

3. Qu'est-ce qui bloque dans le vieux scénario «Non, je ne donne pas mon vélo; non, tu dois partager»? C'est que chacun campe sur ses positions et n'en part que par peur ou par fatigue, et non pas par amour ni conscience.

4. Maintenant, je sais que derrière tout non il y a un oui. Je cherche donc d'emblée ce à quoi Anna dit oui quand elle

prononce non. Et c'est elle qui me renseigne dès le début de la conversation: «[…] et puis, c'est mon vélo!» Dans cette petite phrase formulée par ma fille cadette, je décode d'abord tout le plaisir qu'elle goûte à être en position de maîtrise de la situation et, en partie, du bien-être de sa sœur aînée. Ce n'est ni méchanceté ni égoïsme, c'est du plaisir, et je le comprends. Anna veut vraisemblablement dire: «Oui, c'est moi qui ai le vélo, cette fois. C'est moi qui peux faire attendre un peu ma grande sœur et me rassurer ainsi que j'ai ma place.» Je décode ensuite son besoin de reconnaissance qu'il s'agit bien de son vélo et que c'est donc elle qui en a la maîtrise. Je décode enfin son besoin, tant négligé dans nos vies, de liberté: Anna, comme moi, comme chacun de nous, déteste être contrainte et adore, par contre, être généreuse librement. Ma fille veut sans doute dire: «Oui, j'aime être libre et généreuse librement.» Donc, je relève d'abord son besoin (de décider librement), puis sa demande (que sa sœur le lui demande posément).

5. L'écoute vraie, active, du oui derrière le non, que je pratique ici, a un double effet: il est à la fois satisfaisant et pertinent.

    a) Je clarifie avec Anna ce qu'elle veut, plutôt que ce qu'elle ne veut pas. Cela nous permet ensemble de mieux répondre à ce qu'elle veut, plutôt que de nous braquer l'un et l'autre sur ce qu'elle ne veut pas;

    b) L'attention que je lui procure ainsi lui témoigne qu'elle est importante à mes yeux et que je suis aussi concerné par ses besoins que par ceux de son aînée. De ce fait, une des raisons qui expliquaient le non tombe («Ce n'est pas parce que je suis la petite sœur que je dois m'écraser là! Je veux avoir ma place à part égale»).

Que de non dans nos vies, entendus, dits ou tus, sont, en réalité, seulement l'expression du besoin de manifester notre identité et notre différence! C'est comme si nous mettions tout notre besoin d'exister dans l'opposition, la contradiction. C'est d'ailleurs un stade de notre évolution individuelle souvent vécu à l'adolescence : s'opposer pour s'affirmer, avant de trouver l'affirmation de soi dans la cohabitation et la collaboration avec les autres. Malheureusement, même en prenant de l'âge, nous pouvons rester plus ou moins accrochés à cette partie adolescente de nous-mêmes et continuer à nous sentir exister, à nous sentir vivants uniquement dans la contradiction.

> **De : « Je m'oppose, donc j'existe. »**
> **À : « J'existe, donc je *vis avec*. »**

Rappelez-vous que, souvent, par habitude, nous trouvons plus d'excitation, plus d'intensité et nous nous sentons dès lors plus unis en nous-mêmes dans la contradiction que dans l'harmonie, dans la joute que dans l'entente.

6. Outre ces deux effets-là, qui sont déjà fort appréciables, il y a l'*effet longue durée* qui n'a pas de prix et qui se manifeste par le bien-être ensemble, le respect et la compréhension mutuels, la confiance et la sécurité. Cette attitude d'écoute mutuelle *témoigne*, bien au-delà des mots et des postures de principe, que nous pouvons ne pas être d'accord, que nous sommes libres d'être différents et uniques, et que c'est en nous écoutant que nous nous rencontrons. Si ce n'est pas forcément confortable, c'est cependant vital. De la qualité de cette rencontre-là se dégage une grande plénitude dans la relation. Et je peux juste témoigner que je goûte là un bien-être d'une qualité et d'une profondeur telles qu'il estompe complètement l'intensité et l'excitation que je cherchais autrefois dans la contradiction, l'opposition, la séduction, le rejet de l'autre ou le repli sur moi.

7. Autrefois, j'aurais cherché à *faire* en sorte que le vélo passe de l'une à l'autre. Je me serais préoccupé du vélo, croyant me préoccuper de Camille tout en éduquant Anna. J'aurais négligé cet être vivant si souvent maltraité : la relation.

La relation a sa propre vie

La relation naît, vit, s'épanouit… mais elle peut souffrir et mourir si nous n'en prenons pas soin. C'est étonnant de voir comment nous pouvons, gentils garçons, gentilles filles, prendre soin avec dévouement de milliers de choses logistiques et matérielles (maison, voiture, jardin, vêtements, téléphone, boulot) sans lesquelles il serait, malgré tout, encore possible de vivre, et combien nous oublions souvent cette réalité immatérielle vivante sans laquelle il ne nous serait pas possible de vivre : la relation.

Rappelons-nous l'image des géraniums que je présentais au tout début de ce livre : nous pouvons *aller contre* comme nous pouvons *aller avec*. Nous pouvons fonctionner ensemble (faire en sorte, comme dans l'exemple ci-dessus, que le vélo passe d'une petite fille à l'autre, d'une façon ou d'une autre), ou vivre ensemble (nourrir, alimenter, transformer la relation). Posons-nous simplement intérieurement cette question : que cherchons-nous ? À régler la question du vélo (*faire*), quitte à négliger, voire à meurtrir, la relation, ou à trouver un profond contentement de l'*être* dans la relation à nous-mêmes, aux autres et à la vie, l'échange du vélo en étant l'expression ?

> La relation est un être vivant qui peut grandir,
> stagner, souffrir, s'épanouir,
> se transformer, mourir ou vivre.

Alors même que nous mettons notre voiture à l'entretien au moindre couac, que nous faisons vérifier notre ordinateur à la moindre alerte, que nous rechargeons notre téléphone portable au moindre bip, nous laissons souvent la relation humaine fonctionner toute seule, sans mise au point, sans entretien régulier, sans recharge des piles et des batteries ! Et nous nous étonnons qu'elle ne tourne pas rond, qu'elle tombe si fréquemment en panne ou qu'elle nous envoie dans le décor !

Que de couples et de familles où l'on fonctionne l'un à côté de l'autre sans rien *vivre ensemble*! Que d'entreprises, de communautés de travail où chacun fonctionne dans un réseau de relations mortes! Voyez le piège de l'habitude de *faire* plutôt que d'*être* ensemble.

En n'osant pas dire non ni entendre le non de l'autre sans risquer de couper la relation par l'agression ou la soumission, nous anesthésions l'*être vivant* qu'est la relation, nous en faisons une chose morte, si polie qu'elle devient plate, qu'elle s'embourbe dans un fonctionnement mécanique. Or, je crois vraiment que nous puisons une partie importante de notre profond bien-être dans la santé et la vitalité de nos relations. Le maintien de cette santé et de cette vitalité de nos relations suppose que nous sortions et ressortions des pièges, notamment de celui qui consiste à ne pas arriver à dire ou à entendre non de façon claire et bienveillante.

Toujours dans l'idée d'illustrer l'*effet longue durée*, si je continue à développer l'exemple mettant en scène mes deux filles, cette fois par hypothèse, il peut évidemment arriver qu'Anna ne passe pas son vélo et que le dialogue se prolonge. J'interviendrai alors en clarifiant mes propres besoins, ce qui pourrait donner ceci :

«Anna, je comprends vraiment que tu tiennes à décider librement si tu donnes et quand tu donnes ton vélo, et je tiens à respecter ta liberté. En même temps, moi, je tiens aussi au partage et à l'échange : je trouve que la vie est plus agréable comme cela (B). Qu'en penses-tu? (D/A)

— Je suis d'accord, mais pas tout de suite. Je roule encore jusque-là, puis je le lui donne.»

Et il y a bien des chances qu'effectivement, cent mètres plus loin, elle remette son vélo à sa sœur. J'ai vérifié à de multiples occasions ceci : lorsque je prends le temps de rejoindre les valeurs de mes enfants (ou besoins : ici, la liberté et le libre choix) et de manifester avec clarté les miennes sans les imposer (ici, le partage et l'échange), après un petit temps d'intégration, qui est sans doute l'espace nécessaire pour exprimer leur liberté ou, en tout cas, pour faire la chose à leur rythme, ils partagent aussi ces valeurs et y adhèrent. De nouveau, si je veux que mes enfants respectent mon rythme, j'ai à respecter le leur, ce qui ne veut pas dire démissionner du mien.

Toujours en ce qui concerne l'*effet longue durée* dans la relation avec mes filles, il peut arriver que je me sente dérangé par le ton de leur relation. Par exemple, si, à la maison, elles se chamaillent pour un jouet dans leur coin de jeu, qui est le prolongement de notre salon, je peux vigoureusement indiquer ma limite : « Stop, les filles ! Je suis fatigué et agacé (S). Moi, j'ai vraiment besoin de calme dans la pièce commune et je ne veux pas y entendre de cris pour le moment (B). Alors, je vous propose de continuer à votre aise dans votre chambre. Qu'en pensez-vous ? (D/A) »

Commentaires

1. Évidemment, je n'interviens pas toujours dans les conflits de mes enfants. Le conflit n'est pas un accident, mais bien un ingrédient de l'évolution et de la vie. Dans ce dernier cas, j'invitais juste mes filles à être conscientes et responsables de leur attitude. Elles sont libres de se chamailler, mais leur chamaillerie dans la pièce commune comporte une conséquence : cela ne correspond pas forcément à mon besoin de calme. Donc, pour que nous nous respections mutuellement dans nos choix, je les invite à déplacer leurs activités. Il peut aussi arriver que je décide, moi, de me déplacer.

2. Il est vraiment exceptionnel qu'après cette mise au point de ma limite (« Je suis fatigué, j'ai besoin de calme et je vous demande de bien vouloir aller jouer ailleurs »), le problème se poursuive. Lorsque c'est le cas, habituellement mes filles bougonnent un instant dans leur coin pour se remettre bien vite à s'entendre. Pourquoi ? Parce que l'*effet longue durée* se manifeste. Comme nous nous parlons beaucoup et que nous tentons de négocier nos petits conflits de façon aussi souple que possible, je crois que nous goûtons pleinement la chaleur de la proximité (être ensemble dans la même pièce). Je crois également que, lorsque

j'en viens à indiquer ma limite très clairement avec, comme ici, une conséquence pratique concrète («Êtes-vous d'accord pour aller jouer ailleurs»), mes filles savent ce que cela veut dire:

- Quand je suis ferme, c'est que ma limite du moment est atteinte. Mes limites ne sont pas fixes, mais elles sont claires. J'observe que beaucoup de parents répètent au moins dix fois la même chose et explosent à la onzième. C'est épuisant et peu efficace. Ils croient être clairs parce qu'ils ont exprimé leur besoin; ils n'ont cependant pas vérifié par une demande négociable si l'autre, lui, a compris clairement le besoin *et* est d'accord avec la demande;
- Ma fermeté n'est pas *contre elles* mais *pour nous*, pour le bien-être durable de notre écosystème familial, qui passe par le respect de chacun;
- Mon *désaccord n'est pas désamour*, mais clarification d'une façon de se manifester mutuellement du respect, à ce moment-là. Leur identité me paraissant bien respectée et, par conséquent, fondée par notre façon d'*être ensemble*, je pense qu'elles n'ont pas besoin de la revendiquer par la rébellion systématique ou la bouderie qui dure;
- Ma demande («Êtes-vous d'accord d'aller jouer ailleurs?») n'est, à aucun moment, une punition ou une menace de punition; elle n'est que la conséquence de l'exercice de leur liberté de se chamailler face à l'exercice de ma liberté de vouloir du calme.

3. Il se peut que mes filles me répondent: «Non, nous ne sommes pas d'accord pour aller ailleurs, nous voulons rester près de toi pour jouer.» Alors, je répondrai par exemple: «J'aime être près de vous quand vous jouez et j'aime que vous aimiez être près de moi quand je lis. Comment pouvons-nous faire pour que vous puissiez continuer à jouer ici et que, moi, je puisse lire ici en paix?» Ainsi, mes filles et moi sommes *alliés* dans la recherche d'une solution satisfaisante pour chacun de

nous, et non pas soumis ou dominés les uns par les autres. Selon mon expérience, en maintenant le dialogue ouvert de cette façon, nous finissons par nous rencontrer. Et là, le niveau de respect maintenu et de connivence atteinte est extrêmement plaisant.

4. Il y a donc de très grandes chances qu'elles se remettent vite à s'entendre à nouveau, plutôt que de poursuivre leur chamaillerie dans une autre pièce. J'ai la simplicité de croire que c'est par goût de demeurer dans la pièce commune et dans la chaleur de la proximité, donc que c'est par élan et par adhésion, et non pas par peur, qu'elles le font.

5. Si la chamaillerie se poursuit malgré tout, c'est souvent parce que d'autres facteurs entrent en cause, notamment la fatigue ou la faim. Du moins, c'est ce que j'ai observé. Et les tensions nées de ces facteurs-là ne se résolvent pas plus par le recours à l'obéissance.

6. Cette fameuse préoccupation : « Il faut quand même mettre des limites aux enfants, aux collègues, aux employés, aux clients, aux gens… », évoquée déjà dans mon premier livre, revient régulièrement dans les formations que j'anime. Quand nous étudions un cas concret en atelier de CNV, la plupart du temps, nous pouvons constater que la personne n'arrive pas à *mettre des limites à l'autre* parce qu'elle n'arrive pas à s'en donner à elle-même, à oser dire « Stop, pour moi, ça suffit ! », à oser dire non vigoureusement en renseignant clairement sur ses sentiments et ses besoins, tout en écoutant et en respectant les sentiments et les besoins de l'autre. Inconsciemment, de telles personnes ont peur que *désaccord soit désamour*, que l'autre prenne l'expression de leurs limites comme un rejet ou comme un prétexte pour ne plus les aimer, les respecter ou les accueillir. Souvent, cette difficulté à se mettre des limites à soi trouve sa cause dans l'insécurité affective évoquée au chapitre 2. Je comprends bien la difficulté de ces personnes, et je veux, par de tels propos, les encourager à changer, et non pas les critiquer.

Là est toute la question : il est beaucoup plus inconfortable d'apprendre à se connaître vraiment, à se respecter soi et à délimiter sa façon d'être, que de dire à l'autre ce qu'*il doit* faire en lui prescrivant des limites. Mais c'est beaucoup plus efficace ! Lorsqu'elles travaillent davantage leur estime de soi et leur sécurité intérieure, ces personnes parviennent à se positionner plus clairement plus tôt, tout en osant entendre et accueillir le désaccord ou l'opposition de l'autre sans entrer dans la surenchère.

Dans le salmigondis de notre attitude gentille-qui-s'écrase-jusqu'à-exploser-méchamment, nous avons souvent à apprendre que douceur se conjugue avec fermeté et que la souplesse s'appuie sur la détermination. J'ai souvent vu, par exemple au restaurant, à la plage, dans une réunion de famille, tel père ou telle mère laisser son enfant faire quelque chose qui, au fond, l'agaçait, sans réagir pendant quelque temps, et exploser tout à coup d'une façon terrorisante pour l'enfant en question, menaçante pour les autres enfants autour, et assez inconfortable pour l'assemblée en présence ! J'ai vu dans tous les milieux — bureaux, chantiers, ateliers, associations, entreprises, écoles, hôpitaux, administrations, armées, églises — des centaines de personnes rongées de l'intérieur par tous les non refoulés et prêtes à l'implosion dans la dépression ou la colère dépressive. J'ai vu des guerres éclater entre deux gentils — époux, associés, partenaires commerciaux, collègues de travail — épuisés d'avoir maintenu fermé si longtemps le couvercle de leur cocotte-minute et devenus tragiquement méchants.

Ah ! dire non plus souvent et plus fermement eût été inconfortable, certes, mais combien moins tragique que l'empoignade verbale, et parfois physique, ou la décapilotade à laquelle les personnes se retrouvent livrées, comme malgré elles.

Conscience, vigilance et responsabilité au quotidien

J'aime également que mes filles se sentent à l'aise de me dire «Stop !» en exprimant leurs sentiments et leurs besoins. Il arrive ainsi que je les emmène à l'école d'un pas plus rapide que ce qu'elles souhaiteraient et que l'une d'elles me le signale clairement : «Stop, papa! Tu marches trop vite pour moi. J'ai besoin de marcher plus doucement.» Et elle ajoute : «On n'est pas pressés, quand même!» Sa réaction me ramène au moins deux fois à moi-même :

1. Ne suis-je pas en train de *bien faire ce qu'il faut faire* (accompagner mes filles à l'école et rentrer vite à mon bureau pour travailler...) au lieu d'*être avec* elles sur le chemin de l'école?
2. Par quoi suis-je si pressé? Que manque-t-il à ce moment pour être parfait? Que m'apporte ce pas stressé-stressant sur les pavés du trottoir de la rue qui mène de la maison à l'école? Ne suis-je pas en train de faire là ce que j'ai choisi de faire pour mon profond contentement intérieur? Si je ralentis et prends conscience, ne suis-je pas profondément heureux et comblé de gambader chaque matin avec une petite fille joyeuse et riante à chaque main? Quelle vieille bande enregistreuse serine encore en moi cette rengaine «Dépêche-toi, tu as tant à faire dans ton bureau! Appels téléphoniques en retard et courriels qui s'amoncellent : cours, cours!»? (Nous reviendrons plus loin sur cette question de notre rapport au temps.)

Dans cet acte simple de conduire mes enfants à l'école, je peux témoigner, par ma *façon d'être*, que nous sommes dans un rapport de force — tant entre nous qu'avec le temps, d'ailleurs — ou que nous sommes dans un rapport de rencontre et de respect mutuel. De nouveau, j'ai le choix : je peux imposer mon rythme à mes filles ou me plier au leur en renonçant à mon plaisir de marcher d'un pas vif, ou encore m'entendre avec elles pour trouver un rythme satisfaisant pour les uns et les autres. Comme on récolte ce que l'on a semé, si j'enclenche la relation dans un rapport de force, la relation aura tendance à se maintenir dans ce fonctionnement et le retour de manivelle sera évident et douloureux; j'aurais, par exemple, la force (physique) de mener mes filles à l'école à mon rythme, mais elles auraient certainement l'aplomb de refuser ensuite l'heure du repas, du bain, du coucher, le choix des vêtements, du menu ou de l'activité proposée. Alors que si j'enclenche la relation dans un rapport de rencontre, j'ai plus de chance de récolter par la suite collaboration et gestion douce des conflits. Entendons-nous bien : nous n'évitons pas pour autant les conflits, nous les traversons de façon plus douce.

C'est cela l'*effet longue durée*. Je vous invite à voir que ce ne sont pas des *trucs* de communication qui construisent nos relations. Nos relations se construisent sur *nos façons d'être ensemble,* dans la durée.

T'es pas gentil de me dire non !

Même si nous développons largement la capacité d'exprimer ce à quoi nous disons oui quand nous prononçons non, et la capacité d'écouter avec respect et empathie — sans pour autant démissionner de nous-mêmes — la frustration de l'autre qui entend notre non, nous ne pouvons pas empêcher que certains interlocuteurs le prennent *contre eux,* c'est-à-dire comme une attaque ou un rejet personnels. N'avions-nous pas l'habitude de prendre *contre nous* le non de l'autre (habitude à laquelle la lecture de ce chapitre a, bien sûr, mis fin !) ?

> « Un égoïste, c'est quelqu'un qui ne pense pas à moi. »
> EUGÈNE LABICHE

Vous aurez vraisemblablement rencontré de ces personnes qui ne se sentent pas respectées si vous ne faites pas ce qu'elles veulent, quand et comme elles le veulent, bref, si vous ne correspondez pas à leurs plans. Leur attitude donne à croire qu'elles s'attendent à ce que vous renonciez à vous pour leur faire plaisir, pour être gentil. Pour paraphraser Eugène Labiche, il semble qu'elles pensent : « Un méchant, un agressif, c'est quelqu'un qui ne fait pas ce que, moi, je veux. » Ces personnes expriment ainsi la souffrance née d'une grande insécurité affective, d'un besoin fortement négligé d'estime de soi. Souvent, elles exprimeront une sorte d'allergie à l'empathie, ainsi que je l'évoquais dans mon premier livre, tant elles se sont forgé une identité autour de l'impression du rejet et de la croyance qu'elles ne sont pas respectées.

Accepter de les laisser à elles-mêmes, sans entrer à votre tour dans l'agression ou le rejet, et en manifestant à la fois fermeté pour vous respecter et compassion pour la souffrance qui les habite, voilà un exercice qui n'est pas confortable !

T'es gentil, t'es méchant…

Mes filles ont acquis, dans leur récente fréquentation de l'école maternelle, deux mots qui n'existaient pas dans notre vocabulaire familial : gentil et méchant. (Ces jugements sont remplacés chez nous par l'expression des sentiments et des besoins dont ils sont l'expression maladroite, enfermante et divisante.) Du fait de cette nouvelle habitude, il peut ainsi arriver que, si je leur dis oui, je sois gentil, et si je leur dis non, je sois méchant. Si je suis gentil, je suis récompensé d'un bisou. Si je suis méchant, je suis puni d'une tape de la main ou d'une bouderie. Simple, n'est-ce pas ?

Avec ce système binaire encodé dès la maternelle, c'est tout le système de punition-récompense qui se trouve cautionné et perpétué : punition de ce qui est *interprété* comme étant méchant, mal, mauvais ; récompense de ce qui est *interprété* comme étant gentil, bien, bon. Le drame du système, toujours très en vigueur, de la punition-récompense, c'est que l'être se retrouve inconsciemment conditionné à faire des choses non pas par un mouvement intérieur, qui est un élan de don, de contribution, de création et d'amour, mais en raison de facteurs extérieurs à lui, qui sont le souci de plaire, d'obtenir une gratification, un signe d'appartenance ou de reconnaissance, ou la peur de recevoir un blâme, un signe de rejet et de désamour.

Ainsi, le système de punition–récompense, malgré son intention généreuse qui est certainement de stimuler et de responsabiliser, inconsciemment déresponsabilise et assèche l'élan de cœur. (Je renvoie ici à la distinction que je fais dans mon premier livre entre la sanction et la punition. Je nous propose de prendre conscience que nous pouvons semblablement distinguer l'encouragement de la récompense, et méditer sur le fait que l'encouragement invite à l'autonomie, tandis que la récompense peut maintenir dans une dépendance.)

« T'es gentil, t'es méchant… »; mes enfants n'ont pas inventé cette expression et la pensée binaire divisante qui l'habite. Elle est véhiculée par les habitudes de langage de leurs classes de maternelle, qui ne sont elles-mêmes que l'expression du niveau de la conscience collective, tant familiale que sociale. Il semble bien que cette conscience collective vive au niveau binaire dans une pensée qui juge, étiquette, catégorise et divise. Cela commence par «Tu es gentil si tu ranges ta chambre; tu es méchant si tu ne le fais pas», cela se poursuit par «Tu es gentil si tu obéis; tu es méchant si tu n'obéis pas», et cela peut se terminer, si nous n'y prenons garde, par «Tu es gentil si tu t'accordes à ma vision des choses et alors je te gratifie et t'accepte; tu es méchant si tu ne le fais pas et alors je te punis, te rejette ou t'élimine».

L'actualité récente — par des tragédies meurtrières, tant près de chez nous dans des écoles (nous sommes encore sous le coup de l'épouvante de certains massacres commis par des adolescents) que plus loin sur la scène internationale (guerres et attentats) — vient confirmer les horreurs auxquelles cette pensée manichéenne et punitive peut amener. À mon sens, les êtres responsables de ces tragédies, qu'ils soient des adolescents ou des adultes, représentent, la plupart du temps, une expression de la conscience collective qui habite la nation. Si nous voulons que tous les êtres en conflit puissent être animés d'une autre conscience afin de régler tous les conflits, quels qu'ils soient (scolaires, familiaux, nationaux, religieux, politiques, économiques…), d'une autre façon, il s'agit de faire évoluer la conscience collective, et cela passe par notre implication personnelle dans l'évolution de nos consciences individuelles.

> **Nous avons à apprendre à nous respecter
> et à nous faire respecter, dès la maternelle,
> par la force intérieure et la compréhension mutuelle,
> et non pas par la menace, l'agression et la vengeance.**

Apprendre à dire non et à accueillir le non de l'autre sans soumission ni agression, apprendre à s'écouter et à se respecter afin d'être mieux à même d'écouter l'autre et de le respecter sans jugement ni pensée binaire, voilà des initiatives que nous pouvons, comme citoyens, facilement mettre en place dès la maternelle et poursuivre tout au long de la scolarité si nous le voulons. Cette collaboration entre parents et enseignants prime déjà dans certains établissements que je connais. (Différentes écoles dans le monde ont adopté les principes de la CNV, selon des modèles proposés par Marshall Rosenberg, et ont des résultats plus qu'encourageants[11].)

Une amie médiatrice, *coach* et formatrice en relations humaines — donc très intéressée par la création d'outils de paix — me racontait ce qu'elle avait vu en Malaisie. Depuis bientôt cinquante ans, et ce, dès la maternelle, on y fait activement l'apprentissage de la tolérance et l'accueil de la différence sous forme de jeux et d'exercices. Le pays a pris conscience que pour faire cohabiter en paix des cultures et des religions aussi différentes que celles des communautés chinoise, hindoue,

---

11. On peut obtenir plus d'information sur ces projets auprès du Centre pour la Communication non violente (voir les renseignements à la page 279).

musulmane et chrétienne, il s'agissait d'*apprendre à créer concrètement la paix*, et non pas juste de l'invoquer.

Si vous vouliez bien me suivre dans cet apparent paradoxe, je pense sincèrement que nous vivrions tous ensemble plus en paix en apprenant plus tôt à dire non et à entendre non, sans agresser l'autre ni se soumettre à lui. Bien sûr, cela suppose la présence de certains éléments : sécurité intérieure et estime de soi, qui facilitent l'indépendance par rapport au regard de l'autre ; accueil de la différence et ouverture aux désaccords, qui permettent l'estime de l'autre et la confiance dans la traversée du conflit. Il n'est jamais confortable de travailler sur toutes ces choses. Ce sont cependant autant de clés pour nourrir le bien-être intérieur, ainsi que la paix intérieure et extérieure.

CINQUIÈME PIÈGE : NOUS N'AVONS PAS APPRIS À BIEN VIVRE NOS SENTIMENTS NI, *A FORTIORI*, À LES UTILISER DE MANIÈRE SATISFAISANTE

> *J'en ai des mots d'amour qui sonnent, mais maladivement cachés, comme chez les autres hommes, dedans.*
>
> ALAIN SOUCHON

Nous avons appris à faire et à courir, et non pas à être, à *être avec* nos sentiments. Que nos sentiments soient agréables ou désagréables, il est rare que nous les écoutions vraiment, que nous les laissions nous habiter et, qui plus est, que nous les utilisions pour nous transformer utilement. Gentils garçons, gentilles filles, nous avons souvent appris à nous couper de nos émotions, en tout cas à nous en méfier, pour ne pas être « dans l'émotionnel » ; or, ce faisant, c'est bien souvent l'émotionnel qui nous manipule !

Rappelons-nous : les émotions dont nous ne nous occupons pas s'occupent de nous. J'ai ainsi rencontré tant de personnes qui souffrent de ne pas arriver à se comprendre ni à se faire comprendre, de ne pouvoir maîtriser ce qui brassait, écrasait, déchirait ou vidait leur cœur.

Cependant, il n'est certainement pas trop tard pour apprendre. À preuve : si la plupart des gens qui participent à mes stages ont de trente à soixante ans, j'y vois régulièrement des personnes qui ont soixante-dix et même soixante-quinze ans ! Ce sont souvent des grands-mères, parfois des grands-pères, toujours prêts à apprendre et à remettre en question leurs habitudes de fonctionnement. Je suis d'ailleurs chaque fois émerveillé devant cette ouverture du cœur, cette humilité et cette joie d'être encore en chemin. Je leur suis reconnaissant de m'inciter, par leur exemple, à ne jamais m'asseoir dans de prétendues certitudes et à garder un cœur jeune, c'est-à-dire ouvert, chaleureux et curieux.

Si nous voulons acquérir la maîtrise de nos sentiments et, *a fortiori*, si nous voulons les dépasser pour goûter un état de bien-être intérieur si profond qu'il va au-delà de l'émotionnel (et n'est donc plus à la merci des variations plus ou moins constantes de celui-ci), il s'agit de bien les connaître, donc d'accepter de se colleter rudement voire crûment avec eux — comme le suggérait Rilke dans l'épigramme du quatrième piège. La maîtrise, ce n'est pas le déni, ni le refoulement, ni le contrôle ; c'est la capacité de faire un usage avisé. La maîtrise des sentiments et des émotions passe donc par une connaissance approfondie qui demande une fréquentation régulière, familière de ceux-ci.

> **Maîtriser ses sentiments et ses émotions,**
> **cela ne veut pas dire les refouler ;**
> **cela signifie plutôt être capable de bien les connaître**
> **pour en faire un usage conscient.**

Pensez-vous qu'il soit possible de maîtriser un sport, une langue étrangère, un instrument de musique ou la conduite d'une voiture sans s'exercer souvent et consciemment? Bien sûr, aujourd'hui, si vous pratiquez un sport depuis longtemps, parlez couramment une langue étrangère ou conduisez de longue date, vous faites tout cela inconsciemment. Vous dévalez les pentes à ski ou vous galopez à cheval sans réfléchir consciemment à chaque geste ni à chaque articulation, vous pensez et rêvez parfois dans cette langue étrangère, et en voiture, vous embrayez et circulez machinalement. Bref, vous êtes devenu, à force d'entraînement, *inconsciemment compétent*, c'est-à-dire que vous maîtrisez maintenant la chose sans plus vous prendre la tête! C'est l'aboutissement du processus d'apprentissage dont les séquences sont décrites d'une façon que je trouve particulièrement clarifiante dans la programmation neurolinguistique (PNL).

Ainsi, dans tout apprentissage, nous passons par différents stades. Je crois utile de les rappeler ici puisque la maîtrise de toute chose (langue étrangère, sport, outil ou machine, cuisine, jardinage, informatique, connaissance de soi et de la relation humaine, etc.) est l'occasion de grandes joies, alors que l'apprentissage qui y mène n'est pas toujours confortable. Voici donc une brève illustration des quatre stades de l'apprentissage.

Les stades de l'apprentissage (selon la PNL)

Selon la programmation neurolinguistique, l'apprentissage comporte quatre stades:

- *Stade 1.* Nous sommes inconsciemment incompétents: c'est le stade où nous croyons maîtriser la chose, alors que nous n'en avons aucune idée. Par exemple, l'enfant qui monte sur la moto de papa fera «vroum vroum» en croyant vraiment qu'il la pilote lui-même; l'ado chantera par cœur les chansons en anglais et croira ainsi posséder la langue;

- *Stade 2.* Nous sommes *consciemment incompétents*: c'est le stade où, devant l'apprentissage réel, nous réalisons à quel point nous ne savons pas. Par exemple, l'enfant devenu adolescent s'apercevra qu'il devra effectivement apprendre à rouler en moto dans la circulation et mesurera combien c'est autre chose que de faire «vroum vroum»; l'ado qui ira suivre un cours d'anglais s'apercevra que construire une phrase et structurer son propos dans une autre langue demande du travail;

- *Stade 3.* Nous sommes *consciemment compétents*: à ce stade, nous avons acquis tous les éléments pour nous débrouiller, mais la pratique nécessite encore une grande concentration et une implication pour chaque séquence, chaque modalité. Par exemple, notre jeune motocycliste passera consciemment de la première vitesse à la deuxième, enclenchera consciemment son clignotant gauche pour aller dans cette direction et décodera consciemment chaque panneau de signalisation routière; notre ado anticipera consciemment la formulation de ses phrases en anglais, en vérifiant intérieurement chaque mot;

- *Stade 4.* Nous sommes, enfin, *inconsciemment compétents*: l'apprentissage est intégré, de sorte que nous n'avons plus besoin de réfléchir à chaque séquence. Par exemple, notre motocycliste se faufilera avec aisance dans la circulation en chantant le dernier tube à la mode tout en programmant sa journée dans sa tête; notre ado, devenu étudiant, défendra avec succès sa thèse de sciences politiques et sociales devant le jury de son université anglaise!

Dans l'apprentissage de la connaissance de soi et de la relation — sauf illumination que je nous souhaite à tous —, nous ne ferons pas l'économie de ces étapes. Quelles que soient les voies suivies (les voies les plus classiques étant, conjointement ou séparément, le développement personnel et relationnel, la psychothérapie et la recherche spirituelle), nous connaîtrons ces étapes par cycles successifs. Chaque fois que nous en aurons bouclé une, nous goûterons certainement la joie d'être devenus inconsciemment plus à l'aise (autrement dit plus compétents). Si nous acceptons de ne pas nous enfermer dans ce qui pourrait s'appeler «la vanité de croire que nous savons» et de rester ouverts à l'apprentissage du nouveau et du différent, la vie nous offrira l'occasion d'aller de découverte en découverte et d'incompétences en maîtrises successives notre vie durant.

Cette évolution par cycles successifs, pour satisfaisante qu'elle soit dans la durée et dans l'intimité de notre bien-être intérieur, est loin d'être confortable : nous sommes en effet toujours en chemin. J'aime cette image du pèlerin, rencontrée dans de nombreuses traditions, la ceinture sur les reins et le bâton à la main, tentant de se poser les bonnes questions. Et je me demande ce qu'il reste de cette quête personnelle, consciente, vigilante et courageuse, qui nous transforme, quand des systèmes éducatifs, des régimes politiques, des religions, des cultures et des modes s'asseyent dans leurs certitudes en promulguant des réponses collectives toutes faites.

Revenons à l'apprentissage des sentiments et des émotions. Qu'ils soient agréables ou désagréables, chose certaine, pour arriver à les maîtriser, il y aura quelques inconforts à traverser. Cela nous permet ensuite d'envisager un état d'être au-delà de l'émotionnel, un état de paix intérieure qui ne nie ni ne refoule les émotions, mais les accueille et les laisse circuler sans s'y fixer.

Dans les pages qui suivent, j'explore deux émotions désagréables à vivre qui sont les plus difficiles à accueillir et à bien utiliser : la colère et la peur. Bien sûr, il vaudrait la peine que nous observions ainsi plusieurs sentiments, notamment la solitude, le découragement, le désarroi et l'impuissance, mais cela irait au-delà de l'objectif de ce livre, qui est de nous inviter à accepter la traversée de certains inconforts pour atteindre un plus grand bien-être. Nous ne ferons donc pas l'inventaire exhaustif de tous ces inconforts.

Écouter les sentiments désagréables et les utiliser pour se transformer — la colère

N'importe qui peut se mettre en colère, c'est facile.
Ce qui est difficile, c'est de se mettre en colère
face à la bonne personne, dans la bonne mesure,
au bon moment, pour un bon motif et de la bonne façon.

ARISTOTE

J'ai rencontré peu de personnes qui se sentent vraiment à l'aise avec la colère, qu'elles la vivent ou la perçoivent chez l'autre. Rappelons ici que, la plupart du temps, gentils garçons, gentilles filles, soit nous écrasons nos colères pour ne pas déranger, pour ne pas risquer de vivre le rejet ou le désamour, soit nous explosons dans des colères agressives que souvent nous regrettons. Si ces colères-ci ont pour bénéfice principal la décharge d'adrénaline qui libère un peu, c'est au prix d'une grande culpabilité d'avoir fait mal, d'avoir été trop loin, et d'une grande difficulté ensuite à recoller les morceaux.

Bienveillantes colères…

La paix et même la vie de nos couples, de nos familles, de nos entreprises et de nos équipes de travail sont souvent compromises par des colères contenues qui enveniment toute la relation. À l'inverse, j'ai souvent vu la paix et la vie dans les relations se rétablir, et même se trouver stimulées, par le fait que les colères soient dites — évidemment, bien dites, c'est-à-dire formulées en conscience et de façon responsable, affirmative et non agressive.

Nous pouvons apprendre à vivre des colères claires, fermes et bienveillantes à la fois, et à les exprimer comme telles. Cela demande cependant de travailler sur soi: travailler à connaître la vérité de ce qui se passe en soi pour ne pas se contenter de lancer les quatre vérités de l'autre.

La situation d'un couple venu me consulter illustre très bien cette notion. C'est madame qui explose la première.

«Il n'est jamais là quand il le faut, il ne s'occupe que de sa carrière, il me laisse seule avec les enfants!

— Vous êtes très en colère (S) parce que vous avez besoin d'aide et de collaboration (B) pour vous et les enfants, est-ce cela?

— Oui, je n'en peux plus de tout faire seule à la maison et je n'ai pas choisi d'épouser un fantôme.

— Vous vous sentez seule et triste (S) parce que vous aimez sa compagnie, que vous aimeriez passer plus de temps avec lui et faire des activités ensemble (B), n'est-ce pas?

— Évidemment! J'aime tant faire des choses avec lui, même les courses au supermarché! La vie est tellement plus amusante à deux, mais je ne pense pas qu'il comprenne ça.

— (Je me tourne vers son conjoint.) Monsieur, comment vous sentez-vous quand vous entendez que votre épouse se sent triste et seule parce qu'elle aime particulièrement votre compagnie et être avec vous, même pour faire des choses simples comme les courses au supermarché?

— Très touché. C'est vrai que, quand elle me dit "T'es jamais là, tu ne t'occupes que de ton boulot", j'ai de la peine à entendre qu'elle veut me dire "Je t'aime et je voudrais être avec toi", tant je suis moi-même en colère de ne pas recevoir de reconnaissance pour tout ce que je fais pour elle et nos enfants en travaillant comme je le fais. Mais c'est vrai que quand je lui réponds "Si tu crois que cela m'amuse de me crever au boulot pour vous!", j'exprime au fond très mal mon besoin de sécurité matérielle. J'aimerais arriver à lui dire: "J'ai besoin d'assurer notre sécurité matérielle en travaillant *et* je te suis reconnaissant de la sécurité affective que je trouve dans notre relation. Donc, je veux trouver du temps à partager avec toi." »

Commentaires

1. En formulant ce double besoin, monsieur met en pratique le point 4 du *processus de sortie du piège* (évoqué à la page 103) : identifier les priorités et mettre les besoins en parallèle plutôt qu'en alternatif.

2. S'il est ouvert à l'expression de ses propres besoins, c'est parce que madame — ici en consultation, donc avec un peu d'aide — formule les siens de façon affirmative et non agressive. Tant que madame agresse, monsieur bloque. Quand madame clarifie, monsieur clarifie.

3. C'est la colère de madame qui permet de rétablir la vitalité de la relation, c'est-à-dire de refaire circuler la vie dans un système qui, sinon, risque de s'ankyloser et de rester ainsi définitivement.

4. Ce n'est pas forcément confortable pour madame d'admettre qu'elle a besoin d'aide et de présence. Il s'agit pour elle de se désintoxiquer tant du vaccin que du rappel *on n'est pas là pour rigoler et je me dois d'être une épouse parfaite qui assume son devoir.*

5. Pour monsieur également, il s'agit de quitter un certain confort qui consiste à vivoter en subissant tant le vaccin que le rappel : *ma vie est dure, c'est normal et je me dois d'être un père modèle qui assume son devoir.* Il doit accepter de lâcher un peu les peurs par rapport à l'insécurité matérielle et les habitudes de *faire,* pour *être* un peu plus là, dans la confiance.

6. Pour les deux, grandir ensemble passe par l'inconfort de transformer chacun leur façon d'être.

Voici un exemple de décodage et d'expression de la colère, selon deux versions : classique ; consciente et non violente.

- *Version classique* (langage non verbal : visage agressif, ton cassant, gestuelle méprisante) : « Tu m'énerves quand tu boudes, tu ne supportes pas la contradiction, tu es une enfant gâtée. J'en ai assez de ces enfantillages ! »

- *Version consciente et non violente* (langage non verbal : ton fort et affirmatif, regard droit, voix élevée, le cas échéant) : «Quand nous ne sommes pas d'accord et que tu quittes la pièce sans rien dire en fermant la porte derrière toi (O), je me sens en colère, triste et seul (S) parce que je tiens tant à notre relation et à entendre ton avis même si nous ne partageons pas le même point de vue (B). J'ai aussi besoin que nous puissions avoir suffisamment de sécurité dans notre relation pour pouvoir nous rencontrer dans nos accords comme dans nos désaccords (B). Pourrions-nous en reparler, maintenant ou tout à l'heure (D) ?»

Pour arriver à formuler sa colère comme dans la seconde proposition, il faut la travailler, c'est-à-dire prendre le temps d'observer sans juger (O), d'identifier les différents sentiments (S) et besoins (B) que cette colère met en lumière et formuler une demande claire (D). Ce travail de conscience et de responsabilisation, qui consiste à passer de «Tu me mets en colère parce que tu…» à «Je suis en colère parce que je…» est rarement confortable. C'est plus commode — à court terme — d'accuser l'autre que d'assumer la responsabilité de ce que nous vivons.

Lorsque nous sommes à bout de mots pour exprimer ce que nous avons à dire ou à bout de fatigue de ne pas être entendu, nous portons tous en nous le potentiel de passer à l'acte.

Travailler sur sa colère

Sans revenir sur ce que j'ai dit déjà dans mon premier livre concernant l'écoute de la colère et l'identification de nos besoins insatisfaits (pages 192-193), je propose d'affiner ce travail d'écoute de soi en portant notre attention sur trois axes.

> Nos sentiments désagréables à vivre
> (colère, peur, tristesse, solitude, etc.)
> nous renseignent sur le fait que nous avons
> quelque chose à *demander* plus clairement,
> à *transformer* en nous ou à *lâcher.*

- *Qu'avons-nous à* demander *plus clairement?* Beaucoup de nos colères naissent de ce que nous croyons avoir été clairs et que, malgré tout, nous ne sommes pas compris ou pas suivis. Toutefois, nous vérifions rarement si l'autre a bel et bien compris et s'il est prêt à suivre. Nous partons du principe qu'ayant demandé quelque chose, l'autre nous a forcément compris exactement comme nous le souhaitions et qu'il se conformera à notre attente. Très souvent également, nous attendons inconsciemment qu'il se conforme à des attentes que nous n'avons pas formulées puisque, bien sûr, nous les croyons évidentes. Que de malentendus naissent ainsi de cette combinaison tragique d'un *mal exprimé* avec un *mal écouté,* combinaison qui résulte souvent de notre manque d'attention à l'altérité de l'autre. Donc, il convient de vérifier si l'autre a compris et s'il adhère à ce que nous demandons. Rappelons-nous: *l'autre est autre.* Ce n'est pas une tautologie, c'est une invitation à rester ouvert et bienveillant. L'autre ne pense pas forcément comme nous, ne vit pas forcément au rythme que nous souhaitons, n'a peut-être pas les mêmes priorités au même moment… Tout cela cause des frictions sans doute, mais nous renseigne aussi. Notre colère nous amène peut-être à être plus affirmatif, plus précis et à manifester plus d'assurance. Et c'est peut-être bien à nous-mêmes que notre colère nous ramène, à notre difficulté d'accueillir l'autre tel qu'il est et non tel que nous rêverions qu'il soit, ou à nous accueillir nous-mêmes tels que nous sommes et non tels que nous rêverions d'être. Et nous aurons gagné, à l'écouter, cette meilleure connaissance de nous-mêmes. Dans l'exemple de Martine (qui était en colère quand son mari rentrait avec ses bottes), l'écoute responsabilisante de sa colère l'a amenée à s'accueillir elle-même. Ce n'était pas à son mari qu'elle avait quelque chose à demander, mais bien à elle-même : se laisser être.

> **L'autre est autre.**

- *Qu'avons-nous à transformer dans notre façon de faire ou d'être ?* Encore une fois, beaucoup de nos colères sont le signal que nous nous maintenons dans des habitudes de fonctionnement qui ne marchent plus, qui ne sont plus pertinentes ou qui sont même impertinentes. Toujours dans l'exemple de Martine, son souci d'être reconnue comme une bonne maîtresse de maison a pu être pertinent pour se protéger de sa mère et s'intégrer, mais il est devenu impertinent vis-à-vis de son mari et d'elle-même. En s'écoutant, elle prend conscience que le vrai stimulus de la colère, ce n'est pas le mari qui entre avec ses bottes, c'est sa peur du regard de l'autre, particulièrement du regard de sa mère, et donc sa difficulté à oser être tranquillement elle-même. C'est parce qu'elle accepte l'inconfort d'écouter sa colère, plutôt que de continuer à se plaindre de son mari, et de reconnaître qu'elle doit elle-même changer sa façon d'être si elle veut se sentir plus heureuse, qu'elle peut concrètement et radicalement décider d'améliorer sa qualité d'être. Elle peut aussi décider de ne pas le faire, car en gagnant en conscience, elle a gagné en liberté de choix.

- *Qu'avons-nous à lâcher, à quoi sommes-nous invités à renoncer ?* Enfin, bien des colères viennent de ce que nous nous accrochons à tout ce que nous avons eu, connu, été, ou à tout ce que nous voudrions avoir ou être. Nous avons du mal à lâcher, à tourner la page, à renoncer, à choisir et à accepter les conséquences de nos choix. Ainsi, pour Martine, renoncer à son personnage de *bonne fille gentille* aurait pu lui paraître plus difficile que ce qu'elle avait l'énergie de faire ; de plus, les bénéfices secondaires de son attitude auraient pu lui sembler plus intéressants que les bénéfices du changement. Dans le cas de Pierre et de son fils Gregory, une partie de la colère du père provenait de sa difficulté à accepter de renoncer à son projet, à lâcher le rêve du fils qui lui succède dans les affaires. De son côté, Solange est arrivée à prendre conscience que, derrière sa colère et son épuisement, elle devait lâcher le contrôle et renoncer à se croire indispensable. Par l'écoute responsabilisante de sa colère, elle est passée de la plainte envers son mari et ses enfants à l'action, donc du *statu quo* pénible à la transformation de sa vie et de la vie de famille.

Écouter la colère pour sortir du piège

Voyez combien la colère peut être salutaire quand nous apprenons à en faire bon usage. Au fond, elle est l'indice d'une grande vitalité qui bouillonne en nous et qui demande à être entendue et utilisée à bon escient.

Personnellement, c'est ma colère qui m'a secoué et mis en route. Dans une période de grand ras-le-bol par rapport à ma vie professionnelle de juriste, j'ai plusieurs fois, en rentrant du bureau harassé, senti la vigueur de ma colère contre ce choix de vie, contre moi-même et mon incapacité à changer — colère et vigueur que je tentais de contenir, de refouler ou de fuir depuis longtemps par mille distractions. Je me souviens d'avoir jeté un soir ma mallette sur mon lit en criant à tue-tête «Il faut que ça change : je vais mourir d'ennui !», en ouvrant grands les bras comme à l'opéra. La force du geste et du cri m'a surpris : moi, si gentil, hurler ainsi? Et la puissance de ma colère m'a secoué de mon inertie. Cette colère — à laquelle, enfin, je ne résistais plus ce soir-là — a été l'occasion d'une prise de conscience décisive: je voulais transformer ma vie. Je ne savais pas encore ni vers quoi ni comment, mais mon choix et mon besoin étaient clairs.

En écoutant ma colère et en me laissant être vigoureusement secoué par elle, j'ai pu pleinement prendre conscience du piège et m'ouvrir au projet d'en sortir. En écoutant sa colère, Martine s'est ouverte au projet de sortir du piège de la bonne fille gentille. Chez Pierre et Gregory, cette écoute a permis de mettre fin à leurs querelles incessantes, tandis que chez Solange, elle a enclenché un processus de transformation personnelle et familiale.

> **Nous serions plus en paix, donc plus heureux,**
> **si nous exprimions plus tôt nos colères**
> **à la bonne personne, de façon responsable,**
> **vraie et bienveillante.**

Le monde est rempli, d'une part, de colères non dites qui bloquent et empêchent des transformations nécessaires à la vie et, d'autre part, de colères explosives qui bouleversent ou massacrent la vie. Me suivrez-vous dans cet apparent paradoxe? Je crois profondément que nous vivrions davantage en paix entre nous et que la vie, quelle qu'elle soit, serait davantage respectée si nous nous disions plus clairement, régulièrement et posément nos colères, en conscience et de façon non violente, plutôt que de les contenir dans la cocotte-minute jusqu'à l'explosion ou l'implosion retardées.

Notez bien que si nous formulons nos colères à temps, donc avec plus de chances de le faire en conscience que lorsque nous retardons leur expression (autrement dit, dès que notre vase se remplit et non au stade où la dernière goutte le fait forcément déborder…), nous sommes plus à même de les expliquer posément et sur un ton de fermeté bienveillante sans doute plus audible. Encore s'agit-il, comme le suggérait déjà Aristote dans l'épigramme de cette section, d'exprimer sa colère *à la bonne personne, dans la bonne mesure, au bon moment, pour un bon motif et de la bonne façon.*

Veiller à respecter tous ces aspects pour formuler notre colère, ou même notre désaccord, ne sera certes pas toujours confortable, quelle que soit la relation dans laquelle elle s'exprime (couple, famille, travail, société). Cependant, c'est à ce prix de vérité que les relations peuvent demeurer vivantes et nourrissantes, durablement.

Accueillir la force et la vitalité à travers la colère

« Je ne suis pas venu apporter la paix, mais le glaive. »

Étonnante annonce dans la bouche de ce pionnier de la non-violence qu'était Jésus! Il m'a fallu longtemps pour trouver son sens. Je crois maintenant qu'il voulait nous dire ceci : « Ne ronronnez pas dans la complaisance, dans le conformisme, dans l'ennui, dans la prétendue harmonie qui n'est que l'anesthésie des relations ankylosées par l'habitude dans des fonctionnements de façade. Quittez cette fausse paix qui n'est qu'assoupissement et démission ; dites, transformez, secouez, créez, inventez, tranchez, "frictionnez" et lâchez ! » Je pense vraiment que Jésus nous invitait à vivre avec plus de force, de vitalité et de responsabilité personnelle.

Ce qui se passe parfois, c'est que les personnes qui vivent avec force et vitalité sont jugées comme étant violentes ou envahissantes par celles qui vivent autrement. Je pense que nous retrouvons là la peur de l'intensité ou de la violence déjà évoquée, mais aussi qu'il s'agit d'une confusion très répandue entre vigueur et violence, entre affirmation et agressivité.

Vigueur n'est pas violence.

Combien de personnes ont cet *a priori* que se mettre en colère ou maintenir son désaccord, c'est forcément être violent! Quand j'explique en atelier que c'est bien grâce à la communication non violente que j'ai appris à vivre mes colères, certains participants réagissent: «Quoi! Tu te mets encore en colère alors que tu enseignes la non-violence?» S'il y a une matière dans laquelle je tiens à être respectueux de l'autre (parce que je connais le risque de déraper facilement dans l'agressivité), c'est bien la colère. Toutefois, le respect et l'estime de l'autre n'empêchent pas l'expression, le cas échéant vigoureuse, de la colère ou du désaccord. Bien sûr, cette vigueur est inconfortable à recevoir et il est plus facile de la juger comme étant violente pour la rejeter ou la disqualifier que d'accepter d'être interpellé par elle et, qui plus est, de se remettre en question.

J'y vois un signe de plus que la colère bienveillante, transformatrice, constructive et responsable est bien mal connue, alors qu'elle constitue, avec la capacité de dire non fermement, *une clé de la force de la non-violence.*

Oser exprimer à temps sa colère ou son désaccord est une des clés de la non-violence.

Pensez-vous que le nazisme aurait pu mener aux horreurs abjectes qu'on lui connaît s'il n'y avait eu des milliers de *gentils* (conditionnés, pris aux pièges du *je t'aime si* de leur éducation et du système de punition-récompense) en quête de reconnaissance et d'appartenance, prêts à perdre *conscience* pour être récompensés?

Pensez-vous que les guerres et les attentats comme les tueries à l'école ou ailleurs qui ensanglantent notre monde pourraient avoir lieu s'ils n'étaient pas l'explosion tragique de colères individuelles et collectives enfouies comme des mines prêtes à éclater, comme des stocks de bombes à explosion retardée, faute d'avoir pu s'exprimer plus tôt de façon *consciente*, transformatrice et constructive? Et ne pensez-vous pas que ces colères expriment des besoins criants de reconnaissance, de justice, de liberté de conscience ou de mouvement, de partage, de sens, de respect du sacré et d'amour?

Me revient souvent à l'esprit cette quasi-prophétie de Georges Bernanos (que Marshall Rosenberg cite dans son livre *Les mots sont des fenêtres ou des murs*): «Je pense depuis longtemps déjà que si un jour les méthodes de destruction de plus en plus efficaces finissent par rayer notre espèce de la planète, ce ne sera pas la cruauté qui sera la cause de notre extinction, et moins encore, bien entendu, l'indignation qu'éveille la cruauté, ni même les représailles de la vengeance qu'elle s'attire... mais la docilité, l'absence de responsabilité de l'homme moderne, son acceptation vile et servile du moindre décret public. Les horreurs auxquelles nous avons assisté, les horreurs encore plus abominables auxquelles nous allons maintenant assister ne signalent pas que les rebelles, les insubordonnés, les réfractaires sont de plus en plus nombreux dans le monde, mais plutôt qu'il y a de plus en plus d'hommes obéissants et dociles.»

Nous ne ferons pas l'économie de la colère, et espérer pouvoir vivre toute une vie sans la ressentir ni rencontrer celle des autres me paraît utopique. Je tiens donc pour essentiel, tant pour la paix individuelle que pour la paix planétaire, que nous puissions apprendre à bien vivre nos colères, à dire et à entendre nos désaccords dès la maternelle, comme je tiens à ce que nous puissions apprendre l'expression et l'écoute mutuelles de tous nos sentiments.

Je travaille d'ailleurs à ce que cet apprentissage soit reconnu comme étant aussi fondamental que parler, lire et écrire. Sans doute un jour figurera-t-il, comme une évidence, au programme des écoles, et ce, dès que la conscience collective dont chacun de nous est une composante y adhérera. Et on se demandera alors comment on n'y a pas pensé plus tôt!

Écouter les sentiments désagréables et les utiliser pour se transformer — la peur

Nous ne ferons pas non plus l'économie de la peur dans nos vies. Qu'elle ait trait à notre parcours terrestre personnel (notre culture) ou à notre condition générale d'être humain incarné (notre nature), la peur est un élément de la vie, pas un accident. Bien des gens prétendront devant vous qu'ils n'ont peur de rien. Laissez-les dire et que cela ne vous coupe pas de vos peurs. Car nous avons peur de tant de choses, et il vaut mieux le savoir pour y faire face et avancer avec elles, plutôt que d'être inconsciemment manipulés par elles.

J'en fais un bref inventaire dans mon premier ouvrage (à la page 124) et j'ai lu avec grand intérêt ce que Guy Corneau en dit dans son livre *Victime des autres, bourreau de soi-même*. Je reprends ici la différenciation qu'il propose entre trois types de peurs qu'il nous invite à dépasser en nous mettant à l'écoute de *notre élan vital* au-delà de nos besoins: la peur circonstancielle, la peur essentielle, la peur existentielle.

Personnellement, je n'ai longtemps distingué que la première, la peur circonstancielle (liée à notre éducation, à notre rapport culturel à la vie, aux risques, aux dangers, au temps, aux autres…) et la troisième, la peur existentielle (liée à notre condition d'être humain quels que soient notre éducation et notre parcours socio-culturel). Mais, dans le souci de nuancer encore notre compréhension, j'ai volontiers adopté sa classification que je commente ici à ma façon. C'est vraiment une proposition de compréhension très libre que je vous fais parce qu'elle me parle à moi et m'éclaire, et parce qu'elle éclaire bien d'autres personnes (du moins, c'est ce que j'ai constaté). Comme toute classification, elle a ses limites, et j'ai moi-même de la peine à bien classifier certaines peurs. Si cette proposition peut vous aider à vous comprendre davantage, tant mieux. Sinon, oubliez-la!

- *La peur circonstancielle* (que j'appelle peur réactionnelle) est une réaction à une circonstance précise : peur de l'orage qui gronde ou du chien qui aboie, peur de perdre la vue en vieillissant ou de se perdre en montagne.

- *La peur essentielle* est également réactionnelle, selon moi, à la différence que la circonstance qui l'active n'est pas forcément précise. Elle est l'expression d'un certain niveau de besoins insatisfaits qui sont propres à notre parcours personnel dans notre milieu et notre éducation, et qui consistent souvent en des besoins blessés dans l'enfance : peur de l'abandon, du rejet, du contrôle ou de l'oppression, peur de ne pas être aimé, peur d'être trop aimé, peur de la solitude ou de la foule, peur de manquer de quelque chose, peur de l'insécurité matérielle ou affective, peur de ne pas avoir sa place ou d'en prendre trop, peur de ne pas être reconnu ou compris… Nous y trouvons la plupart de nos complexes et de nos traumatismes personnels ; la compréhension sur le plan psychologique de ces peurs essentielles nous aide à les intégrer, à les apprivoiser, à les dépasser ou à bien *vivre avec* elles.

- *La peur existentielle* renseigne sur un autre niveau de besoins, qui a davantage trait à notre condition d'incarnation qu'à notre éducation, à notre nature d'être humain qu'à notre parcours personnel et culturel sur la planète (encore que les causes se croisent). À ce niveau, la notion d'élan de vie me paraît encore mieux rendre compte de la nature de ce que nous vivons que le mot «besoin», au sens où nous parlons vraiment d'un élan de fond de notre être profond, de notre vraie personne au-delà du personnage. Nous pouvons très bien passer notre vie à prendre soin de nos besoins à un premier niveau, consciemment ou inconsciemment, tout en négligeant à un autre niveau notre élan de fond. Cela a été mon cas jusqu'à l'âge de trente-cinq ans, environ; si mon personnage avait «tout ce qu'il fallait pour vivre», ma vraie personne, elle, se desséchait et mourait très gentiment. Tant que notre vraie personne, notre être profond se meurt au cœur de nous-mêmes, notre personnage — social, professionnel, familial — forcément ne peut pas donner le meilleur de lui-même: il est entravé, alourdi, divisé par l'abandon intime qui pèse sur son cœur et le déchire. (Observez-vous: dans vos lectures ou au cinéma, les scènes d'abandon ou de séparation vous bouleversent-elles particulièrement? Si c'est le cas, n'est-ce pas parce qu'elles vous parlent directement de cet abandon de vous-même que vous commettez au fil des jours?)

Je vous propose d'appeler ce niveau «élan vital», comme le nomme Guy Corneau dans la lignée du philosophe Bergson, ou «besoin de fond» ou encore «besoin existentiel». Selon moi, il s'agit, par exemple, du besoin de fond (ou élan) de trouver un sens, d'appartenir et de contribuer à l'Univers dans lequel nous nous trouvons, de trouver et de déployer notre propre élan créateur, quel qu'il soit, de nous sentir pleinement vivants et présents, quelles que soient les circonstances, et d'oser être l'être unique que nous sommes sans craindre de perdre notre universalité.

Pour tenter de mieux comprendre ce niveau-là d'élan ou de besoin de fond, et nous permettre de nommer des peurs qui surgissent souvent dans l'accompagnement thérapeutique mais qui sont très rarement nommées comme telles dans la vie courante ou même en thérapie, je partage avec vous la piste de recherche et de travail que j'ai adoptée comme, il me semble, de plus en plus de mes collègues.

Hypothèse de travail : nostalgie de la Plénitude

Je l'ai choisie d'abord comme une simple hypothèse de travail parce qu'elle correspond, au départ, à mon élan de cœur et à ma quête de sens, et je l'ai adoptée ensuite comme axe de ma recherche très simplement parce qu'elle *marche*. Je veux dire par là qu'elle permet des transformations de vie significatives en termes de guérison de la souffrance, de libération du passé, de créativité retrouvée, de découverte du sens et de l'élan de vie par la personne en difficulté. Je sais, pour en avoir fait l'expérience moi-même, que nous ne nous transformerons pas en profondeur et durablement si nous nous contentons de comprendre techniquement nos difficultés après les avoir soigneusement analysées. Nous nous transformerons en profondeur et durablement en entrant de plus en plus dans l'amour du processus vivant qui nous habite et nous promeut.

Je crains donc qu'une psychologie qui s'arrête à la psychologie soit vouée à tourner en rond ! La compréhension psychologique ne peut vraiment aider à la transformation profonde de l'être qu'en s'ouvrant sur la question du sens et de l'amour de la vie, qu'en se laissant stimuler et parfois secouer par l'élan de la vie.

> **Nous nous transformerons en profondeur
> et durablement en entrant de plus en plus
> dans l'amour du processus vivant
> qui nous habite et nous promeut.**

C'est ce qui explique le succès et l'efficacité, depuis quelques années, des ateliers qui joignent thérapie, créativité et relation, comme les ateliers d'art-thérapie par la danse, le mouvement, l'expression théâtrale, l'improvisation poétique, la peinture, les ateliers de thérapie par le chant, la relation avec le cheval et la nature, et bien d'autres. J'anime ou coanime des stages de ce type depuis de nombreuses années et je suis chaque fois émerveillé de voir combien l'élan de vie, que ces activités parviennent à stimuler en nous, vient secouer, accélérer et féconder le processus de compréhension psychologique, de sorte que celui-ci peut alors s'ouvrir sur une plus grande compréhension de notre vie et l'amour du processus vivant. Vous pourrez qualifier cette compréhension élargie de spirituelle, d'existentielle ou de globale, comme vous le souhaitez.

Lors d'ateliers de ce genre, les participants se retrouvent moins prisonniers de leurs besoins blessés (de reconnaissance, d'appartenance, d'identité, d'avoir leur place, d'être compris et aimés…) et davantage en lien avec leur élan, leur goût profond de vivre, ce à quoi ils veulent contribuer vraiment.

Vous me direz : quel rapport avec les peurs existentielles? C'est que, précisément, nous allons les y rencontrer et nous y colleter physiquement. Chanter, improviser un poème, danser sa propre danse après seulement deux jours de stage, en se tenant seul, de son propre gré et sans aucune obligation bien sûr, devant la quinzaine d'autres participants, créer un mouvement de danse ensemble ou chanter en chœur, se tenir couché toute une heure sur son cheval sans bouger ou partir en forêt la nuit, toutes ces occasions nous permettent de passer à travers nos inhibitions, de soulever les trappes qui font barrage à l'irrigation de notre être intérieur par le flot de la vie qui cependant est là, mais contenu.

Nous vivons ainsi l'expérience — au lieu de nous contenter de l'invoquer mentalement — de ceci : si nous nous retrouvons à chanter seuls sans même l'avoir vu venir et alors même que nous en avions si peur, c'est bien que nous avons plus de capacité à nous transformer que ce que nous croyions, que nous pouvons bien plus nous appuyer sur l'appartenance au groupe, sur son appui bienveillant et *dénué de jugement*, que ce que nous pensions, et que la joie d'oser aller vers nous-mêmes est infiniment plus plaisante à vivre que la peur du changement. Et nous constatons que notre vraie vie — ce vers quoi nous tendons vraiment, ce qui nous fait vibrer de tout notre être, notre élan vital — est bien au-delà de nos habitudes et de nos croyances, et nous nous ouvrons ainsi sur un large potentiel.

Si nous nous retrouvons en communion avec notre cheval, seul pendant une heure au fond de la prairie en bordure de la forêt, alors que le cheval ne nous disait rien du tout ou même nous effrayait, dépassant ainsi nos peurs et nos pré-jugés, nous découvrons notre capacité d'être effectivement en communion, de trouver effectivement de la plénitude et de rendre palpable le respect mutuel. Et notre façon d'être avec les gens qui ne nous disaient rien ou même nous effrayaient, s'en trouvera transformée.

Ainsi, j'y viens, mon hypothèse de départ, devenue l'axe de ma recherche et qui m'aide à me comprendre ainsi qu'à comprendre et à accompagner les personnes dans leur tentative de se comprendre elles-mêmes est la suivante: nous, êtres humains, sommes en manque (et *en nostalgie*) d'une communion plus profonde et plus constante avec ce que poètes, peintres, philosophes, mystiques, sages et croyants de toute confession semblent, au cours des âges, appeler le Tout, ou la Plénitude, ou encore l'Amour infini.

Que nous soyons nous-mêmes croyants ou pas, nous avons chacune et chacun fait une même expérience d'appartenance au Tout, à la Plénitude, à l'Amour infini, dans le ventre maternel dont nous sommes tous issus. Cette expérience de notre vie nous a procuré fusion, communion, soutien inconditionnel, sentiment d'unité, de sens et de sécurité, dans une douce chaleur berçante, sans distinction entre *moi, toi, nous,* ni contraintes d'espace et de temps.

Selon notre intuition, notre élan ou notre foi, nous (c'est-à-dire notre être) pouvons également avoir connu ce Tout-Plénitude-Amour infini avant notre intégration dans le ventre maternel, donc à l'état d'âme en communion au sein de l'Univers ou de Dieu (vous l'appelez comme vous voulez[12]), cet état nous ayant également procuré fusion, communion, soutien inconditionnel, sentiment d'unité, de sens et de sécurité dans la douceur d'une vie unie et fluide non contrainte par la finitude de notre incarnation.

Dans le premier cas, par l'accouchement, il y a passage d'un état à un autre. Dans le deuxième cas, par l'intégration de l'âme dans le fœtus humain, puis par l'accouchement, il y a double passage d'un état à un autre. Dans l'un et l'autre cas (et de façon sans doute aggravée dans le second puisqu'il y a, dans cette hypothèse, passages successifs), l'être risque grandement de quitter la conscience de la *communion-fusion-intégration* pour entrer dans une impression de *séparation-division-solitude.*

Je crois que les peurs suivantes, qui me parlent à moi et qui parlent à beaucoup de personnes que j'ai rencontrées, apparaissent alors. Je comprendrais parfaitement qu'elles ne vous disent rien, que vous ne partagiez pas du tout ce point de vue ou même que vous vous sentiez agacé ou incrédule à me lire. Je ne prétends évidemment pas émettre une vérité, mais simplement vous faire part des résultats de mes recherches parce que je les trouve passionnants et probants.

---

12. Je veux être extrêmement prudent dans l'usage du mot «Dieu» afin de respecter chacun dans son élan propre. Que de guerres, de divisions, de rejets sont commis en ce nom! Si des êtres humains s'entretuent encore aujourd'hui ou se manquent tout simplement de respect ou d'amour au nom de Dieu, il me semble qu'il serait plus difficile de manifester de tels comportements au nom de l'Amour infini! Qu'ils soient gamins prostitués en quête de sens, accros à la drogue en quête d'absolu, financiers juifs, professeurs de droit agnostiques, hommes d'affaires chrétiens, ingénieurs libres-penseurs, moniales jeunes et jolies prenant le voile à vingt ans, chauffeurs de taxi de nuit priant entre les courses ou chameliers berbères en conversation directe avec leur Dieu, j'ai perçu chez la plupart des gens que j'ai rencontrés cet élan pour l'Infini et l'Absolu, à des registres extrêmement divers et sous des appellations multiples. Comme nos appellations humaines sont, par nature, finies et relatives, je tiens à favoriser l'élan, sans l'enfermer dans la finitude et la relativité d'un mot plutôt qu'un autre. Je me référerai donc de la façon la plus large et ouverte possible au Tout, à l'Amour infini, à la Plénitude, à Dieu.

Voici donc quelques peurs qui se dégagent de façon récurrente de mon expérience et de mes observations : peur de la solitude et de la séparation (d'avec la Plénitude ou le Tout), peur de l'abandon (de n'être plus soutenu par le Tout, intégré dans la Plénitude), peur de s'individualiser (notre être profond s'inquiète : «Resterai-je en lien avec le Tout, conscient de ma filiation et de mon cousinage avec toute chose vivante, si je m'individualise?»), peur de se dissoudre et de se disperser dans l'Univers (notre être profond se demande : «Resterai-je uni, centré, dense et présent si j'entre dans les contraintes de l'espace et du temps?») et peur d'y perdre sa plénitude d'âme (notre être profond s'agite : «Garderai-je l'intensité de ma participation au Tout, de mon appartenance à l'Univers, de ma vibration intime qui me relie à toute chose vivante, si j'entre dans ce monde concret, matériel, visible où tout paraît séparé, cloisonné, divisé?»).

C'est parce que j'ai vécu ces peurs-là, et que je les revis à l'occasion, qu'elles me sont devenues plus familières. C'est parce qu'elles me sont plus familières — et que j'en ai donc moins peur — que je suis à même aujourd'hui d'écouter les autres quand ils rencontrent ces peurs-là. Avant, je me serais enfui à toutes jambes, paniqué et ne sachant comment *faire* avec de telles angoisses existentielles! Maintenant, je sais que c'est en apprivoisant ces angoisses *existentielles* que nous pouvons atteindre un autre palier de conscience et de confiance en l'*existence*.

Dès lors que la peur est un élément de la vie et non un accident, l'énergie que nous dépensions à tenter de ne pas avoir peur, nous pouvons l'utiliser plus utilement à *ne plus avoir peur d'avoir peur*. Comment faire? Eh bien, nous avons souvent peur de ce que nous ne connaissons pas. Ainsi, si nous nous familiarisons avec nos peurs, elles nous font dès lors moins peur! Ce n'est pas qu'une boutade, c'est le résultat d'une pratique. La peur vient nous faire des mises en garde, elle nous invite à la vigilance dans l'action, pas à la tétanie ni à la prostration. La peur est notre chien de garde, notre sentinelle. Si nous avons peur de notre chien de garde ou de notre sentinelle, alors nous ne sommes plus maîtres chez nous, nous ne nous habitons plus, nous n'avons plus d'intériorité, nous sommes en territoire occupé, habité par la peur.

Comment donc nous familiariser avec la peur? En convoquant à table la sentinelle qui s'alarme: «Viens t'asseoir et me dire ce que tu as à me dire, sentinelle de mes peurs bleue, verte ou blanche. Je t'écoute: que viens-tu m'apprendre sur moi-même et sur la vie?» Cet accueil de nos peurs fait peur, bien sûr, et se révèle très inconfortable. Nous aimons tant être rassurés, en sécurité. Et, souvent, nous nions nos peurs ou nous les ignorons. Que se passe-t-il alors? La sentinelle s'éteint de s'être tant égosillée à tenter de nous faire ses mises en garde. Et ce n'est plus un être vivant que nous avons dans notre maison, sortant de sa chambre pour nous parler et s'y retirant ensuite en toute conscience. C'est un fantôme qui nous hante, nous occupe et s'occupe de nous, inconsciemment, du seul fait que nous ne nous en soyons pas occupés. Nous sommes alors *habités par* notre peur au lieu de *cohabiter avec* elle. Ce que je dis ici de la peur se vérifie pour tous les sentiments désagréables: si je ne les traite pas comme des habitants de ma maison avec qui je tente de cohabiter en bon entendement, je risque bien d'être habité par eux.

Guy Corneau utilise l'image du bouclier ou du filet: les peurs forment un bouclier ou un filet protecteur, mais qui enferme. Cette image rejoint celle de la cage que j'ai utilisée pour décrire les croyances et qui peut également servir ici à décrire les peurs: la cage protège et enferme à la fois.

Or la peur nous invite, au-delà de nos besoins de sécurité matérielle ou affective et de protection (soit nos besoins de premier niveau), à retrouver notre élan vital, notre confiance en la vie, au-delà de nos conditions de vie, notre joie d'appartenir à l'Univers et d'y avoir notre propre place (soit nos besoins de fond).

Se consoler en compensant ou grandir?

Jenny arrive en consultation, en urgence et en larmes. Elle vient d'apprendre qu'elle est enceinte. Elle ne s'y attendait pas du tout et y comptait encore moins. Je résume ici plusieurs séances en quelques phrases.

«J'ai trente ans, mais je me sens moi-même encore comme une gamine. Alors, comment pourrais-je accueillir cet enfant? En plus, je suis seule! J'ai bien un petit ami, évidemment, mais nous n'envisagions rien de durable entre nous. Et ma famille vit loin, je me suis expatriée il y a des années. Comment vais-je faire? Je travaille dans la mode, je suis indépendante et je gagne ma vie de façon très aléatoire. C'est tragique! (Elle pleure, rage, s'indigne et se lamente. Elle est paniquée. J'écoute d'abord un flot de paroles qui, à la fois, manifestent et apaisent sa panique. Elle se calme un peu.)

— Vous dites que vous avez très peur d'accueillir cet enfant parce que vous vous sentez vous-même encore comme une gamine?

— Mais oui, je suis encore une gamine. Indécise, inconséquente, je ne m'engage pas, j'ai bien trop peur! Je joue avec la vie, je n'entre pas dedans. Par exemple, je suis des régimes hyperbiomachin, puis je picole une demi-bouteille de whisky en une soirée avec mes copains! Je ne suis pas sérieuse, or accueillir un enfant, c'est sérieux quand même.

— Quand vous vous décrivez comme cela, comment vous sentez-vous?

— Pas contente de moi! À trente balais passés, je voudrais bien trouver un peu de stabilité et de tranquillité dans ma vie. Je suis fatiguée de toujours courir, mais j'ai tellement peur de ne pas y arriver... Vous savez... (Elle respire et s'arrête un temps.) Vous savez, mon père ne m'aimait pas. Il préférait ma sœur. Elle était classique, gentille, obéissante. Moi, j'étais rebelle, sauvage, imprévisible. Il m'a toujours dit: "Tu n'arriveras jamais à rien!" Par défi, j'ai fait des études et je travaille dans la mode selon ma fantaisie. Mais aujourd'hui, je me rends compte que je me sabote souvent en me répétant: "À quoi bon? Tu n'y arriveras jamais!" Professionnellement, je n'ai que de petits projets sans suite et sur le plan affectif, c'est plutôt la galère!

— Est-ce que maintenant vous avez peur parce que vous n'êtes pas assurée d'avoir en vous les ressources pour changer, pour transformer ce que vous voudriez transformer?

— C'est ça, je voudrais changer ma vie mais je ne me fais pas confiance, je n'ose pas me faire confiance et compter sur moi. J'aimerais, comme vous dites, pouvoir croire que j'ai en moi les ressources pour changer. Mais quel pari! (Jenny s'arrête, elle reste comme interdite, en silence, l'œil fixé sur le tapis. Elle respire et soupire nerveusement deux ou trois fois, puis, après une huitaine de minutes, je la vois rire joyeusement tout en fixant le tapis.) Non, mais attendez! Vous savez ce que je me dis là, ou plutôt ce qui se clarifie à l'intérieur de moi-même? Quelque chose comme ceci: "Jenny, quand te feras-tu confiance? Quand donc te botteras-tu le cul pour entrer vraiment dans la vie plutôt que de courir à la surface? Tu ne te fais toujours pas confiance, eh bien, cet enfant qui t'arrive, lui te fait confiance! C'est lui qui vient te botter le cul et te dire de prendre le temps, d'arrêter de courir, d'être plus douce et bienveillante avec toi, de te réconcilier avec toi et peut-être avec ton père, de te faire de la place et de t'installer un peu mieux dans cette vie…"»

Commentaires

1. L'exemple, dont les échanges sont résumés à l'extrême, ne rend pas compte du travail fait sur la relation au père de Jenny: tout un travail de deuil, passant par la colère et la révolte pour arriver à renoncer et à lâcher ce à quoi il y avait lieu de renoncer et qui était à lâcher, pour enfin parvenir à l'acceptation. D'une manière générale, remettre son père (ou sa mère) à sa place et lui rendre ce qui lui appartient avec à la fois bienveillance et fermeté, ce n'est pas qu'une belle idée, c'est un travail qui peut prendre du temps.

2. En décrivant son mode de vie, Jenny était consciente qu'elle fonctionnait par compensation et des incohérences que cela entraînait : faire beaucoup de choses pour se donner l'illusion d'y arriver, de «performer»; ne pas s'engager pour ne pas risquer d'échec; suivre un régime strict pour se donner une belle image de soi; picoler régulièrement et trop pour lâcher la pression et adoucir la tension! Bien sûr, dans toutes ces compensations, c'est bien un profond contentement de son être que Jenny cherchait inconsciemment. Mais, précisément, ces compensations, en soulageant la tension, en la consolant de sa douleur, en la distrayant de son vrai questionnement, la maintenaient dans la souffrance récurrente. Les compensations fonctionnent comme un coupe-faim : sans rassasier en profondeur, elles atténuent la douleur de la faim. Et nous pouvons passer toute une vie de compensation en compensation, de coupe-faim en coupe-faim, sans être jamais nourris au bon endroit, sans que la faim soit réellement apaisée. Cela nous enseigne aussi que si nous voulons goûter une qualité d'être plus grande et plus profondément nourrissante, il s'agira pour nous d'accepter de mettre en cause nos compensations et de les lâcher. Si Jenny n'avait pas saisi l'occasion de se colleter avec sa peur pour tenter de grandir, elle serait peut-être restée longtemps une gamine qui compense son angoisse en courant tout le temps et en surfant sur la vie sans y entrer.

> **Nos compensations sont des coupe-faim
> qui ne rassasient pas.**

3. C'est en acceptant l'inconfort de s'attabler avec ses peurs, de les écouter et de constater les symptômes («Je cours toujours, je ne m'engage pas, je n'ose pas entrer dans la vie») que Jenny en découvre d'abord la cause psycho-affective qui apparaît dans son parcours de vie («Papa ne m'aimait pas et me

disait que je n'y arriverais jamais»). C'est en parlant de cet encodage qu'elle peut le voir comme un encodage et non pas comme la réalité. Ainsi, en disant «C'est mon père qui me disait que je n'y arriverais pas», elle rend à son père ce qui appartient à ce dernier. Elle nomme la cage dans laquelle elle a accepté de se laisser enfermer. C'est en constatant ainsi l'existence de la cage qu'elle se donne la liberté d'en sortir.

> **Rendre à son père ce qui est à son père.**

4. Si la peur circonstancielle de Jenny est d'accueillir cet enfant alors qu'elle n'a ni relation ni ressources stables, derrière cette peur-là, il y a sa peur essentielle de se faire confiance, de croire qu'elle peut y arriver, d'oser compter sur elle-même et d'entrer très concrètement dans cette relation avec l'enfant, vouée par nature à durer. Derrière cette peur essentielle, il y a la peur existentielle d'accueillir la plénitude de la vie sans la remplir de choses à faire, d'accueillir son identité d'être pouvant goûter l'intensité sans rien faire, de savourer la présence sans courir d'une rencontre à l'autre, d'expérimenter la cohérence intime sans s'astreindre ou se contrôler, de s'abandonner à la douceur d'être sans s'anesthésier dans l'alcool.

Jenny formulait cette prise de conscience comme ceci: «Au fond, indépendamment des souffrances de mon enfance, est-ce que j'ai ma place sur cette planète? Est-ce que je peux considérer que je n'y suis pas par hasard, donc oser occuper cette place et m'installer vraiment dans cette vie? Est-ce que je peux croire que j'appartiens à un univers cohérent, soutenant et bienveillant, que ma vie y a un sens au-delà du désordre que j'ai connu?» Ainsi, en acceptant l'inconfort de s'attabler avec ses peurs, Jenny découvre, au-delà de la cause psycho-affective, qui a aussi sa réalité, les fondements existentiels de sa peur, soit ce qui peut continuer d'empêcher son être profond de se déployer dans sa vie ou enfin lui permettre de prendre sa place. Elle peut ainsi gagner en liberté en écoutant son élan vital et en intégrant la conscience suivante: «Sans doute ai-je bien le souvenir d'avoir été traitée par mon père de telle façon et d'avoir entendu ces choses, mais cela ne veut pas dire qu'il ne m'aimait pas. Il était peut-être lui-même maladroit à mon égard simplement parce qu'il avait peur de ma différence et se faisait du souci pour moi. Cela ne veut pas dire non plus que ma vie est soumise à ma biographie: maintenant, dans ma vie à moi, mon élan est de faire confiance et de croire au sens de la vie, au soutien qu'elle m'apporte si je l'écoute, et de goûter plus de plénitude intérieure en créant dans ma vie paix, douceur et présence.»

Prendre en main ce qui nous appartient

D'une façon générale, en intégrant puis en dépassant la compréhension psychologique ou psycho-affective (par exemple, pour Jenny, les enjeux familiaux entre son père, sa sœur et elle, le rejet, l'identité, l'appartenance, la révolte, les limites, les structures et la question «Ai-je été aimée, oui ou non?»), en réalisant que nos peurs ont également trait à notre nature humaine (par exemple pour Jenny, sa peur de ne pas sentir qu'elle peut exister par elle-même ni qu'elle est soutenue par la vie), et que cet aspect est indépendant des scénarios d'enfance, d'éducation et de famille, nous prenons en main ce qui nous appartient, nous gagnons en conscience, donc en possibilité de liberté et de responsabilité. Nous passons ainsi de la conscience «Mon histoire est responsable de ma vie et de mes difficultés actuelles» à la conscience «Aujourd'hui, je peux choisir de prendre la responsabilité de la manière dont j'ai vécu mon histoire et la responsabilité de ce que j'en fais maintenant.»

Julien, un homme d'affaires d'une soixantaine d'années issu d'une famille bourgeoise aisée, vient en consultation, paniqué par le départ de sa femme. Il avait espéré garder le dialogue à travers une longue période de crise, mais sa conjointe est partie sans espoir de retour, semble-t-il. Au cours de nos échanges apparaissent successivement toutes les peurs de Julien.

- *Peurs circonstancielles* : « J'ai peur qu'il lui arrive quelque chose et, bien sûr, qu'elle se lie avec quelqu'un d'autre » ;

- *Peurs essentielles* : « J'ai peur de me retrouver seul. Que vais-je devenir à soixante-trois ans dans cette grande maison ? J'ai peur du regard des autres. Que diront mes amis ? Mon milieu est très traditionnel... J'ai peur aussi de mon regard sur moi : peur d'avoir mal fait, peur de me juger nul et indigne. J'ai fait une belle carrière, mais je rate mon couple... » ;

- *Peurs existentielles* : « J'ai peur d'apprendre à me réaliser autrement que dans l'action, la compétition, la performance. J'ai peur d'apprendre à vivre des rapports de rencontre de cœur à cœur, dégagés de tout esprit de domination-soumission-séduction, de tout souci d'être *digne d'amour*, de l'obligation de mériter le droit d'exister et d'être accepté. J'ai peur [comme Jenny] de goûter la plénitude sans remplir ma vie de choses urgentes à faire, de goûter la présence sans multiplier les contacts humains, de me sentir vivant et existant sans courir d'une affaire à l'autre. »

Commentaires

1. Julien se reconnaissait tout à fait dans le cas type du gentil garçon qui a acheté la paix depuis toujours en étant très gentil, très prévoyant. Trop, apparemment. Il vient vraiment en thérapie pour apprendre à exister par lui-même, indépendamment du regard des autres, c'est-à-dire non pas sans le regard des autres, mais sans dépendance par rapport à ce regard. Ses peurs essentielles le renseignent sur son besoin d'apprendre à s'estimer, à se reconnaître et à s'aimer, à oser être vrai, sans être à la merci du jugement ou de l'avis des autres.

2. Les peurs existentielles de Julien viennent l'informer sur le sens qu'il veut donner à sa vie. Il percevait déjà une certaine lassitude dans sa façon de fonctionner, lassitude qu'il n'écoutait pas tant il était pris dans la *course du hamster*. En constatant le départ de sa femme, il disait lui-même : «Je suis tombé sur mon cul!» Le choc de la séparation le force à s'asseoir et à s'écouter. En arrêtant sa course, ce choc l'invite en effet à laisser là le galop du chevalier guerroyant comme Perceval, cuirassé de gentillesse et de devoirs, tout affamé de reconnaissance et du besoin d'être aimé, tout empanaché de belle allure mais déchiré dans son cœur asséché, en quête d'un Graal toujours hors d'atteinte. Il tente de goûter enfin au seul Graal dont il ait jamais été question dans les légendes du monde : l'Amour infini qui habite et sous-tend toute chose et toute vie, la conscience d'appartenir à la Plénitude et de ne l'avoir jamais quittée qu'en pensées et en distractions, la conviction, dès lors intime, de n'être ni seul, ni séparé, ni vide de quoi que ce soit, la joie d'être dans la Présence, et ce, quels que soient les noms que les légendes et les traditions utilisent pour nommer ces réalités-là (Amour infini, Plénitude ou Présence…).

Julien me dit un jour : «Je réalise que je suis arrivé chez vous en gentil garçon, victime de ma bonne éducation, et que j'en avais contre mes parents, ma famille, mon milieu, ma femme… J'ai pris conscience de mes besoins en souffrance et je prends maintenant davantage soin de moi. Mais le plus fort, c'est que j'ai aujourd'hui conscience que ma vie m'appartient, peu importe mon éducation et mon parcours. Ainsi, mes peurs aussi m'appartiennent. Je veux dire que j'ai eu, au fond, plus peur de m'incarner vraiment que du regard des autres, plus peur d'être vraiment moi-même que de ce que les autres peuvent en dire. Je suis venu au monde avec ces peurs, et le regard des autres ou plutôt la crainte de leur regard ne fait que les activer. Maintenant, je me sens vraiment responsable de moi-même, responsable d'oser ou de ne pas oser vivre ma propre vie. Cela me paraît un défi autrement plus excitant que certaines affaires que j'ai montées!»

3. Julien, en acceptant l'inconfort qu'il ressent à apprivoiser et à continuer à apprivoiser ses peurs, a entrepris un tri et un nettoyage de sa vie. Il a ainsi retrouvé le goût de créer et d'entreprendre des affaires dans une tout autre conscience. Il n'a pas cessé de *faire*: il fait dans la conscience d'être. Il témoigne maintenant que sa vie n'aurait pas la qualité qu'il est en train de découvrir s'il s'était arrêté à la peur d'avoir peur. Julien a trouvé la clé de son élan vital. Les inconforts qu'il devait traverser étaient cependant multiples: j'ai vu Julien soufflant, suant, pleurant, renonçant, se crispant, s'accrochant et traversant. C'est un passage difficile, dans l'escalade de la conscience comme en montagne. Mais au-delà du passage, comme la vue sur la vie est plus belle!

Personnellement, la vie m'a amené petit à petit à me familiariser avec mes peurs, particulièrement lorsque j'ai décidé de changer de vie professionnelle. Je me préparais à quitter la fonction de conseiller juridique que j'exerçais pour une multinationale américaine depuis dix ans, et qui était notamment bien rémunérée, pour me lancer comme thérapeute et formateur en communication non violente. Ce changement n'a pas manqué de soulever plusieurs peurs.

*   *Peurs circonstancielles*: en rapport avec l'argent. Je savais ne pouvoir compter que sur mon salaire pour vivre, sans sécurité de chômage, étant travailleur indépendant depuis toujours et sans ressources personnelles autres. J'ai donc eu très peur de manquer des rentrées d'argent nécessaires pour payer, comme tout le monde, maison, électricité, chauffage, assurances, soins, nourriture et déplacements, pension de vieillesse, et j'en passe.

*   *Peurs essentielles*: d'abord, en rapport avec les autres: «Quoi! Tu quittes un emploi honorable et confortable pour une acti-

vité incertaine et précaire! Pense à ta vie de famille et à l'avenir: la non-violence, c'est très joli, mais ne sois pas naïf tout de même! Ce n'est pas raisonnable…»; j'entrais aussi en contact avec mes peurs du rejet, du désamour et du ridicule: «Qu'adviendra-t-il si je me *plante*? me disais-je. Le discrédit, la solitude?» Ensuite, en rapport avec moi-même: «Quitter les sentiers battus, une structure rassurante pour une aventure sans structure… puis-je courir ce risque, qui implique aussi ma femme et mes enfants…?»; je visitais là mes peurs d'être égoïste, de rater mon coup, d'être face à l'échec, de faire un mauvais choix et de vivre l'insécurité ainsi que l'inconfort matériels ou, à tout le moins, un changement net de standing. Ces peurs essentielles me parlaient de mon besoin de forger ma confiance en moi au feu de la vie, d'accepter la peur des autres et la mienne sans m'y fixer, d'enregistrer les mises en garde sans renoncer à mon élan, d'oser croire en moi, au feu qui m'anime, à ma capacité d'être plus généreux de moi-même en étant vrai qu'en étant gentil.

- *Peurs existentielles*: «Mon identité, mon individualité, ma capacité d'être et de contribuer au monde existent-elles hors des structures humaines officielles que j'ai connues, soit le barreau et l'entreprise? J'ai tellement pris l'habitude de *faire* pour exister, ne vais-je pas me dissoudre dans l'*être*, l'être en présence, l'être à l'écoute, dans l'accompagnement thérapeutique? Jusqu'ici, j'ai trouvé ma force et une impression d'intensité et de vie bien remplie dans l'action, la production et la course, tel un vélo qui tient droit par la vitesse, alors trouverai-je vraiment ma force, l'intensité d'être et la plénitude dans l'attention, l'accueil, la disponibilité et dans un rythme de vie plus doux? Moi qui ai bien contrôlé et programmé tout, puis-je faire confiance et m'abandonner à l'appel de la vie en moi, appel qui m'invite à créer du nouveau et à croire en ma créativité, à suivre mon élan vital comme étant la seule façon d'être vraiment généreux de moi-même?»

J'ai personnellement mis plusieurs années à rencontrer toutes ces peurs. En les fréquentant quasiment tous les jours, elles me sont devenues familières. À un moment donné, j'ai pu commencer à sentir — exactement comme on constate, un bon matin, le début de la floraison d'une fleur ou de la pousse d'un légume dans son jardin — que la confiance en moi avait dépassé la peur et la méfiance. J'avais toujours peur (ce n'est pas binaire!), donc; j'avais cependant acquis juste un peu plus de confiance que de peur et cela suffisait, dans la balance, à faire pencher le plateau du côté de l'élan vital. Nous avons clairement connu, ma femme et moi, une période d'insécurité matérielle assez secouante où les peurs revenaient à la charge et tentaient d'attiser le doute. Mais, dans ce brasier-là, pour inconfortable qu'il fût, nous avons forgé le fer de la confiance en nous-mêmes, en nous deux et en la vie.

Il me semble donc que le but de la rencontre avec nos peurs ne soit pas de réparer (l'enfance, le couple, le parcours de vie…), mais bien de trouver un état d'être en paix en nous alignant sur notre élan vital, en nous laissant être la vraie personne que nous sommes.

> « C'est en allant vers la mer que le fleuve
> est fidèle à sa source. »
> JEAN JAURÈS

C'est en allant vers cet élan intérieur que nous sommes fidèles à notre essence. Personnellement, je comprends mieux aujourd'hui cette nostalgie que j'évoquais plus haut de quelque chose que j'aurais connu et quitté, et le goût amer de tristesse et de solitude qui l'accompagnait. La nostalgie (*nostos* veut dire retour en grec) est l'«état de dépérissement et de langueur causé par le regret obsédant du pays natal, du lieu où l'on a longtemps vécu» (*Le Petit Robert*). La nostalgie de la plénitude serait donc le regret de la plénitude perdue dans laquelle nous avons longtemps vécu. Alors, si nous allons vers elle, consciemment chaque jour, il n'y a plus de regret, plus de nostalgie, seulement l'ardent désir d'avancer et de traverser les obstacles. C'est ainsi que m'a touché profondément cette citation de Jean Jaurès lue sur une stèle dans un jardin de Montpellier : «C'est en allant vers la mer que le fleuve est fidèle à sa source.»

Réflexion récapitulative sur la traversée des peurs

Les exemples précédents avaient pour but d'illustrer, d'une part, la difficulté à accueillir les peurs et, d'autre part, le bien-être intime, l'émancipation profonde qui se dégage de leur apprivoisement. Observons que les différents mécanismes antibonheur étudiés jusqu'ici se retrouvent dans ces exemples, comme d'ailleurs dans la plupart des cas que j'ai connus. Nous pouvons les passer en revue brièvement. Le but de cet exercice n'est pas de nous décourager devant l'ampleur de la tâche, mais bien de nous aider à comprendre précisément le jeu des articulations croisées (ou combinaisons). En nous familiarisant avec toutes ces notions, nous serons plus à même d'identifier les pièges dans le cours de nos vies et, par conséquent, mieux outillés pour en sortir.

Les pièges à la communication identifiés en CNV

Pour traverser nos peurs, il s'agit :

1. d'abord de quitter les *jugements* («Je suis nul d'avoir peur, je suis un incapable») pour entrer dans la conscience de soi («J'ai besoin de me faire confiance et de m'encourager»);
2. ensuite, de dépasser les *croyances* et les *préjugés* («Dans ma famille, on est tous trop sensibles» ou «Un homme n'a pas peur»);
3. et de passer de la *pensée binaire* («Si j'ai peur, c'est que je ne suis pas courageux») à la pensée complémentaire ou compréhen-

sive («J'ai peur *et* je veux trouver le courage de rencontrer mes peurs une par une et face à face»);

4. sans se contraindre ni s'enfermer dans le *langage déresponsabilisant* «En tant que père, mère, patron… *il faut* être fort, alors *je me dois* de ne pas avoir peur».

Les deux principes de fonctionnement de la vie

Il s'agit également de comprendre les principes:

5. de l'*alternance:* entrer dans la peur n'est pas agréable. C'est cependant la seule façon d'en sortir. Le bien-être espéré *passe* par là. C'est le *sens*, la direction;

6. du *présent ouvert sur l'au-delà de la douleur:* Jenny, Julien et moi-même avons senti assez rapidement que la traversée de ce passage était opportune même si elle n'était pas confortable. Le *sens*, la signification, malgré la souffrance, apparaissait dès que nous voulions bien cesser de résister et accepter d'apprivoiser.

Les cinq pièges résultant des conditionnements de l'éducation (*je t'aime si*)

Cette traversée invite également chacun de nous à dépasser ses conditionnements. Pour cela, il s'agit:

7. d'*être* avec ses peurs sans s'en distraire par le *faire* (Julien, comme Jenny et comme bien d'autres, s'est consacré du temps: il s'est aménagé des séances régulières de «présence à soi» pour apprivoiser ses peurs. J'ai pu travailler les miennes, cette fois sans l'aide d'un thérapeute, en y dédiant du temps tous les jours, soit par périodes de dix à trente minutes, et ce, pendant deux à trois ans. Rappelons-nous, par exemple, que la maîtrise d'une langue étrangère passe par un nombre plus ou moins équivalent d'heures d'apprentissage.);

8. et de trouver la confiance en soi et l'*estime de soi* sans peur du regard de l'autre :

9. en s'accueillant dans sa propre *différence* ou *spécificité* ;

10. en acceptant de *dire non* aux pensées négatives, aux automatismes des conditionnements, à l'envie de se replier dans ses habitudes, aux sabotages divers, à la pression exprimée ou tue des autres ;

11. et, bien sûr, en *se familiarisant avec ses sentiments et ses besoins.*

Les deux doubles messages ou injonctions contradictoires

Tout cela :

12. sans tomber dans le piège du *double vaccin* :

- « On n'est pas là pour rigoler, donc subissons nos peurs sans rien transformer… »
- « Faut être heureux quand même, donc nions et refoulons nos peurs sans rien transformer non plus… »

13. ni dans celui du *double rappel* :

- « Faut être parfait, donc, moi, je n'ai pas de peur, je n'ai peur de rien… »
- « Faut pas se prendre pour meilleur qu'on n'est ; moi, j'ai peur comme tout le monde. Et comme tout le monde a peur, acceptons cela sans avoir la vanité de croire qu'on peut y changer quelque chose. »

* * *

Voilà donc un petit échantillon des embûches ou des énigmes qui vont surgir sur notre parcours. (Et il y en a sans doute encore bien d'autres…) Rébus ou labyrinthe ? Parcours initiatique ou du combattant ? Guerrier d'amour et prince charmant ? Dans le conte

La Belle au bois dormant, le parcours du prince charmant est également semé d'embûches : forêts impénétrables, gouffres et ravins, épines, taillis de ronces et dragon… C'est au prix de la traversée de ces épreuves que le prince peut découvrir la Belle, endormie depuis des années dans la grande salle oubliée du château, et qu'il peut, tout habité d'amour conscient et vivifié, lui poser sur le front le baiser qui réveille. L'Amour, la Plénitude, la Présence, ce profond contentement de l'être dans la communion que nous recherchons tant, est au cœur de chacun de nous, comme la Belle endormie depuis des années dans la grande salle oubliée de nos cœurs : pour se réveiller et pour revenir à la vie, elle n'attend que le baiser d'amour de notre conscience vivifiée !

Nous pouvons vivifier notre conscience en la déconditionnant des habitudes, des automatismes, et des formatages imprégnés depuis des générations, et en prenant ainsi du champ sur l'inconscient.

Entendons-nous bien : je ne suis pas en train d'inviter qui que ce soit à chercher des épreuves, des épines ou des dragons. Je suis en train de nous proposer, si des épreuves, des épines et des dragons se présentent, d'accueillir ce passage comme une occasion de vivifier nos consciences pour nous éveiller à ce profond contentement de l'être.

Heureusement, il y a également, et si nous le voulons, bien d'autres moyens de vivifier notre conscience que la traversée des épreuves, ainsi que je vous propose de le voir dans la section suivante.

Pour clore ce sujet, j'ajouterai que nous sentons effectivement que nous atteignons un palier de contentement plus élevé lorsque nous traversons en conscience un passage de colères ou de peurs. Néanmoins, nous ne sommes pas pour autant à l'abri d'autres colères et d'autres peurs comme de tous les autres sentiments désagréables que nous n'avons pas analysés ici. Rappelons-nous le principe d'alternance ainsi que le dessin proposé à la page 64, illustrant que le chemin de croissance personnel n'est pas linéaire. Toutefois, l'expérience nous apprend que, chaque fois que nous traversons un passage en conscience, nous sommes mieux outillés pour traverser le passage suivant, ayant acquis plus d'acuité et de maîtrise sur le plan de la conscience, qui est à la fois l'outil et l'état vers lequel nous tendons.

Écouter les sentiments agréables
et les utiliser pour se transformer

> *Je ne supporte pas bien le bonheur. Manque d'habitude.*
>
> MARGUERITE YOURCENAR

Nous n'avons pas pris l'habitude de savourer en profondeur et en conscience les moments agréables que nous vivons. Rien que le piège du *faire* et l'injonction *« On n'est pas là pour rigoler »* (instiguant la peur de retomber de haut ou d'avoir à payer la facture) ont à eux deux suffi à ce que nous ne voyions pas les moments heureux ou que nous les trouvions *normaux* en nous disant qu'ils n'ont *rien de spécial.* Il se peut aussi que puissions ressentir immédiatement le plaisir que ces moments procurent, mais que ce plaisir soit corrompu par la peur du lendemain et du retour de manivelle.

Je vous propose de voir que nous disposons d'une ressource inépuisable qui ne coûte pas un sou, d'une énergie renouvelable à portée de main, puissante et précieuse pour aller vers notre contentement intérieur : notre contentement intérieur! Ce n'est pas une erreur de texte. Je dis bien que notre contentement intérieur est notre meilleur guide vers notre contentement intérieur. Encore s'agit-il d'écouter et de suivre le guide!

Si vous vous fermez ou vous coupez rapidement aux moments de bien-être que la vie vous présente, et ce, par manque d'habitude ou par peur, vous muselez votre guide intérieur. Celui-ci est en train de vous dire « Ceci est bon, goûte-le et nourris-t'en, cela te rendra plus joyeux, donc plus généreux et rayonnant », alors que vous lui répondez «J'ai pas le temps, j'ai plus urgent à faire, et puis c'est pas le moment!». Et vous continuez la course éperdue pour atteindre ce que, pourtant, votre guide intérieur vient de vous montrer juste là.

Nos moments de joie profonde nous indiquent que nous sommes bien sur notre axe. La capacité de les goûter profondément et de les comprendre avec l'intelligence du cœur permet de retrouver plus facilement son axe lorsqu'on s'en est éloigné et même de s'y maintenir. Comment faire?

Voici un exercice que j'aime tout particulièrement proposer dans mes ateliers au cours de la dernière journée. Nous travaillons d'habitude sur les sentiments désagréables dans les premiers jours (colère, peur, tristesse, solitude, désarroi…), car il est souvent nécessaire d'abord de les clarifier et d'identifier les besoins qu'ils signalent pour ensuite se sentir disponible et ouvert pour travailler sur des situations et des sentiments agréables.

Je propose donc aux participants de nommer une situation qui leur a apporté beaucoup de satisfaction et de joie, et de bien en étudier la *conscience* à chaque étape. Je les invite à prendre note par écrit de leur analyse des quatre points du processus de la communication consciente et non violente. Pourquoi par écrit? Pour sortir de la confusion qui nous habite souvent dans l'émotion et développer l'acuité de la conscience: nous vivons souvent nos émotions en vrac et c'est alors qu'elles nous manipulent ou que nous passons à côté de leurs messages fécondants ou transformateurs. Nous ne sommes pas en relation avec elles: c'est elles qui nous occupent et s'occupent de nous.

Mettre l'émotion sur papier permet de s'en décoller pour entrer en relation avec elle. Il ne s'agit pas de devenir neutre ou froid comme un laborantin derrière un microscope. Il s'agit justement de se donner l'occasion d'être plus vivant en étant plus *conscient*, comme nous allons le voir tout de suite.

Exercice de célébration consciente d'un moment heureux (application du processus de CNV)

Imaginons par exemple une fête que vos amis vous ont donnée pour votre anniversaire. Voici les étapes à suivre:

1. *Observation*: observez sans juger. Si vous portez vraiment votre attention sur les faits objectifs, vous allez découvrir des détails souvent très touchants que, dans l'habitude de juger, même positivement, vous n'auriez sans doute pas vus. Par exemple, si vous dites: «Mes amis m'ont préparé une fête géniale pour mon anniversaire. C'était une surprise extraordinaire! On s'est amusés comme des fous!», vous aurez moins l'occasion d'être renseigné sur ce qui a stimulé votre joie que si vous faites intérieurement l'inventaire de tous les éléments significatifs: «C'était une surprise complète, préparée de longue date par de vieux amis dont certains sont venus de l'étranger, et qui ont mis six mois à retrouver leurs adresses respectives. Elle avait lieu dans un resto que je ne connaissais pas au décor genre années folles qu'ils savent que j'aime. Tout le monde s'était habillé grand chic, trois copains et deux copines m'ont fait un discours, et au dessert, la surprise…» Ressassez ainsi les éléments qui ont stimulé votre joie.

2. *Sentiments*: identifiez tous les sentiments ressentis. Vous vous êtes senti surpris, heureux, joyeux, enthousiaste, rêveur, excité, amusé, bouleversé, jubilant, radieux et vivant! Goûtez tout cela comme on goûte un bon vin: des yeux, du nez, de toutes vos papilles. Savourez les facettes multiples et chatoyantes de la pierre précieuse qu'est votre joie à ce moment-là.

3. *Besoins*: identifiez maintenant tous les besoins qui ont été satisfaits en vous à cette occasion, sans souci de classement et dans un joyeux désordre: amitié, amour, partage, reconnaissance, douceur, fête, retrouvailles, intensité, appartenance, identité, tendresse, attention, échange, changement, joie, sen-

sualité, beauté, confiance dans la vie, sens, gratitude… Et goûtez à nouveau tout cela de tout votre cœur. Mesurez chacune
des dimensions de votre être qui ont été stimulées, nourries,
vitaminées. Visitez-les et imprégnez-vous-en à la fois.

4. *Demande — action* : quand vous prenez conscience de tous les
    sentiments et de tous les besoins satisfaits dans cet exercice de
    conscience, qu'aimeriez-vous dire ou faire? Écoutez d'abord votre
    propre réponse.

Les réponses que je reçois des participants dans les ateliers
sont, la plupart du temps, du genre : «C'est encore meilleur comme
cela! C'est comme si je goûtais tout à nouveau, et plus délicieusement et dans le détail. Je me sens plus vivant et vibrant encore. Je
voudrais à l'avenir ne plus manquer de me réjouir en *conscience*. Il
me semble être passé à côté de tant de joies: quel gâchis! Maintenant, je ne voudrais plus en louper une!»

Souvent, les participants se font ainsi une demande à eux-
mêmes : célébrer ce qu'ils vivent là et être plus attentifs, vigilants
et *conscients* à l'avenir. Rappelons que célébrer la vie est un de nos
besoins fondamentaux.

La réaction que je décris vous paraît-elle forte? Je ne l'in-
vente pas : je l'ai entendue des centaines de fois et pas seulement lors d'un atelier, mais aussi par la suite quand les participants arrivent à maintenir dans leur vie quotidienne ce
réflexe de *conscience* de ne pas manquer leurs joies et m'en écri-
vent le bienfait. Cela vous paraît-il fort, voire trop fort? *Manque d'habitude!* comme l'évoque Marguerite Yourcenar dans
l'épigramme de la page 200.

Nos joies sont des cadeaux que nous maintenons emballés au
lieu de les déballer avec gourmandise et jubilation, et d'accepter
d'en être à notre tour *emballés!*

Pour clôturer l'exercice, je propose aux participants les deux
étapes suivantes :

- *Première étape : encoder du bon — engranger du bon*. Il s'agit tant de nous défaire de notre vieille habitude de ressasser et d'encoder du mauvais, du triste, du négatif, du fermé et de l'inexorable (conséquence du vaccin *«On n'est pas là pour rigoler»* et de l'ignorance du principe d'alternance) que de déjouer notre manque d'habitude qui en découle de ressasser du bon, du positif, de l'ouvert, du potentiel. Je leur propose donc de faire de la place durable dans leur disque dur pour ces moments joyeux et lumineux. Concrètement, je les invite à stocker l'information en conscience, par une formulation personnelle qu'ils choisissent pour eux-mêmes ; à titre indicatif, je leur fais cette proposition qui est une de mes formulations personnelles : «Je tiens à garder ces moments lumineux et joyeux chaudement dans mon cœur. Je tiens à enrichir ainsi mon trésor intérieur à l'abri de toute usure et de toute rapine, au cœur de moi-même. J'engrange cette ressource sûre dans mes greniers intérieurs, hors d'atteinte de l'usure et des agressions, des intempéries et des circonstances, en sorte de porter ma richesse en moi quoi qu'il advienne, de la partager sans compter, librement et joyeusement avec d'autres, et d'y avoir recours par temps de conflits, de famine, de disette ou de solitude, si la vie devait se révéler moins douce, moins abondante et moins joyeuse.»

De nouveau ce que je propose là n'est pas magique, mais technique ou physique : si nos mémoires sont pleines à craquer de mauvaises choses, il n'y a plus de place pour de bonnes choses. En langage informatique, on dira clairement que la mémoire est pleine. Ce qui est une bonne nouvelle, c'est que nous pouvons vider la mémoire (on dit *deleter* en jargon franglais) et encoder de nouvelles informations. Vous me direz peut-être : «D'accord pour encoder de bonnes informations, mais pourquoi cette formulation un peu rituelle?» Chacun bien sûr est libre de sa formule. Ma suggestion vise simplement à *stocker du bon en conscience*. Rappelez-vous que notre conscience est plus habituée à retenir le mauvais que le bon.

Il y a donc lieu de la maintenir en éveil, de la stimuler, pour que toute l'information positive s'encode bien et ne s'estompe pas en une vague impression sympa… Pour moi, le rituel, quel qu'il soit, fonctionne ici comme un repère ; il signifie à ma conscience : «Attention ! je ne suis pas juste en train de penser et de ressentir. Je suis aussi en train d'enregistrer, d'encoder, de faire mémoire, donc tous les détails comptent. Garde toutes les nuances et les tonalités, j'en aurai besoin pour mieux vivre si la vie devait être plus sombre.»

Voici ce à quoi je crois davantage chaque jour, et ce, non pas par principe théorique, mais bien par expérimentation très pratique au quotidien : plus nos mémoires sont encombrées de choses négatives, plus nous sommes *polarisés négatifs* et plus nous attirons du négatif. À l'inverse, plus nous nettoyons nos mémoires, transformons les expériences souffrantes et encodons du bon, plus nous *polarisons positifs* et plus nous attirons du positif.

Attention ! cette vigilance, cette hygiène de conscience, si elles peuvent considérablement transformer notre vie — ce dont je puis témoigner — ne nous mettent pas à l'abri magiquement d'accidents et de deuils. Le principe d'alternance demeure, ainsi que celui du présent ouvert au-delà de la souffrance.

- *Deuxième étape : établir consciemment des liens entre les sentiments et les besoins.* Ici, je renvoie les participants à la liste des sentiments et des besoins qu'ils ont eux-mêmes identifiés dans l'exercice précédent : «Je me suis senti heureux, radieux, vivant… parce que mes besoins d'amitié, de partage, de fête, de sens… étaient alors nourris.» Par l'établissement de ces liens, je leur propose de constater qu'ils identifient une clé pour leur bien-être intérieur. En effet, plus nous avons une conscience claire de nos besoins et plus nous intégrons cette conscience dans notre façon d'être, moins nous sommes piégés par la distraction. Nous pouvons alors constater les deux conséquences suivantes :

1. Des occasions de satisfaire ces besoins apparaîtront même là où nous n'aurions jamais imaginé en trouver. (Rappelez-vous : si je roule en voiture et que je ne sais pas que j'ai besoin d'essence parce que la jauge est défectueuse ou que je n'y ai pas prêté attention, je ne vois pas les pompes à essence que je croise pourtant sur mon chemin. Par contre, si j'ai pris conscience de mon besoin d'essence, je serai attentif à saisir la moindre occasion de faire le plein. Je *capterai* bien sûr l'enseigne de la prochaine pompe, mais je verrai des détails qui m'auraient tout simplement échappé, comme un bidon d'essence dans une brouette au milieu d'un jardin ou accroché à un tout-terrain !) Ainsi, pour reprendre les besoins dégagés dans l'exemple de la fête d'anniversaire, nous aurons l'occasion de faire l'expérience que nos besoins d'amitié, de partage, de fête, de douceur, notamment, peuvent se trouver nourris dans la vie quotidienne sans attendre la prochaine sortie entre amis. Nous capterons de l'amitié dans un regard complice. Nous saisirons du partage dans un sourire d'enfant. Nous aurons le cœur en joie pour trois minutes de rayons de soleil illuminant la fenêtre à travers la grisaille. Et chaque fois, nous aurons l'occasion de stocker du bon, d'engranger du beau, donc de transformer davantage notre propre polarité ;

2. Nous pourrons davantage anticiper l'enclenchement de notre *maître saboteur* intérieur ou, en tout cas, mieux le désenclencher si nous l'avons laissé faire ou si nous ne l'avons pas vu venir ! Par exemple, je sais personnellement maintenant que j'ai bien plus de plaisir dans le partage, l'amitié, la rencontre, que je n'en trouvais autrefois dans la tension, la dispute et la contradiction. Donc, quand se pointe un désaccord ou un conflit, au lieu de bondir à pieds joints et presque automatiquement dans le piège de la *tension-dispute-contradiction*, je me rappelle davantage mes besoins de *partage-échange-rencontre* régulièrement célébrés.

Par conséquent, je suis plus attentif à en prendre soin tout en entrant dans le désaccord ou le conflit et en les traversant. J'y entre davantage habité du souci de la qualité de la relation, même si elle est alors conflictuelle.

Je peux vous dire que je n'ai cette attitude — qui me permet de vivre beaucoup mieux tensions et conflits (qui ne manquent pas dans la vie) — que depuis que je célèbre régulièrement les moments de joie et que je garde ainsi une *conscience* plus vigilante de mes vrais besoins.

Je disais au début du chapitre que nous avions à traverser différents inconforts pour accueillir nos sentiments, même les plus agréables. Le premier inconfort, c'est de se donner le temps : le temps de s'arrêter pour se réjouir *vraiment*. Cet arrêt n'est pas habituel dans la course du hamster... Si vous n'avez pas encore pris cette habitude de bien vous réjouir en *conscience*, vous trouverez bizarre les premières fois de vous octroyer du temps pour cela. Vous aurez à apprivoiser les petites voix qui vous «veulent du bien» : «Oui, mais tu n'as pas que cela à faire. C'est déjà assez d'avoir consacré tout ce temps à la fête et de t'être couché si tard, sans compter la grasse matinée du lendemain. Allez, au boulot!» Et zou! Le hamster se jette dans le tambourin.

Se réjouir, c'est parfois inconfortable !

Lorsque vous aurez réussi à vous dire : «Cette fois, je tiens à goûter profondément tout ce bonheur et à m'arrêter *consciemment* pour cela», suivront d'autres inconforts à traverser sous forme de petites voix à apprivoiser. Par exemple :

* «C'est bien malin de faire la fête comme cela! Tu vas quand même être licencié à la fin du mois, alors il n'y a vraiment pas de quoi rigoler.» Voilà une combinaison du premier vaccin,

«On n'est pas là pour rigoler», avec une négation du principe d'alternance. La négation du principe d'alternance consiste à ne pas goûter une joie puisqu'une peine est prévisible. L'acceptation du principe d'alternance consiste à accueillir la joie même si une peine est prévisible et à se dire ici: «Sans doute serai-je licencié à la fin du mois et je sais que ce sera difficile à vivre; en même temps, maintenant, je ne compte pas louper l'occasion de me réjouir de la fête et de l'après-fête. Chaque chose en son temps.» (Je me souviens d'une jeune femme qui, malgré le fait qu'elle savait son licenciement imminent et en dépit des angoisses que cela lui causait, est allée à une fête avec des amis en décidant de laisser ses angoisses pour plus tard et de s'amuser vraiment. Elle y a rencontré l'homme qui deviendrait peu après et son conjoint et son associé dans une petite entreprise qu'ils ont lancée ensemble. Illustration de la richesse et du potentiel qu'il y a à être avec ce qui est.);

- «Tu n'aurais pas dû faire la fête comme cela. C'est mauvais pour ton foie et ce n'est pas gentil pour ceux qui sont seuls et sans amis.» Piège de la culpabilité et de la pensée binaire. Nous pouvons travailler la sortie du piège par la pensée complémentaire ou compréhensive: «Je tiens à prendre soin des personnes seules que je connais et à être attentive à mon foie, *et* je tiens à célébrer mes amis et mes amitiés.»;

- «Je suis vraiment idiot de m'être laissé emporter comme cela alors qu'il y a tant de choses tragiques qui se passent. On va me prendre pour un écervelé ou un égoïste.» De nouveau, culpabilité et pensée binaire, imprégnées de la difficulté à être là, à être pleinement à ce qu'on fait, et saupoudrées de la crainte du regard de l'autre! Nous pouvons en sortir par l'estime de soi et la pensée complémentaire ou compréhensive: «J'ai besoin de me faire confiance quoi qu'en pensent les autres, *et* je tiens à être attentif à eux comme à contribuer à diminuer les aspects tragiques du monde. Et quand je fais la fête, je fais la fête!»

J'observe que, dans nos habitudes sociales et culturelles, se réjouir vraiment, durablement et *consciemment* ne coule malheureusement pas de source. Pour la plupart d'entre nous, cela demande vigilance et attention dans le but de ne pas laisser les vieux pièges s'enclencher.

À côté de ces inconforts par rapport à des voix intérieures, il y a l'inconfort par rapport à l'extérieur. Vous pourrez prendre congé le lundi qui suit le week-end du mariage de votre meilleur ami «parce que je vais aider sa famille à tout ranger» (c'est-à-dire : *faire*), mais ce sera plus difficile de dire «parce que j'ai besoin de me réjouir d'*être* si réjoui !».

Et si, régulièrement, vous partagez des joies ou en témoignez dans votre façon d'être, vous courez le risque d'être regardé de travers, voire rejeté. Il s'agira alors d'accepter que les autres ont atteint leur seuil de tolérance au bien-être et, sans vous laisser enfermer dans cet aquarium, d'aller à la rencontre d'autres poissons libres et joyeux en pleine mer.

INVITATION À LA GYMNASTIQUE DU CŒUR ET DE LA CONSCIENCE

Tout ce chapitre nous invitait, en explorant cinq conditionnements de l'éducation *je t'aime si*, à prendre soin de notre santé intérieure psychique, affective, spirituelle, comme nous le faisons — ou aurions bien intérêt à le faire — de notre santé physique. Je vous proposais en ce sens différentes gymnastiques du cœur et de la conscience en espérant contribuer à les dérouiller, à les stimuler et à les décloisonner en les rendant l'un et l'autre, cœur et conscience, à la fois plus souples, plus forts et plus ouverts sur une compréhension large de notre être et de la vie. Nous reviendrons sur ce principe de santé et d'hygiène en abordant d'autres notions au chapitre 5.

CHAPITRE 4

De la culpabilité à la responsabilité, du devoir à l'amour

Le travail est de l'amour rendu visible.

KHALIL GIBRAN

Chaque sentinelle est responsable de tout l'empire.

ANTOINE DE SAINT-EXUPÉRY

Les notions de culpabilité et de devoir génèrent de nombreuses et profondes souffrances parce qu'elles piègent notre élan de vie au lieu de le promouvoir. La difficulté de prendre conscience des pièges de la culpabilité et du devoir tient à ce que l'un et l'autre sont habités des plus belles intentions et souvent habillés d'une grande dignité: «C'est mon devoir…», «Je devrais…», «Il faut que…».

J'ai moi-même longtemps fonctionné dans la culpabilité et le devoir, et je garde de cette période de ma vie l'impression d'une profonde division. Toutes les personnes que j'ai rencontrées et qui étaient conscientes de ces mêmes fonctionnements témoignaient qu'elles se sentaient également divisées et déchirées. De nouveau, c'est le processus de la communication consciente et non violente qui m'aide à faire cohabiter ces parties de moi qui ont tendance à s'ignorer, à se tirer la tête, à se disputer sérieusement, voire à être en guerre ouverte ou froide.

Dans ce chapitre, je propose une piste et une réflexion pour sortir de ces pièges et de la division intérieure qu'ils provo-quent, afin de nous réconcilier avec nous-mêmes et avec les autres. Je ne prétends certainement pas faire ici le tour de ces vastes questions ; ce n'est pas le sujet de ce livre.

DE LA CULPABILITÉ TÉTANISANTE À LA RESPONSABILITÉ DYNAMISANTE

La culpabilité est une combinaison de différents pièges (que nous avons rappelés ou sur lesquels nous avons travaillé dans les pages précédentes), assaisonnés d'un poison. Elle ne fait pas que nous entraver, elle nous tétanise et nous ronge de l'intérieur. Si nous n'y prenons garde, elle peut se transformer en marais, en bourbier dans lequel notre vie s'enfonce et s'embourbe inexorablement. En comprenant mieux les articulations de chacun des pièges qui la composent ainsi que les articulations croisées (ou combinaisons), nous reprenons du pouvoir pour nous désembourber du marais.

La culpabilité est une combinaison de pièges

Voici différents pièges qui se cachent derrière la culpabilité.

Pièges à la communication identifiés en CNV

(Voir aussi le chapitre premier)

1. *Jugement*: sur soi, sur l'autre, sur la situation ou sur la vie: «Je suis un égoïste, je me devrais de…»

2. *Croyance et préjugé*: vis-à-vis de soi, de l'autre, de la situation, de la vie: «Mes enfants (ou mes employés, ou mes parents, etc.) ne vont pas y arriver tout seuls. Il faut que je…»

3. *Pensée binaire*: «Pour prendre soin des autres, il faut se couper de soi.»

4. *Langage déresponsabilisant*: «Il faut, c'est comme ça! En tant que bonne mère (bon patron, bon enseignant, etc.), je dois…»

Pièges résultant des conditionnements de l'éducation «je t'aime si»:

1. *Faire*: «Je crois que je suis aimé pour ce que je fais, et non pas pour ce que je suis. Donc, je devrais au moins faire encore ceci ou cela, ceci et cela…»

2. *Insécurité affective* par manque d'estime de soi et par dépendance au regard de l'autre: «Je devrais faire ceci… Sinon, qu'est-ce qu'on va penser de moi?»

3. *Non-accueil de notre différence et de notre spécificité*: «Tous les autres font comme cela. Donc, ce n'est pas bien de faire autrement.»

4. *Difficulté à dire et à entendre non*: «Quand je dis oui alors que je pense non, je me sens coupable vis-à-vis de moi-même de ne pas me respecter. Et quand je dis non alors que je pense non, je me sens coupable vis-à-vis de l'autre parce que ce n'est pas

gentil pour lui…» «Quand j'entends non de la part de l'autre, je me sens coupable vis-à-vis de lui parce que je n'aurais pas dû lui adresser ma demande: je l'ai dérangé, il va m'en vouloir… Je me sens aussi coupable vis-à-vis de moi parce que je m'écrase tout de suite sans oser poursuivre l'échange fermement et sereinement.»

5. *Difficulté à cohabiter avec nos sentiments agréables et désagréables*, parfois apparemment contradictoires, et à les comprendre pour en faire un usage satisfaisant: «Je ne peux me réjouir que mon couple aille bien puisque ma meilleure amie divorce ou que mon père est gravement malade.»

La culpabilité n'est pas un sentiment, mais un jugement

Contrairement à notre croyance habituelle et à notre habitude de langage, la culpabilité n'est pas un sentiment, mais un jugement: *nous ne nous sentons pas coupables, nous nous jugeons coupables*. Dans nos usages, dans nos traditions morales comme dans nos systèmes judiciaires, les coupables vont en prison. Ainsi, la partie de nous que nous jugeons coupable est aux arrêts! Pas étonnant que la vitalité en nous soit alors entravée, arrêtée. Nous sommes à la fois le prisonnier et le geôlier de notre culpabilité.

Rappelons-nous en effet que tout jugement enferme, limite, arrête et, ce faisant, empêche d'entrer en contact avec la réalité, qui, elle, est toujours en mouvement, en changement. Au fond, la culpabilité nous enferme et nous empêche de nous responsabiliser vraiment. En nous disant «Je me sens coupable de…» nous croyons nous écouter, alors que nous nous coupons de nous-mêmes. En nous reliant à nous-mêmes, comme les exemples suivants nous le montreront, nous pouvons nous sentir déchirés, partagés, déçus, en colère, mal à l'aise par rapport à des besoins de responsabilité, d'attention, de respect, de solidarité, etc. L'analyse des sentiments et des besoins qui cohabitent va nous aider à réconcilier les parties de nous-mêmes qui sont en conflit. Cette réconciliation va, à son tour, stimuler la dynamique de la responsabilité qui permet de sortir du bourbier ou de la prison.

Quand la culpabilité s'enclenche-t-elle ?

J'observe, dans ma pratique de formateur ou d'accompagnant thérapeutique comme dans mon cheminement personnel, que la culpabilité s'enclenche faute d'une meilleure connaissance de nous-mêmes, de notre intériorité et des différentes parties qui nous habitent, et ce, dans deux occasions notamment :

* *Nous nous jugeons souvent coupables lorsque nous nous sentons partagés entre des sentiments et des besoins pas faciles à vivre en même temps.* Effectivement, ce n'est pas forcément facile, par exemple, de laisser cohabiter en soi d'une part, la joie d'être en bonne santé, en sécurité sur les plans affectif et matériel et, d'autre part, la compassion et la tristesse que l'on ressent envers ceux qui sont malades, seuls et dépourvus. Ce n'est pas facile d'être à la fois enthousiaste face à sa carrière professionnelle et déçu ou inquiet de ne pas être assez proche de son conjoint et de ses enfants. Ce n'est pas forcément confortable d'être heureux et reconnaissant pour son propre bien-être et soucieux de celui des autres. Souvent, nous nous laissons empoisonner par la culpabilité en concoctant un mélange de fonctionnement binaire et de langage déresponsabilisant («On est heureux ou malheureux, triste ou content, il faut choisir!»), de double vaccin («On n'est pas là pour rigoler») et de double rappel («Faut être parfait»), sans même écouter les différents sentiments qui cohabitent en nous et capter l'information qu'ils nous dévoilent.

- *Nous nous jugeons souvent coupables lorsque nous avons l'impression d'avoir «failli à notre devoir», c'est-à-dire lorsque nous sommes dans la confusion par rapport à nos responsabilités et à celles des autres.* «De quoi suis-je vraiment responsable? Est-ce que j'assume cette responsabilité? De quoi l'autre est-il responsable? Est-ce qu'il assume cette responsabilité?» Nous avons tendance à nous culpabiliser en prenant toute la responsabilité sur nous (culpabilisation passive) ou à culpabiliser l'autre en lui faisant porter toute la responsabilité (culpabilisation active).

Rappelons-nous, gentils garçons, gentilles filles, que nous avons appris à nous sentir confusément responsables des sentiments et des besoins de l'autre et que l'autre ne se privait pas de nous le rappeler avec ses «tu»:

- «Je suis triste quand *tu* fais ceci…» Donc, pour que l'autre ne soit plus triste, *je dois faire* autrement ou autre chose;
- «Je suis en colère quand *tu* fais cela…» Donc, pour que l'autre ne soit pas en colère, *je dois cesser de faire* cela ou *faire* autre chose.

Nous avons, en effet, bien de la peine à démêler les enjeux des responsabilités respectives.

DU DEVOIR À L'AMOUR ENGAGÉ

La notion de devoir ne facilite pas cette clarification. Elle est effectivement une expression souvent sèche et austère de ce qui est, au fond, un élan du cœur, un besoin profond de responsabilité, de réciprocité et de partage, un besoin de prodiguer de l'amour, de contribuer au bien-être des autres et d'assumer les conséquences de l'exercice de notre liberté de choix.

Ainsi, pour sortir du piège, il s'agit de changer d'angle de vue pour faire, par exemple, les constatations suivantes:

- nous ne travaillons pas par devoir, mais bien par amour de la sécurité matérielle, du confort, parce que nous voulons contribuer à notre communauté et au bien-être de nos proches, même si nous ne faisons peut-être pas le métier dont nous rêvons ;

- nous ne nous engageons pas dans l'action sociale, humanitaire, politique par devoir, mais bien par besoin d'exercer notre responsabilité d'être humain dans le monde, de contribuer à une société meilleure, de participer concrètement au changement social ;

- nous ne prenons pas soin de nos enfants ou de nos parents par devoir, mais bien par goût d'assumer la responsabilité que nous avons prise de faire des enfants et de manifester respect et sollicitude à nos parents.

Si je reviens sur cette distinction clé entre «il faut» et «j'ai profondément à cœur de», abordée déjà dans mon premier livre, ce n'est pas pour jouer sur les mots. C'est pour clarifier la conscience qu'il y a derrière les mots. J'aime voir l'homme dans la dignité de sa liberté et de sa responsabilité, assumant les conséquences de l'une comme de l'autre. Ce regard-là aide considérablement à démêler les enjeux des responsabilités respectives, autrement dit à distinguer ce qui nous appartient de ce qui appartient à l'autre.

SORTIR DE CES PIÈGES

Pour nous aider à sortir des pièges de la culpabilité et du devoir, je propose un travail d'écoute et de mise en cohabitation des besoins apparemment contradictoires, ainsi qu'un travail de clarification des responsabilités respectives. L'exemple d'Hélène, une enseignante de cinquante-sept ans, m'aidera à illustrer mon propos.

Dès notre première rencontre, Hélène me confie qu'elle éprouve de la difficulté à s'acheter un vêtement sans ressentir aussitôt une grande culpabilité.

«Dès que je sors d'une boutique, je me culpabilise, avoue-t-elle. Je me dis que je n'aurais pas dû.

– Qu'est-ce que vous vous dites vraiment? Quels sont les mots que vous employez, par exemple, quand vous vous culpabilisez?

– Je me dis: "Tu n'aurais pas dû! C'est beaucoup trop cher et tu n'en as pas besoin. Il faut garder son argent et ne pas le dépenser en futilités."

– Comment vous sentez-vous là, maintenant, quand vous évoquez cela?

– Eh bien, furieuse contre moi-même: c'est idiot comme attitude! Je gagne ma vie, mon mari aussi, je n'ai aucune raison de compter chaque sou et, en plus, j'aime la vie: j'aime fêter la vie, notamment en m'achetant de temps à autre un nouveau vêtement.

– Alors, une partie de vous se sent heureuse (S) de fêter la vie (B) en vous offrant un nouveau vêtement (D/A), et une partie de vous se sent mal à l'aise (S) parce qu'elle n'est pas sûre de faire là le meilleur usage de son argent (B), est-ce cela?

– C'est exactement cela et pas du tout cela à la fois. Moi, je m'en fous, au fond, de la dépense dans ce cas: je comprends maintenant que la petite voix culpabilisante en moi, c'est celle de mon père. Je l'aimais beaucoup, mais c'était un homme avare. Non, c'est plus juste de dire qu'il avait connu la guerre et qu'il en avait gardé la peur de manquer. Chaque fois que ma mère m'offrait une nouvelle robe, je la dissimulais. S'il la voyait, il s'énervait par rapport à la dépense et, moi, je cachais alors la réalité pour apaiser sa colère. Je lui disais: "Mais non, papa, c'est une vieille robe que je viens de retrouver dans le fond de mon armoire!" Voyez, aujourd'hui, à bientôt soixante ans, je suis encore la petite fille de mon père qui est mort depuis des années. Je crois qu'inconsciemment, je veux toujours lui manifester du respect.

– Alors, est-ce que, aujourd'hui, vous vous sentez partagée entre, d'une part, le besoin de loyauté, de fidélité et de respect pour votre père et, d'autre part, le besoin de loyauté, de fidélité et de respect pour vous-même?

– Oui, tout à fait.

– Concrètement, est-ce que vous aimeriez pouvoir intérieurement dire à votre père : "Je t'aime, je respecte et je tiens à respecter le rapport que tu avais, toi, avec l'argent, *et* je m'aime, je me respecte et je veux accueillir le rapport que, moi, j'ai avec l'argent même s'il est différent du tien"?

– C'est tout à fait cela, c'est très clarifiant. Je ne veux plus voir une opposition entre sa façon d'être et la mienne : il était responsable de ses choix, je suis responsable des miens et je suis personnellement heureuse d'avoir un rapport avec l'argent qui me paraît plus libre que le sien, et de vivre à cet égard davantage dans la confiance que dans la méfiance. Je veux lui rendre sa méfiance, qui ne me ressemble pas.

– Est-ce que vous aimeriez également être rassurée sur le fait qu'il vous aime comme vous êtes, même si vous faites un autre usage que lui de l'argent?

– (Gros soupir. Elle est très émue.) Je suis convaincue qu'il m'aime comme je suis. C'est juste moi qui me suis fait ce blocage. En en parlant, je me sens soulagée de pouvoir m'en libérer. »

Commentaires

1. Quand elle se juge coupable de s'être acheté un nouveau vêtement, Hélène est partagée entre deux types de sentiments que nous avons souvent besoin d'apprendre à faire cohabiter pacifiquement : les sentiments agréables et les sentiments désagréables. Elle se sent joyeuse de sa trouvaille, heureuse du plaisir qu'elle s'offre, *et en même temps*, mal à l'aise et inquiète par rapport au regard de son père (même s'il est mort depuis des années ; en effet, lorsque nos parents meurent, les difficultés ou les souffrances que nous avons pu connaître dans nos rapports avec eux ne meurent pas

pour autant, mais il nous est possible de nous en défaire en les travaillant sur ceux-ci en thérapie).

2. Ses deux sentiments renseignent Hélène sur ses besoins, les uns satisfaits, les autres pas. Pour les faire cohabiter en elle, il lui faudra un peu d'entraînement... Ainsi, son besoin de se faire plaisir, de célébrer la vie est satisfait, alors que celui de respecter l'image de son père et d'être rassurée sur le fait qu'il l'aime semble compromis dans un premier temps.

3. Cette situation nous renseigne sur deux besoins qui apparaissent souvent derrière la culpabilité et que nous avons également besoin d'apprendre à faire cohabiter pacifiquement, hors de la pensée binaire : le besoin d'être loyal et respectueux envers l'autre, et le besoin d'être loyal et respectueux envers nous-mêmes.

4. Derrière la conscience des besoins en jeu apparaît celle des responsabilités, donc des libertés : « Mon père a fait tel choix, je fais tel autre choix. Nous sommes chacun libres et responsables, et cela ne veut pas dire que nous ne nous aimons pas ni que nous ne nous respectons pas, bien au contraire. » C'est en passant ces enjeux des sentiments et des besoins au laser de la conscience que nous pouvons les dérouiller et les décoincer, et que la mécanique de la responsabilité peut se remettre en marche, désencombrée.

Henri aussi se sentait coincé dans les pièges de la culpabilité. Commerçant dynamique et débordé d'une quarantaine d'années, il est venu en consultation parce qu'il ressentait une grande culpabilité vis-à-vis de ses enfants de dix et douze ans, après avoir décidé avec sa femme d'entamer leur divorce. Je relate ici le résumé de nos échanges.

« Je suis un égoïste, je devrais m'accrocher davantage. Je leur gâche leur avenir, je suis sûr qu'ils m'en voudront. Je suis un père indigne. (Voyez qu'en se jugeant ainsi, Henri ferme à triple tour la porte de son emprisonnement en lui-même. À force de se mettre sous les verrous et sous pression, il entre doucement en dépression.)

– Vous êtes triste et en colère (S) parce que vous auriez tant voulu que cela se passe autrement (B) et vous avez peur (S) parce que vous voudriez être sûr que vos enfants auront la force de traverser cette épreuve (B) et qu'ils pourront vous comprendre (B), est-ce bien cela que vous ressentez?

– Oui, c'est cela, parce que, par ailleurs, la relation n'était plus possible. Nous devenions même violents, ma femme et moi. On a tout essayé et j'avais vraiment besoin de me protéger et de me retrouver. Je ne sais plus qui je suis. Mais je ne veux pas causer de dégâts à mes enfants. Je veux vraiment être avec eux. Je sais toutefois qu'après le divorce, je ne les verrai qu'une semaine sur deux.

– Vous sentez-vous partagé (S) entre, d'une part, le besoin de vous consacrer du temps, de vous retrouver, de vous recentrer et, d'autre part, le besoin de prendre soin de vos enfants, d'être aussi présent que possible auprès d'eux et de les assurer concrètement de votre amour constant (B)?

– Oui, je veux me retrouver et me respecter, sans les perdre ni leur manquer de respect, et je veux aussi être avec eux, proche d'eux, sans me perdre ni m'oublier. (Il réfléchit, respire et reprend.) Mais, au fond, je suis surtout triste parce que je me suis si peu occupé d'eux. Cela fait dix ans que je me dis que demain je prendrai le temps d'être plus avec eux. J'ai laissé ma femme tout faire. Moi, je pédalais comme un fou pour assurer la gestion du commerce. J'avais besoin de me prouver et de prouver à ma famille que j'existais en montant un commerce florissant, et de conjurer ma peur fondamentale de n'être rien par moi-même. Je n'ai pas vu grandir mes enfants et mon couple n'a pas résisté à cette vie de course. Mais maintenant, au moins, je veux prendre soin d'eux concrètement en les ayant avec moi une semaine sur deux. Surtout, je veux apprendre à vivre en faisant davantage confiance à la vie, en me manifestant plus de douceur et de respect.»

Quelques années plus tard, le hasard m'a fait rencontrer l'ex-femme d'Henri qui me confiait ceci: «Le divorce s'est passé en douceur et nous sommes restés bons amis. Depuis lors, Henri s'occupe de ses enfants comme jamais il ne l'avait fait auparavant. Il rentre tôt, prend congé régulièrement pour eux, passe ses week-ends et ses vacances avec eux, ce qu'il ne faisait jamais. Avant, c'était un père absent, bien trop pris par son commerce. Il a fallu le divorce pour qu'il réalise qu'il avait fait deux enfants qui avaient besoin d'un vrai père et non pas d'un zombie hyper-stressé souvent agressif à force d'être à bout de nerfs!»

Commentaires

1. En laissant cohabiter en lui les différents besoins entre lesquels il se sent partagé, sans les mettre en opposition (besoin de prendre soin de lui-même et besoin de prendre soin de ses enfants), Henri voit se dégager sa responsabilité. En mesurant qu'il ne l'avait guère assumée jusqu'alors et qu'il avait à cœur de le faire maintenant, il sort du bourbier et de la tétanie de la culpabilité en retrouvant la dynamique de sa responsabilité. Il tient également à assumer sa responsabilité par rapport à son absence durant dix ans en en parlant à ses enfants et en leur disant son regret et sa tristesse de ne pas avoir été plus conscient plus tôt.

2. Henri se reconnaît lui-même dans l'image de la course du hamster, éjecté hors du tambourin dans le sable de la cage. Le choc du divorce l'amène à s'asseoir avec lui-même, à revoir et à replacer ses priorités, à faire face à ses peurs existentielles de n'être rien par lui-même, de se dissoudre s'il arrête de courir, de ne pas pouvoir compter sur la collaboration de la vie.

Et le dormeur, ou le distrait, s'éveille!

Lorsque nous ne sommes pas sur notre chemin, nous souffrons. Si nous n'écoutons pas notre souffrance et n'en prenons pas soin, la vie nous lance des signes de plus en plus forts pour nous éveiller à plus de conscience, pour nous tirer de notre distraction.

Imaginez que vous souhaitiez vous-même réveiller un dormeur. Vous commencerez par lui chuchoter quelques mots à l'oreille, puis, s'il dort toujours, vous parlerez à haute voix. S'il ne s'éveille pas, vous le toucherez légèrement de la main. S'il ne s'éveille toujours pas, vous le secouerez sans doute plus vigoureusement, voire très vigoureusement. Et s'il dort après tout cela, vous le tirerez en bas de son lit en criant: «Réveille-toi!» Nous sommes le dormeur et la vie nous invite à l'éveil, à la conscience, avec douceur. Si nous n'entendons pas la douceur, la vie, elle, ne se lassera pas pour autant de nous éveiller...

Faute ou distraction originelle?

Comme j'ai à cœur d'explorer dans ce livre les causes des pièges antibonheur (c'est-à-dire pas seulement les pièges eux-mêmes, mais leurs causes et leurs manières de s'installer), je tiens à partager encore une piste que j'ai suivie pour remonter aux sources de notre incapacité à être heureux durablement. Je veux parler de l'interprétation du mythe d'Adam et Ève et de la faute originelle.

Ce sujet mériterait sans doute un développement beaucoup plus approfondi que ce qui cadre avec ce livre-ci. Toutefois, j'ai régulièrement rencontré dans mon travail des personnes qui ont fait, ou reçu toute faite, une interprétation de la faute originelle qui maintient dans le cœur de l'homme l'exclusion, la division et l'enfermement, au lieu d'engendrer l'appartenance, l'unité et l'ouverture.

J'ai ainsi rencontré des vies entravées, voire asservies, par cette interprétation, donc coupées de la joie, de l'élan et du rayonnement que procure le fait d'être profondément uni intérieurement et réconcilié avec toutes les parties de soi, en appartenance et en lien avec le Tout — Amour infini — Plénitude évoqué plus haut. Si cette interprétation-là est souvent qualifiée de judéo-chrétienne, je ne puis personnellement imaginer qu'elle soit respectueuse du message original et originel du Christ. Que l'on soit croyant ou pas, je pense que nous pouvons nous entendre pour dire que le

Christ invite les êtres humains à l'unité, à l'union, à la cohésion intérieure comme à l'appartenance au monde, à l'amour inconditionnel et à la responsabilité individuelle.

Donc, l'interprétation courante du mythe d'Adam et Ève me paraît à la source de bien des vies malheureuses et de beaucoup de violences subtiles ou manifestes dans notre monde. Or, je crois profondément que les mythes sont là pour nous inspirer et pour nous aider à trouver notre chemin, pas pour nous étouffer et nous laisser en route, éperdus et perdus. J'ose ainsi vous proposer un résumé de mon interprétation de ce mythe, ce que je ressens depuis des années en le ressassant dans mon travail de thérapeute, c'est-à-dire en observant, en écoutant et en accompagnant les gens à la recherche de leur unité, de leur responsabilité et de leur conscience du sens de la vie. Cette hypothèse m'aide à comprendre bien des pensées et des habitudes humaines qui sont source de conflits, intimes ou autres. J'espère simplement ainsi stimuler votre réflexion. Je ne suis ni théologien ni exégète, juste praticien de la recherche de sens et croyant.

Adam et Ève en exil d'eux-mêmes

Qu'est-il reproché à Adam et à Ève dans la tradition judéo-chrétienne, alors qu'ils goûtaient, semble-t-il, *un profond contentement intérieur dans la communion* au sein du paradis terrestre? D'avoir osé manger du fruit défendu recommandé par le serpent, fruit de l'Arbre de la connaissance du Bien et du Mal, connaissance par nature réservée à Dieu seul.

Il leur est donc reproché d'avoir prétendu se substituer à Dieu en s'arrogeant la connaissance absolue du Bien et du Mal. Dieu, en colère, les aurait chassés du paradis.

Mon interprétation de ce mythe m'amène à deux conclusions :

1. En cherchant à l'extérieur d'eux-mêmes et en cédant à une interpellation extérieure à eux-mêmes (le serpent), Adam et

Ève se sont coupés et divisés d'eux-mêmes, de leur intériorité comme de leur responsabilité. Ils se sont séparés de leur conscience, de leur sagesse intuitive, donc, de leur communication intime avec Dieu (la Plénitude, l'Amour infini, le Tout) ;

2. En cherchant à connaître, de façon absolue et « à l'avance », le Bien et le Mal, comme pour obtenir un outil de contrôle et de pouvoir sur l'Univers, Adam et Ève se sont séparés de leur appartenance à l'Univers et de leur confiance dans la coopération bienveillante de Dieu (du Tout, de l'Amour infini, de la Plénitude). Ils se sont sentis seuls, séparés et sont dès lors entrés dans un rapport de méfiance, l'autre — l'altérité — étant potentiellement un ennemi, en tout cas quelque chose ou quelqu'un à mettre dans les catégories « Bien » ou « Mal ».

Ainsi, doublement séparés et divisés de leur intériorité comme de leur appartenance confiante à l'Univers (à l'Amour infini, au Tout, à la Plénitude, à Dieu), Adam et Ève quittent le paradis pour partir en exil, en exil de *leur profond contentement intérieur dans la communion*. Il me semble que des centaines de générations plus tard, chacune et chacun de nous continuent de reproduire individuellement ce départ en exil, cette errance de réfugié.

Pour moi, ce n'est pas tant Dieu en colère qui chasse Adam et Ève de ce lieu de *profond contentement intérieur dans la communion* (s'Il est tout amour, pourquoi chasserait-Il l'enfant curieux et étourdi qui regarde par le trou de la serrure ?), qu'eux-mêmes qui se coupent de cette communion avec Dieu. Je ne crois certainement pas que l'Être, l'Amour infini, la Présence absolue, l'Âme de l'Univers, bref, ce que nous tentons de nommer en disant Dieu, ait des sentiments. S'Il est tout amour et pure présence, Il n'est pas encombré comme nous de sentiments sans cesse changeants. Il est bien au-delà de cet anthropomorphisme. Mais tous les mythes prêtent des sentiments à leurs protagonistes pour les rendre plus compréhensibles.

Si j'interprète à mon tour les sentiments prêtés à Dieu, pour me rendre ce mythe plus compréhensible, à mon avis Dieu n'est pas vraiment en colère; Il est surtout triste et Il a peur. (Notez que la plupart des thérapeutes vous confirmeront que c'est bien de la tristesse et de la peur que nos colères expriment la plupart du temps…) Ainsi, dans mon interprétation, Dieu se dit: «Les malheureux étourdis! Ils avaient toutes les chances de vivre des rapports de rencontre vraie et de cohabitation bienveillante entre toutes choses vivantes, de manger à leur faim dans la collaboration et l'entraide en utilisant avec respect les généreuses ressources du monde, chacun étant bien branché sur son intériorité et sa conscience globale. Et les voilà grisés à l'idée d'avoir la clé du Bien et du Mal, piégés sans le savoir dans l'instauration dès lors inéluctable de rapports de pouvoir entre ceux qui prétendent détenir le Bien et identifier le Mal et qui s'autorisent ainsi à récompenser les uns tout en punissant les autres[13].

«Les voilà donc partis, plus soucieux de *bien faire* que d'être, plus soucieux de *prendre* leur place en la revendiquant ou de la nier en s'excusant que d'*occuper* vraiment celle qui leur était naturellement faite, plus soucieux de se rassurer sur leur propre importance que de goûter leur appartenance au monde. Les voilà piégés dans leurs personnalités, leurs personnages, leurs ego, coupés d'eux-mêmes et de l'Être qui est en eux. Les voilà, réfugiés, en route sur les chemins du monde, pris tour à tour dans la course du hamster, le vide de la dépression ou le bourbier de la culpabilité, la misère d'avoir trop comme celle de n'avoir rien, la solitude écœurante ou la guerre déchirante, les peurs et les angoisses récurrentes, en exil d'une patrie de douceur, de sens et d'appartenance qu'ils portent pourtant chacune et chacun dans leur cœur.

«J'ai peur qu'il leur faille des années, des millénaires de souffrances à répétition, pour apprendre à retrouver leur intériorité et leur appartenance à l'Univers, à réécouter ma sagesse infinie qui parle dans tous les cœurs et à se sentir accompagnés par l'amour

---

13. Ces notions sont inspirées d'un enseignement de Marshall Rosenberg sur l'instauration des rapports de pouvoir dans les relations humaines.

que j'ai mis en toute chose. Toutefois j'ai choisi de les créer libres et j'accepte les conséquences de mon choix, sans pour autant les laisser seuls : je leur enverrai des signes et je parlerai au cœur de tous ceux qui me cherchent et qui m'écoutent.»

La tradition appelle «faute» cette double division — de soi et du Tout ou de Dieu — qui, effectivement, se perpétue de génération en génération. La faute originelle serait-elle une tentative d'explication par l'esprit humain de cette sensation de division qu'il ressent?

Notez bien que ce qui se perpétue, c'est l'habitude de la division. Et chacun d'entre nous risque de rester dans cette habitude.

Ce qui, moi, me préoccupe dans l'expression «faute originelle», largement imprégnée dans notre conscience collective, que nous soyons ou pas de tradition chrétienne, c'est qu'elle casse l'élan de responsabilité et de transformation personnelles. Je rencontre des êtres, croyants et non croyants, pourtant en recherche et se voulant vraiment responsables, qui sont régulièrement hantés par cette pensée récurrente : «À quoi bon? Nous sommes marqués, condamnés à porter un poids! Nous ne nous changerons pas, nous ne changerons pas l'homme!» Je vous parle bien de propos tenus dans ce millénaire-ci et qui témoignent de cette inhibition fondamentale appelée souvent *croyance de base* en psychologie : «Je n'y arriverai pas!»

Je crois profondément que nous pouvons choisir de perpétuer l'habitude de la division, de la séparation, de la culpabilité par rapport à l'Amour infini (à l'Univers, à Dieu) et de rester alors en exil, ou d'instaurer une nouvelle habitude de communion, de rencontre et de responsabilité, et de rentrer ainsi «à la maison, chez nous», dans l'intériorité et l'appartenance consciente à l'Amour infini (à l'Univers, à Dieu).

Dans la double division qu'illustre le mythe d'Adam et Ève, je ne vois pas une faute, mais plutôt une inconscience, un égarement, une distraction. On raconte qu'un disciple interrogea un jour Bouddha : «Seigneur Bouddha, y a-t-il d'autres êtres éveillés?»

Bouddha répondit: «Tous les êtres sont éveillés. Mais la plupart sont distraits.»

Eh bien, je souhaite être chaque jour moins distrait de moi-même, de l'intériorité, de l'appartenance à l'Univers (à l'Amour infini, à Dieu, à la Plénitude). Et je trouve dans l'évocation de la *distraction originelle* d'Adam et Ève l'élan d'être chaque jour plus conscient et responsable, de me réconcilier chaque jour davantage avec moi-même, d'habiter chaleureusement et joyeusement mon intériorité comme ma place dans le monde, d'aimer de plus en plus le processus vivant qui anime et soutient toute chose.

J'y trouve également le goût profond de regarder les événements du monde autrement, dans le souci que nous puissions nous responsabiliser vraiment d'une façon qui transforme durablement nos comportements. Je vous propose trois exemples d'infraction ou de délit pour illustrer ce changement de regard, donc de pouvoir d'action.

Changer d'habitudes, changer de regard, changer d'action

Les comportements de nature délictuelle ne sont habituellement traités et sanctionnés que par la culpabilité, et rien n'est fait, en amont du phénomène, pour prendre soin des causes réelles. Mon intention n'est évidemment pas de justifier ces comportements, mais de les expliquer en examinant leur cause probable. D'après mon expérience d'avocat et d'animateur auprès de jeunes vivant des problèmes de délinquance, l'acte délinquant est le plus généralement un symptôme, le symptôme d'un mal-être profond de tout le système dont le délinquant se retrouve l'expression singulière. L'attitude classique qui consiste à ne s'en prendre qu'au délinquant sans profondément s'attacher à réviser le système ne satisfait pas du tout mon besoin d'équité, de responsabilité citoyenne et de prise en charge des vrais changements qui se révèlent nécessaires.

Voici donc trois exemples.

1. Polluer la nature, la détruire, casser ou abîmer quoi que ce soit, tout cela est, bien sûr, une faute au sens de nos lois et de notre éthique. Il y a atteinte aux valeurs communément reconnues et transgression des lois qui nomment ces valeurs.

    Du point de vue de la personne qui commet ces actes, n'est-ce pas le signe qu'elle n'a pas de sentiment d'appartenance vis-à-vis d'un univers qui pourtant lui veut du bien? N'est-ce pas une preuve qu'au contraire, elle se sent isolée et séparée de lui? que dans cette impression d'isolement, elle se protège encore plus en s'enfermant dans son ego et en affirmant son petit pouvoir, sans conscience des conséquences, sans conscience de sa coresponsabilité dans le respect et l'entretien de ce à quoi elle appartient?

    J'ai beaucoup rencontré ce phénomène avec les jeunes dits de la rue avec lesquels j'ai travaillé. En raison de leur parcours souvent jalonné de rejets, d'abandons, de conflits ou de trahisons, ils n'ont pas la conscience d'appartenir, de faire partie, d'avoir leur place parmi d'autres et de pouvoir compter sur eux. Ils n'ont pas vraiment conscience d'abîmer ou de détruire quand ils taguent les murs, brisent les vitres ou cassent le mobilier urbain. Souvent, ils sont seulement en train d'exprimer inconsciemment leur révolte, leur désarroi et leur besoin de trouver un sens et une appartenance. Pour moi, la destruction, c'est de la créativité blessée, frustrée, devenue amère faute de sens, de relais, d'appartenance.

    Dans un autre domaine, pensez-vous que le capitaine du bateau qui vidange ses cales en pleine mer ou l'armateur qui laisse exploser au large un rafiot pourri plein de mazout se sentent depuis l'enfance bien intimement reliés à eux-mêmes dans la communion et l'appartenance à l'Univers? Je pense malheureusement qu'ayant souffert sans doute de divisions, de rejets, de ruptures, de trahisons, sans réconciliation guérissante — vraisemblablement comme un grand nombre d'entre nous — ils se disent «Moi d'abord et seulement! Après moi, le déluge!», enfermés qu'ils sont dans leur ego traumatisé.

Je ne dis évidemment pas qu'il n'y a pas de mesures à prendre très concrètement pour sanctionner les comportements en question et assurer le respect des lois et de la paix dans nos communautés humaines. Mais pouvons-nous nous contenter de renforcer les lois, les mesures de contrôle ou de répression sans regarder bien en face notre façon d'être au monde, de grandir ou pas, d'éduquer nos enfants, de choisir ce qui a un sens ou pas, de qualifier et de requalifier nos priorités, d'avoir ou non un sentiment d'appartenance et de communion avec la nature, l'Univers (l'Amour infini, Dieu)?

2. Brûler le feu rouge, se garer n'importe où ou dépasser les vitesses autorisées, ce sont des fautes au sens de nos lois ainsi que de nos principes de courtoisie. Si nous agissons nous-mêmes de la sorte, n'est-ce pas pour nous une façon d'exprimer que nous sommes coupés de notre intériorité et de notre conscience d'appartenir à la communauté, coupés de la conscience que la sécurité de tous repose sur la conscience responsable de chacun? S'il m'arrive personnellement de rouler trop vite ou de laisser ma voiture mal garée, c'est souvent que, faute d'écouter mon rythme intérieur, je me laisse piéger par le *faire*, par mon programme de choses à *faire*, l'intendance, et que je n'ai donc pas pris le temps d'ordonnancer mon emploi du temps d'une façon qui me permette tant de me respecter vraiment que d'être respectueux de la communauté dans laquelle je vis.

Ainsi, si nous voulons stimuler le respect de la sécurité routière et des usages de la route, nous pouvons certes renforcer les contrôles de police ainsi que la charge des amendes pénales. Nous pouvons également regarder bien en face nos habitudes de fonctionnement, notre rapport au temps, nos priorités actuelles et le choix quotidien de notre façon d'être au monde, et ce, afin d'ignorer un peu moins que, quoi que nous fassions, c'est bien notre *profond contentement intérieur dans la communion* que nous cherchons.

3. Falsifier, tromper ou déformer la vérité, mentir ouvertement sont des fautes au sens tant de nos lois que de la morale généralement partagée. Si nous nous retrouvons dans ces attitudes, n'est-ce pas que nous sommes coupés de notre confiance en nous-mêmes, en notre propre force, en notre capacité de rencontrer la contradiction et de traverser les désaccords? Coupés de notre confiance dans la générosité de la vie et coupés de notre sentiment d'appartenir en sécurité à une communauté bienveillante, inconscients de ce que notre confusion personnelle nourrit la confusion du monde?

L'enfant qui, en prélevant discrètement dans la réserve de chocolat, fait tomber le pot de confiture et prétend que c'est la faute du chat, se protège d'une gifle, d'un discrédit, d'une punition. Il ne se sent vraisemblablement pas dans la sécurité de pouvoir expliquer son geste et de pouvoir être reçu avec bienveillance.

La personne qui, dans une entreprise ou une institution, falsifie les comptes et des documents pour s'enrichir personnellement n'a sans doute pas chevillée au cœur la conscience qu'elle est aimée pour ce qu'elle est, que son vrai patrimoine est la qualité de relation qu'elle nourrit avec elle-même comme avec ses proches et que son profond bien-être est intérieur.

Ainsi nous pouvons certes punir l'enfant et enfermer le faussaire, cela n'empêchera en rien d'autres êtres d'agir de la sorte, en secret et à l'insu, en ignorant que ce qu'ils cherchent vraiment, au-delà de leur geste, c'est leur *profond contentement intérieur dans la communion.*

Autrefois, comme avocat, j'aurais mis mon énergie et mon talent à ce que les fautes soient sanctionnées et les coupables punis par les punitions d'usage, attitude qui elle-même est génératrice de frustrations et de violences collatérales. Aujourd'hui je tiens à stimuler la conscience de soi, de l'appartenance au monde, de la cohabitation responsable de la planète dès l'enfance.

Il me paraît que si nous voulons avoir une action durable et profondément transformatrice sur des comportements de ce type mais aussi sur les violences qui se font à tous niveaux, il s'agit de changer nos regards sur des attitudes et d'agir sur les causes. La proposition qui suit peut illustrer en partie notre pouvoir d'action sur les causes en question.

RESPONSABILITÉ ET CONGRUENCE AU QUOTIDIEN

Comme j'aime la dynamique de la responsabilité, j'aime voir les perspectives de changement social qui s'ouvrent, par responsabilisation individuelle, si je regarde par exemple une situation comme celle-ci.

Vous recevez sans doute comme moi des dizaines de lettres sollicitant de l'argent pour des projets sociaux, humanitaires ou médicaux. Au moment de trier le courrier, vous percevez peut-être une petite pointe de culpabilité : payer, jeter, empiler pour temporiser… Vous finissez par accepter deux sollicitations et vous jetez toutes les autres avec, de nouveau, une petite pointe de culpabilité.

Faites donc le point de ce qui habite et cohabite en vous : «Je suis partagé entre, d'une part, le besoin d'accepter que je ne suis pas responsable de toute la misère du monde, que je ne suis pas tout-puissant et que je n'ai pas des ressources infinies, et, d'autre part, le besoin de contribuer à ce qu'il y ait moins de souffrances dans le monde, de collaborer à plus de paix, de soutenir l'action pour la recherche, d'encourager la solidarité et le partage, et de prendre ma part de responsabilité par une démarche concrète, par exemple un don financier.»

Si vous faites cet exercice en conscience à chaque sollicitation, et que vous avez le goût et le souci de la cohérence, de la congruence ainsi que d'incarner vos besoins et vos valeurs dans une démarche concrète, vous porterez peut-être un autre regard sur la responsabilité de vos choix de vie. Ainsi, il vous deviendra difficile de soutenir, par exemple, Amnesty International si vous enfermez, sans appel ni débat contradictoire, les gens, les situations, vous-même dans une prison faite de jugements, de préjugés et de culpabilité. Il vous deviendra difficile de soutenir un projet d'école dans des bidonvilles si vous n'êtes jamais assis avec vos enfants, difficile d'envoyer des fonds à Médecins Sans Frontières si votre vie de famille ou de couple est un champ de bataille, difficile d'encourager des mesures d'hygiène et de soins au bout du monde si vous vous négligez ou négligez vos proches depuis des années… Oui, il vous sera difficile de faire tout ça si vous n'avez pas décidé de changer.

De même, il vous deviendra difficile de contribuer aux œuvres de solidarité et d'entraide paroissiale si vous portez dans votre cœur quelques rancunes ou rancœurs, difficile de cotiser à l'association locale de la protection de la nature si vous continuez à réprimer solidement votre propre nature. Enfin, il vous deviendra difficile de soutenir l'association pour les sans-abri de votre ville si vous-même ne vous habitez pas.

Je ne dis pas qu'il ne faut rien faire pour ces œuvres sociales ou ces projets humanitaires. Je dis simplement que j'ai à cœur que nous fassions et agissions avec une conscience et une responsabilité globales, et non pas de façon automatique, conditionnés par la culpabilité qui nous submerge quand nous ne faisons rien plutôt que stimulés par l'amour et l'engagement vrai dans le changement.

Je dis surtout que se culpabiliser ne sert à rien, tandis que se responsabiliser vraiment peut tout changer.

Le monde que nous voyons à l'extérieur est le reflet de celui que nous portons à l'intérieur. Il me paraît vain de déplorer le rejet, la misère, la division et la confusion à l'extérieur sans immédiatement nous responsabiliser par rapport à notre hygiène de conscience (nettoyage, maintenance et alimentation de notre conscience), à notre respect pour nous-mêmes et pour nos proches, à notre union et à notre réconciliation intérieures, à notre clarté de conscience.

Chapitre 5

Gym, hygiène et diététique du cœur et de la conscience

*Il est bizarre que tout le monde cherche à être beau physiquement,
alors qu'il est à la portée de n'importe qui d'être beau moralement
et que personne n'en fait la gymnastique.*

JEAN MARAIS

S i, pour une raison ou pour une autre — maladie, accident, fracture —, vous vous retrouvez immobilisé, cloué au lit un certain temps, vous aurez besoin de prendre concrètement soin de différents aspects de votre santé pour récupérer pleinement votre vitalité et votre liberté de mouvements. Vous prendrez d'abord une bonne douche pour vous laver des moiteurs et vous tonifier des langueurs de l'immobilisation. Vous aurez sans doute aussi besoin d'un travail plus ou moins long, selon le cas, de kinésithérapie, de physiothérapie ou de gymnastique pour réveiller ce qui s'est ankylosé, assouplir ce qui s'est raidi, muscler ce qui peut s'être atrophié et donner de l'amplitude à ce qui s'est engourdi ou resserré en vous. Vous aurez ensuite besoin de vous nourrir sainement d'aliments frais et variés. Enfin, il est vraisemblable qu'une petite cure de vitamines s'imposera pour que vous puissiez retrouver votre élan.

Comme vous aurez ainsi eu l'occasion de mesurer combien la vie devient bien vite pénible quand on perd la santé, une fois la forme retrouvée, vous vous jurerez de ne plus la perdre. Et, par priorité dans votre quotidien, vous vous arrangerez pour consacrer temps et attention à l'oxygénation, au mouvement et à l'assouplissement, à l'hygiène corporelle et au repos, à l'évacuation des déchets et des toxines et à une diététique élémentaire. Au cas où vous n'y auriez pas pensé vous-même, toutes ces mesures vous seraient bien sûr recommandées par n'importe quel praticien de la santé et vous paraîtraient parfaitement de bon sens. Vous vous appliquerez donc avec l'assiduité voulue aux exercices et ne ménagerez pas vos efforts pour retrouver la santé qui, parce qu'elle vous a manqué, vous est enfin apparue si précieuse.

Vous voyez bien sûr où j'en viens : la santé, la vitalité, la forme affective, psychique, spirituelle (quel que soit, à ce point de vue, le mot qui ait du sens pour vous) nécessitent, si nous les avons perdues et souhaitons les retrouver, les mêmes soins et la même attention prioritaire que la santé physique. Je dis cela pour vous inviter à ne pas lâcher l'exercice dès qu'il devient difficile et requiert des efforts.

DÉSENGOURDIR L'ENGOURDI, RÉVEILLER L'ANKYLOSÉ

Dans la plupart des cas, ce qui est difficile et requiert attention et efforts, c'est davantage de retrouver la santé que de la conserver. Rappelez-vous les étapes de l'apprentissage décrites plus haut. C'est bien l'apprentissage qui requiert surtout efforts laborieux et attention soutenue. Une fois l'apprentissage intégré, et pour autant qu'une pratique régulière soit maintenue, une aisance plus grande puis davantage de maîtrise s'installent petit à petit, requérant de moins en moins d'efforts laborieux et ne nécessitant plus qu'une attention confiante.

La formule de Jean-Yves Leloup,

> **« Ce n'est pas le chemin qui est difficile,**
> **c'est la difficulté qui est le chemin. »**

peut nous éclairer sur ce processus de recouvrement de la santé. La difficulté en question n'a pas tant trait au *profond bien-être intérieur dans la communion* que nous recherchons (qui, lui, est toujours là, facile d'accès si nous nous y éveillons). La difficulté a davantage trait à notre manque culturel d'habitude du *profond bien-être intérieur dans la communion*.

De toute évidence, nous n'avons pas une culture du *profond bien-être intérieur dans la communion*, que ce soit sur le plan personnel, familial, professionnel ou social. La structure des valeurs de notre culture nourrit et est nourrie par nos éducations et nos systèmes éducatifs. Nos éducations, malgré les belles intentions qui les sous-tendent, nous ont souvent à la fois tirés de nous-mêmes, de notre intériorité, et coupés de notre appartenance à l'Univers. (Je veux dire par là que nous sommes entrés dans un rapport de pouvoir et de tentative de maîtrise du monde naturel, au lieu de maintenir le rapport de collaboration, de coopération, d'intelligence intime entre l'homme et la nature qui semble avoir eu cours dans de nombreuses civilisations. En restant dans ce rapport de pouvoir, nous nous sentons forcément séparés, divisés, isolés, donc pas en communion.)

Il y avait des raisons compréhensibles à cette division : d'abord manger, s'abriter, survivre ; ensuite s'assurer plus de sécurité, d'hygiène et de confort ; puis générer des richesses. Les raisons compréhensibles n'empêchent pas les effets malheureux. Ainsi, à force de *faire*, d'agir, de privilégier l'intelligence rationnelle, de concentrer notre énergie et notre créativité sur la logistique et l'intendance, d'acquérir des compétences pour maîtriser l'extérieur en perdant contact avec notre intériorité et la maîtrise de celle-ci, nous sommes comme Adam et Ève : en exil, tant de nous-mêmes que du paradis, de notre appartenance conviviale à la nature et à l'Univers. Nous voici dès lors souffrant de mille souffrances, cloués par anémie sur un lit de peurs, de croyances et d'habitudes, ne quittant guère la chambre, cette pièce fermée décrite au chapitre premier dont nous avons fini par croire qu'elle constituait le seul espace de vie.

Par conséquent, sauf si nous manifestons des dispositions de cœur particulières, le chemin pour arriver à ce *profond bien-être intérieur dans la communion* peut effectivement paraître au départ bien difficile, puisqu'il s'agit de s'éveiller d'une longue torpeur, de se relever d'une longue immobilisation.

Chaque difficulté joue alors le rôle de panneau indicateur, qui renseigne sur l'étape de transformation suivante vers plus d'aisance et de maîtrise. Je sais, bien sûr, que certains panneaux paraissent impossibles à déchiffrer et — d'autant que la douleur de l'étape peut être immense — qu'ils requerront de nous la patience et la détermination de Champollion, ainsi qu'un grand courage. (Nous retrouvons là les principes d'alternance et du présent ouvert.) Dans ce cas, la plus grande souffrance résulte surtout de se croire seul avec sa souffrance.

NOUS NE SOMMES PAS TOUT SEULS

Lorsque nous sommes *mal heureux*, en souffrance, notre réflexe est souvent de nous enfermer en nous-mêmes, non pas pour nous écouter de façon libérante et guérissante, mais pour ressasser nos blessures ou nous plaindre. Cette attitude est souvent basée sur la croyance : « Je suis seul à pouvoir me comprendre. Personne ne peut imaginer ce que je vis » ou « Si j'en parle, on me jugera nul, incompétent ou faible. On me rejettera. »

J'ai constaté ces croyances des centaines de fois. Et un nombre quasi équivalent de fois, j'ai pu constater le bienfait considérable qu'il y a à partager, à échanger, à oser se montrer vulnérable, à entendre que le parcours des autres est également semé d'embûches, à prendre conscience que nous ne sommes pas tout seuls et séparés, que nous sommes une communauté d'êtres vivants, tous en cours de transformations plus ou moins approfondies et satisfaisantes. Il est vrai que les personnes viennent souvent chercher, en thérapie ou en groupes de paroles, la sécurité qu'elles ne trouvent pas dans leurs relations pour s'ouvrir vraiment. Non qu'elles manquent de relations, d'affection, d'amitié, mais que, ici également, la culture ambiante fait que leurs relations, même d'amitié, sont plus branchées action-réalisation-performance-commentaires que cœur-conscience-intériorité-parole vraie.

Je rêve d'un monde où nous aurions développé, d'apprentissage en apprentissage, tellement de justesse et de respect entre nous dans l'expression, l'accueil et l'écoute que la profession de thérapeute rejoigne, au Musée des Arts et Métiers, toutes celles qui sont devenues inutiles, obsolètes.

En attendant, pour favoriser l'accomplissement de ce rêve, je vous propose encore quelques notions clés pour le rétablissement et le maintien de la santé de notre cœur et de notre conscience. Je les évoque juste très brièvement, conscient que ces notions mériteraient chacune un ouvrage à part entière et que leur apprentissage peut représenter le chemin de toute une vie. J'en suis moi-même encore régulièrement l'apprenti laborieux.

QUELQUES APPRENTISSAGES CLÉS
Apprendre à faire ses deuils

Meurs et deviens.

Christiane Singer

Être heureux, c'est aussi apprendre à faire de multiples deuils. Cette notion est souvent méconnue parce que largement attribuée à la seule circonstance de la mort. S'il est rare que nous soyons préparés à faire le deuil de nos proches lors de leur mort, il est encore plus rare que nous soyons préparés à faire tous les autres deuils, petits ou grands, que nous amènent les petites morts successives des parties de nous-mêmes que nous avons à laisser en chemin parce qu'elles ne sont pas essentiellement nous.

Nous ne sommes pas préparés à ce qu'un peu de nous meure chaque jour afin qu'un peu plus de nous puisse vivre chaque jour. N'avons-nous pas au cœur de nous-mêmes le rêve de n'avoir rien à quitter jamais comme celui de n'*être quitté* par rien? Rappelez-vous la peur existentielle d'être séparé.

Il y a pourtant tant de choses à lâcher pour pouvoir avancer et se réunir vraiment. Deuil de l'enfance, de la jeunesse, puis de l'âge mûr, deuil de la forme physique, de la santé, de la beauté, de la vitalité, deuil des parents idéaux dont nous aurions rêvé, deuil des projets et des rêves inaccomplis, deuil des amis qui ne nous accompagnent plus, deuil des lieux que nous aimions, deuil de toutes les options délaissées par nos choix, deuil des deuils que nous aurions voulu faire plus tôt... Nous avons sans arrêt de multiples deuils à faire. À nouveau, le deuil est un ingrédient de la vie. Et, sur ce plan, nous pouvons être sûrs de deux choses: nous ne ferons pas l'économie de deuils successifs et nous ne goûterons certainement pas le *profond bien-être intérieur dans la communion* si nous n'apprenons pas à faire le deuil. Nous avons besoin d'apprendre à pleurer ce qu'il y a à pleurer, afin d'être ouverts et disponibles pour nous réjouir de ce qui est réjouissant.

De nouveau, dans nos cultures de l'action, de la performance et de la satisfaction immédiate et superficielle, il n'y a pas de place pour le deuil. Dans une société où tout s'achète et se jette, rien ne meurt. Si tout prétendument peut se payer, se jeter ou se racheter, le deuil est beaucoup trop menaçant: il indique que certaines choses ne sont pas négociables, jetables ni rachetables parce qu'elles échappent au commerce des hommes. Le deuil indique qu'il existe donc un ordre des choses sur lequel l'homme n'a pas prise. Il met un terme au rêve que tout demeure possible tout le temps — nous sommes puissants, mais pas tout-puissants.

Nous n'apprenons donc pas à pleurer et à *pleurer à bon escient*, c'est-à-dire en acceptant les transformations et les passages nécessaires. Nous tentons souvent de nous enfermer dans un cocon, une coquille d'habitudes.

Le sens de l'œuf n'est pas l'œuf

Si parfait soit-il dans sa forme arrondie, le sens de l'œuf, ce vers quoi l'œuf tend, mène ou va, c'est le poussin, l'omelette ou la pâtisserie! Le sens de l'œuf est de s'ouvrir et de se transformer. Par conséquent, le sens de la coquille est de se briser, pas de tenter de demeurer parfaite et close. L'œuf que vous garderiez intact par fascination pour sa forme ou pour tenter de protéger ce qu'il contient aura tôt fait de vous faire sentir qu'il n'est pas sur sa voie!

J'avais vingt ans lorsque ma mère est morte, après moins d'un mois d'un cancer fulgurant. Pas le temps de me préparer, pas le temps de le vivre, pas éduqué à pleurer: je me blinde. «Un homme, ça ne pleure pas, d'ailleurs on n'est pas là pour rigoler.» Je me suis trouvé renforcé dans ma croyance, alors que je quittais le cimetière avec mes trois frères autour de mon père très digne, lorsqu'une de mes bonnes amies est venue me prendre affectueusement par le bras en me chuchotant: «Vous êtes beaux et courageux, les quatre frères avec votre père, pas une larme! C'est magnifique!» Elle était chaleureuse et croyait sincèrement m'encourager.

J'ai mis quinze ans à prendre conscience que je n'avais pas fait le deuil de ma mère et de tout ce que nous avions à nous dire, que dans mes scénarios amoureux à répétition, il n'y avait au fond pas de vraie place pour une femme tant que je n'avais pas fait mes adieux à la première femme de ma vie. Faire ses adieux, pour moi, c'est prendre le temps de se dire tout ce qu'on a à se dire. Je ne pouvais donc me réjouir vraiment d'une relation nouvelle tant que je n'avais pas pleuré vraiment cette relation première. J'ai ainsi commencé à comprendre le principe d'alternance. Les deuils sont des passages obligés si nous voulons grandir;

différents deuils — de douloureux à extrêmement douloureux — de parties de moi et de ma vie se sont chargés de me le confirmer. Je sais maintenant que nous aurons à pleurer bien des séparations et des renoncements, qu'ils adviennent dans nos vies sans que nous les ayons choisis délibérément ou qu'ils soient simplement la conséquence de nos choix conscients.

Larmes de consolation, larmes de transformation

Je parle bien de pleurer vraiment, à bon escient, c'est-à-dire d'accepter que c'est en entrant profondément dans sa peine, en la regardant bien en face, quitte à ce que cela fasse très mal, que l'on peut en sortir. C'est cette friction-là qui est transformante et qui permet petit à petit de se rouvrir à la joie. Je ne parle donc pas de pleurer pour se consoler en tentant d'éviter la douleur; ces larmes-là nous entretiennent dans la souffrance que nous n'acceptons pas de traverser.

Être heureux, c'est aussi accepter de pleurer.

Je pense à une amie que j'ai accompagnée dans le deuil de son fils. Nous avions prévu des rendez-vous réguliers pendant plusieurs jours. Chaque rendez-vous lui rendait plus supportable sa journée de confrontation solitaire à l'absence. En entrant chaque fois dans sa douleur, dans sa révolte et sa déchirure, elle décrivait l'impression d'avoir le ventre labouré par le soc d'une charrue ou incendié par une vague de feu. Elle hurlait sa douleur et en tombait presque inconsciente. Je lui donnais mes deux mains à tenir, à broyer plutôt, ou je la serrais dans mes bras pour tenter de la sécuriser en la soutenant au passage du spasme de la douleur. Je l'invitais à accepter ce passage du soc ou de la vague, à ne pas ajouter à la douleur la résistance à la douleur, à garder la conscience qu'elle n'était pas physiquement déchirée par une charrue ni brûlée par le feu, qu'elle survivrait donc à ces séries de contractions brûlantes et violentes qui rappelaient les douleurs de l'accouchement.

En pleurant son fils, c'était d'elle-même qu'elle accouchait, d'une nouvelle elle-même.

Si elle est aujourd'hui en paix et qu'elle se consacre à son tour à l'accompagnement d'êtres dans la souffrance, elle aurait pu rester sa vie durant au bord de la sienne sans rien transformer.

Rappelons-nous que, faute de bien connaître nos sentiments, nous en avons peur. Nous avons donc tendance à nous consoler nous-mêmes ou à nous faire consoler plutôt qu'à traverser notre souffrance, ou encore à consoler l'autre plutôt qu'à l'accompagner dans sa souffrance.

Mon amie savait, pour l'avoir appris et accepté, que pour retrouver la joie d'être en vie, elle avait d'abord à pleurer vraiment la mort.

> **Je suis né dans un monde qui commençait**
> **à ne plus vouloir entendre parler de la mort et**
> **qui est aujourd'hui parvenu à ses fins, sans comprendre**
> **qu'il s'est du coup condamné à ne plus entendre**
> **parler de la grâce.**
> CHRISTIAN BOBIN[14]

Il me semble que si nous apprenions plus tôt à faire nos deuils, petits ou grands, nous ferions l'économie de la souffrance additionnelle qui résulte de la résistance à la souffrance, de la fuite, du déni, voire du cynisme qui découlent souvent de notre incapacité à traverser la souffrance, et nous enferment dans notre coquille close.

Souffrance pour souffrance, à tout prendre, pourquoi ne pas accepter celle qui libère et transforme?

---

14. *La présence pure*, Cognac, Le Temps qu'il fait, 1999.

« L'amour qui lie l'homme et la femme à l'amour n'entrouvre son mystère qu'à ceux qui ne craignent pas de souffrir. Attention, je ne dis pas "qui aiment souffrir" mais qui ne reculent pas devant les passages obligés de la souffrance, qui ne rebroussent pas chemin quand il s'agit de passer à gué à travers la pierraille d'un torrent violent. »

CHRISTIANE SINGER[15]

Accepter les conséquences de sa liberté

Pour le type qui fait Bruxelles-Pékin,
le problème n'est pas d'arriver à Pékin
mais de quitter Bruxelles.

JACQUES BREL

Peut-être que ce que je vais vous dire de la liberté vous paraîtra évident. Cependant, je suis surpris, quasiment tous les jours, de voir comme ces notions sont peu couramment et peu consciemment intégrées.

Nous aurons bien de la peine à être heureux tant que nous n'aurons pas compris et pleinement accepté cet autre principe de base de la vie: notre liberté ne peut exister que dans la contrainte acceptée. En effet, notre liberté s'exerce dans les limites de l'espace et du temps, donc tout n'est pas possible en même temps et au même endroit. Ainsi, à un carrefour, si nous prétendons conserver la liberté de prendre tous les chemins quand nous le voulons, comme nous le voulons, nous resterons prisonniers du carrefour. Si nous voulons par contre exercer notre liberté d'avancer, cet

---

15. *Où cours-tu? Ne sais-tu pas que le ciel est en toi?*, Albin Michel, 2001.

exercice comportera par nature la renonciation à tous les chemins que nous ne prendrons pas. Ce n'est pas *contre nous*, c'est *pour nous*, pour nous permettre d'être libres d'avancer. Si nous sommes libres de regretter notre choix et de revenir au carrefour, le choix d'un autre chemin comportera la même renonciation à tous les autres.

Ainsi être libre, c'est être capable de renoncer, de faire le deuil des options qui ne sont pas choisies, des libertés qui ne sont pas exercées. Cela vous paraît évident? Vérifiez donc, si vous êtes étudiant, qu'en exerçant votre liberté d'apprendre, vous avez bien accepté que cela se fasse en des lieux déterminés et à des heures fixes (sauf dans les cas de formation par correspondance, qui comportent d'autres conséquences) et selon des programmes que vous n'avez pas établis et au sein desquels peut-être tout ne vous convient pas.

Vérifiez, si vous êtes enseignant, qu'en exerçant votre liberté d'enseigner, vous assumez les conséquences de votre choix de travailler avec cette matière humaine vivante, changeante et rebelle aux contraintes dont elle ne voit pas le sens.

Vérifiez qu'en choisissant et en rechoisissant de vous engager dans une vie de couple et de famille, vous avez bien accepté de lâcher tranquillement les autres options de vie affective ou professionnelle qui vous tenaient également à cœur.

Vérifiez si, en choisissant tous les jours de repartir à votre travail même si vous ne l'aimez pas du tout, vous êtes au clair avec les besoins que ce travail satisfait et en paix avec les options écartées ou laissées en veilleuse.

N'oublions pas que ce qui fait la différence entre l'acceptation et la résignation, c'est la joie ou l'amertume. Si vous avancez sur le chemin choisi, tout encombré de l'amertume du regret de n'en avoir pas pris un autre et sans pour autant rebrousser pour changer, vous vous ménagez à coup sûr du temps bien inconfortable. Alors, à tout prendre, inconfort pour inconfort, pourquoi ne pas accepter celui de faire le deuil des options non retenues?

> Être libre et heureux, c'est faire ce qu'on a choisi
> de faire, en accueillant pleinement les conséquences
> désagréables de ses choix.

Aimer le cours du temps

Comment rester sur place
alors que le temps glacé fond entre nos mains brûlantes !

PAUL MORAND

J'ai longtemps fait mienne cette citation de Paul Morand, tout grisé que j'étais par la course du hamster. C'est vrai que j'ai plus entendu des «on n'a pas le temps», «dépêchez-vous», «vite vite», «quand on aura le temps», «si on avait le temps…» que des «prends ton temps», «prenons le temps», «gardons-nous du temps», «goûtons le temps…»! J'ai ainsi longtemps vu le temps comme un ennemi contre lequel j'avais à me battre, ou en tout cas, comme une denrée rare, qui plus est périssable, nécessitant une vigilance de tous les instants si je ne voulais pas en tomber à court… Pour ce qui est du rapport au temps, j'ai donc grandi dans une ambiance de rationnement, pas d'abondance.

Passée la période plus détendue des études, les quinze premières années de ma vie professionnelle ont sérieusement été conditionnées par cette ambiance-là: la course du hamster, chrono en main! Depuis quelques années, je suis attentif à changer petit à petit mon rapport au temps, ce qui améliore significativement ma qualité de vie. Je dis bien petit à petit car l'encodage est profond: plus qu'une habitude de fonctionnement ou un scénario psychiquement intégré, c'est chacune de mes cellules que j'ai laissées se programmer pour la course. J'ai mis du temps à prendre conscience de cet encodage physique, pratiquement clandestin, dans mon organisme. Il m'est apparu clairement il y a quelques années.

La programmation clandestine

Nous étions, Valérie et moi, en vacances en amoureux pour trois jours au bord de la mer à la mi-septembre. Plage déserte, doux soleil couchant et gin tonic. Ma tête me dit «tout est bien», mon cœur me dit «je suis détendu et heureux», mon corps me dit «où court-on?».

Je sentais sous ma peau comme une cuirasse de guerrier prêt à la lutte, une tension de marathonien prêt à la course, la tension de mes cellules agitées, incapables de ralentir, de se poser et de se reposer, alors que je n'avais pas de souci en tête, ni de rendez-vous, ni aucune urgence à traiter.

J'ai compris que j'avais à déprogrammer en moi des informations que mon travail de conscience et des exercices de relaxation simples ne parvenaient pas seuls à atteindre. Malgré l'évolution générale de ma vie vers un rythme beaucoup plus satisfaisant, mes cellules conservaient l'information ou le message: «C'est la course ou le combat, faut être prêt à courir ou à se battre», et ce, pas seulement ce soir-là sur cette plage, mais quasiment tous les jours. De cette anecdote, je déduis deux choses:

1. *malgré* les circonstances idylliques de cette soirée de septembre et le travail sur moi-même fait depuis des années, j'étais encore devant un obstacle à mon *profond bien-être intérieur dans la communion*. Cela illustre les stades de l'apprentissage que j'évoquais à la page 163, où je signalais que nous cheminions d'apprentissage en apprentissage. Devenu *inconsciemment plus compétent* à la suite de divers apprentissages, je me retrouvais, malgré tout, *inconsciemment incompétent* sur cette plage, puis *consciemment incompétent* devant ce nouvel apprentissage: désencoder mon corps de sa vieille programmation devenue obsolète;

2. *grâce à* ces circonstances idylliques et à tout le travail fait sur moi, je me retrouvais très disponible pour bien écouter, ressentir et discerner ce qui se passait en moi et sur quel plan. Avant, j'aurais pesté contre la fatigue accumulée, je me serais plaint de mon propre choix d'emploi du temps trop chargé dans les semaines précédentes, et je me serais peut-être même chamaillé avec Valérie pour saboter notre bien-être. J'aurais repris un second gin tonic pour me détendre, ou m'assommer, sans rien transformer !

Voyez, j'étais encore inconsciemment dans le piège, pris dans la cuirasse du guerrier performant auquel j'ai longtemps joué. C'est en prenant conscience du piège que j'ai trouvé le goût d'en sortir. Je me suis donc intéressé à deux approches de la mémoire du corps qui m'ont bien éclairé et aidé : la méthode de libération des cuirasses (MLC) proposée par Marie Lise Labonté[16] ainsi que la méthode de l'analyse et de réinformation cellulaire (ARC) du professeur Michel Larroche[17]. Brièvement, je dirais que ces deux méthodes permettent de comprendre et de défaire les encodages subtils qui se font inconsciemment dans notre corps. En effet, les émotions et les élans longtemps contenus créent des tensions et des raideurs, des fixités qui peuvent être cause de douleurs et de maladies récurrentes.

Je suis souvent émerveillé de vivre à une époque qui, en dépit des horreurs et des tragédies, donne naissance à de nouvelles méthodes en matière de compréhension et de soins de la santé physique et psychique considérée comme un tout, méthodes bien structurées, traduisant une intelligence complète

---

16. Marie Lise Labonté est psychothérapeute, formatrice, conférencière internationale et auteur de nombreux ouvrages sur l'autoguérison et la MLC. Elle enseigne au Québec, en France, en Belgique, en Suisse et en Espagne la méthode qu'elle a mise au point et qui lui a permis de guérir d'une maladie qui la condamnait au fauteuil roulant à vingt ans (site Web : www.marieliselabonte.com).

17. Michel Larroche est docteur en médecine, homéopathe et acupuncteur, formé à différentes méthodologies énergétiques. Il a mis au point l'ARC et donne des formations à de nombreux thérapeutes de toutes disciplines. Il est l'auteur du livre *Mes cellules se souviennent*, Guy Trédaniel, éditeur, 2000.

de l'être en replaçant celui-ci dans son contexte global cœur-corps-esprit et son chemin de vie.

Quoi que prétendent les croyances de nos sociétés, souvent emportées par la course du hamster à l'échelle nationale ou internationale, nous pouvons individuellement apprendre à changer notre rapport au temps. Nous pouvons apprendre à le voir comme un ami, un allié qui nous permet d'obtenir dans nos jardins la récolte de ce que nous avons semé et entretenu. Comme tout apprentissage, celui-ci requiert également de la détermination et de la régularité. Si nous ne pouvons pas (ou ne voulons peut-être pas) d'emblée changer la structure dans laquelle nous fonctionnons (notre cadre et notre horaire de travail, nos engagements familiaux et autres), nous pouvons changer notre façon à nous d'être et de vivre au sein de cette structure.

Aujourd'hui, je tiens davantage à me dire, en paraphrasant l'épigramme de Paul Morand : «Comment ne pas *être là* alors que le temps tranquille fait mûrir le vin dans les caves, le blé dans les champs, la profondeur dans nos relations, la paix dans nos cœurs!», et à contribuer un peu par ma façon d'être à ce que mes filles nourrissent un rapport au temps paisible, confiant, aimant.

Éviter l'intoxication aux mauvaises nouvelles

> *Dans notre fascination pour l'horreur,*
> *nous avons oublié la puissance de la Beauté.*
>
> GUY CORNEAU

Il me semble qu'il ne viendrait à l'idée de personne de ne manger durablement et systématiquement que des nourritures périmées, avariées ou même simplement surgelées, lyophilisées, en conserve. Nous prenons, semble-t-il, assez largement soin d'une diététique élémentaire : nous tentons autant que possible de manger du frais, du sain, du vivant.

Il nous arrive pourtant de nous gaver de mauvaises nouvelles, d'échecs, d'accidents, de catastrophes, de carnages, d'épidémies et de tragédies, et ce, parfois jusqu'à la nausée ou l'indigestion. Et nous nous étonnons de nous retrouver anémiés, sans élan et sans joie, sans immunité naturelle contre les mauvais coups et les mauvais sorts!

Si nous ne prenons garde à notre diététique de conscience, nous risquons l'intoxication, voire l'empoisonnement aux mauvaises nouvelles. À ce propos, j'ai régulièrement entendu: «Il faut quand même rester au courant de ce qui se passe dans le monde, il faut être informé!» Je m'interroge sur la raison cachée de cette incantation, exprimée souvent de manière dogmatique, et je me demande s'il n'y a pas là une fuite donnant bonne conscience devant quelques questions existentielles trop inconfortables à entendre. À quoi cela nous sert-il, et qui d'autre cela sert-il, que nous soyons informés de tragédies sur lesquelles nous n'avons aucun pouvoir d'action? La plupart du temps, cela ne nous amène que sentiments de révolte et d'impuissance, état qui peut même nous empêcher de voir le pouvoir d'action que nous aurions là où nous sommes, avec les gens qui nous entourent, pour des problèmes proches de nous. C'est le comble!

Si je tiens à savoir ce qui se passe dans le monde, c'est dans la même mesure que j'aime avoir des nouvelles des communautés humaines dans lesquelles je vis: cercles de famille et d'amis, équipes de travail, village ou quartier. Je tiens à connaître les mauvaises nouvelles pour compatir et les bonnes pour fêter. Pour moi, cet échange-là tisse la communauté à travers l'alternance du rythme de la vie. Je constate que dans la plupart des communautés que je connais, il y a, mettons, en gros 95 % de bonnes nouvelles pour 5 % de moins bonnes ou de franchement mauvaises (et encore, qu'est-ce qu'une mauvaise nouvelle au sens des deux principes de l'alternance et du présent ouvert?).

Quand les médias prétendent m'informer de l'état de la communauté mondiale, c'est la proportion inverse! Je ne parviens donc pas à les croire lorsqu'ils annoncent qu'ils nous donnent les nouvelles du jour ou de la semaine. Ils ne nous donnent pas les vraies nouvelles dans leur juste mesure. Ils nous communiquent les nouvelles sélectionnées par le filtre d'une culture anémiée, en exil de longue date de son *profond contentement intérieur dans la communion* et qui a pris, faute de mieux, l'habitude de ne sentir l'intensité de la vie qu'en palpitant dans l'horreur et l'urgence. Les médias ne sont ainsi que le reflet de la culture ambiante dont nous sommes individuellement les animateurs.

Les nouvelles du jour sont bien plus belles et généreuses que ce qui résulte de ce filtrage. Évidemment, j'ai souvent entendu cette autre incantation : « Oui, mais tout ne va pas bien dans le monde, il faut quand même être conscient et objectif ! »

Certes, soyons-le ! S'il arrive qu'un avion s'écrase ou qu'un train déraille, que des familles se trouvent ainsi déchirées par le deuil et que cela mérite bien sûr toute notre compassion et notre solidarité, objectivement, il y a infiniment bien plus d'avions qui se posent intacts, de trains qui arrivent à l'heure, donc de familles qui se trouvent réunies dans la joie après des séparations, et cela mérite toute notre admiration pour les merveilles de la technologie et de l'organisation humaine.

S'il arrive qu'un médecin, un avocat, un policier, un banquier, un enseignant, un homme politique, commettent une erreur ou une faute — et, oubliant que l'erreur fait partie de notre humanité — nous avons tôt fait de reprocher aux autres ce que nous ne voulons pas voir en nous. Il y en a des milliers qui font leur travail avec dévouement, intégrité et créativité.

Nous oublions de donner sa juste part d'admiration et de reconnaissance à tout ce qui est, à tout ce qui va bien, se passe bien, se dénoue bien. Nous nous contentons souvent de montrer du doigt ce qui manque, ce qui coince, ce qui fait mal, ce qui rate. Ce faisant, nous nous nourrissons de mauvaises nouvelles et nous nous dévitalisons. Ce qui ne serait encore rien. Mais nous devenons morbides, agressifs et cyniques, ce qui me paraît tragique.

251

« Arrosez les fleurs, pas les mauvaises herbes. »
FLETCHER PEACOCK

Alors même que je voulais commencer mon travail de connaissance de moi-même, j'ai pris conscience que l'accumulation de mauvaises nouvelles, combinée avec l'absence complète de pouvoir d'action, me faisait perdre mon énergie, ma vitalité et ma motivation à changer de vie. À force de tout absorber sans filtre ni recyclage, je finissais par entrer doucement en dépression : «À quoi bon évoluer, changer, me transformer, puisque tout va mal, et qu'il n'y a quand même rien à faire!» Je ne me reconnaissais pas : moi qui ai tant d'énergie quand je vois ce que je peux faire, j'étais à plat. J'ai donc cherché à trouver ce que je pouvais faire.

En acceptant mon impuissance à agir sur les situations lointaines, j'ai cherché plus près à trouver ma puissance et mon pouvoir d'action. J'ai arrêté systématiquement d'écouter les mauvaises nouvelles et je me suis consacré à mon projet : j'ai perçu que si j'allais mieux et que je trouvais mon axe, j'aurais la capacité d'aider les autres à aller mieux et à trouver le leur. Imaginez ma joie intime et ma détermination lorsque j'ai pris conscience que prendre soin de moi m'ouvrirait et me permettrait d'aider les autres à prendre soin d'eux! J'ai alors mis toute ma force, ma sensibilité et mon intelligence dans ce projet. Je me suis protégé des mauvaises nouvelles systématiques et quotidiennes, non par indifférence (ce que je souhaitais connaître du monde me parvenait toujours à temps par mes relations), mais par choix de réserver mon énergie et ma disponibilité à ce qui me paraissait plus généreux et plus joyeux en bout de course que de ressasser ce qui va mal.

Pendant des années, je me suis contenté de survoler la presse, pas plus d'une fois par semaine, *en consacrant avec vigilance au moins autant de temps à tout ce qui va bien qu'à tout ce qui va mal.* J'ai pris des distances prudentes par rapport aux personnes qui critiquent et se plaignent sans rien transformer dans leurs vies ; j'ai côtoyé des gens qui changent, bougent et se transforment, et nous avons partagé nos doutes et nos difficultés comme nos joies et nos découvertes.

Pour changer ma vie comme je voulais la changer, j'avais besoin de toute ma vitalité, donc de m'assurer, par une véritable diététique de conscience, d'être sainement nourri et de bien éliminer : « De quoi est-ce que je nourris mon esprit ? Qu'est-ce qui me stimule ou m'abat ? Qu'est-ce qui me vitalise ou m'éteint ? Quels sont mes élans et mes doutes ? Comment est-ce que j'intègre le bon, le beau ? que j'évacue le laid et le mauvais ? »

Aujourd'hui, je travaille avec beaucoup de gens en peine et en difficulté. Ils n'ont pas que de bonnes nouvelles ni de belles choses à raconter. Toutefois, malgré beaucoup de souffrances, il y a une bonne nouvelle : ils ont décidé de changer ce qu'ils peuvent changer, c'est-à-dire beaucoup plus que ce qu'ils croyaient en commençant.

La vitamine du beau et du bon

Imaginez un peu que les médias décident d'une nouvelle éthique 50/50 : moitié bonnes nouvelles, moitié mauvaises nouvelles. Permettez-moi de croire que nos énergies, nos créativités, nos élans se déploieraient très rapidement et que cette stimulation à large audience pourrait significativement changer notre façon de vivre ensemble. Voyez simplement la puissance de votre joie, le bien-être et la confiance qui se dégagent déjà quand, dans les 5 % consacrés aux bonnes nouvelles, vous entendez par exemple que la recherche sur le cancer ou le sida a mené à une découverte extraordinaire, que des otages ou des prisonniers politiques ont été libérés, qu'un disparu a été retrouvé. Les bonnes nouvelles nous stimulent plus que les vitamines. Mais je n'accable pas les médias : c'est à nous de changer puisqu'ils nous servent ce que nous aimons.

Ainsi, nous pouvons puiser une grande ressource de bien-être durable, et qui plus est gratuite, en contemplant ce qui est beau, en célébrant ce qui est bon. Il y a dans la beauté et la bonté (tant celles de la nature, de la musique, d'une œuvre d'art, d'une personne, d'une attitude humaine que celles d'une table dressée, d'un plat cuisiné, d'un vêtement élégant, d'un objet tout simple ou d'un éclat de lumière…) une vibration qui nous parle directement de celle qui habite nos cœurs. Nous disons d'ailleurs «cela me fait vibrer» et c'est bien ce dont il s'agit. Nous pouvons donc stimuler la vibration de la vie en contemplant, en admirant, en savourant, en nous réjouissant et en partageant cette joie.

Cela vous étonne? Appliquez-vous-y : acceptez de vous laisser surprendre par les grandes et belles choses comme par toutes ces petites choses pas forcément belles mais qui vont bien. Il y en a infiniment plus que ce dont nous avons conscience. Rappelons-nous la citation de Bouddha évoquée plus haut: nous sommes distraits! Ces petites choses requièrent notre attention, peut-être même notre humilité.

Si vous ne voyez vraiment rien à célébrer, rien pour vous réjouir même de manière infime, portez simplement votre attention à votre respiration et au battement de votre cœur (si ce silence avec vous-même ne vous fait pas trop peur…). Votre respiration et votre cœur vous sont intimement fidèles, quoi que vous traversiez. Prenez doucement conscience de cette fidélité, de cette loyauté indéfectible, et constatez que, si déprimé et désabusé que vous puissiez être à ce moment, il y a encore en vous ne serait-ce que la vitalité nécessaire pour inspirer la prochaine bouffée d'air, pour accueillir le prochain battement de cœur. Et acceptez de repartir de là, de cette question-là: qu'est-ce qui, en vous, vous maintient encore en vie malgré votre désarroi? Et puis, que vous dit cette vie primale qui bat et respire en vous?

J'aime cette proposition vue je ne sais plus où: «Qu'est-ce qui vous dit avec certitude que votre mission sur cette terre n'est pas terminée? Le fait que vous soyez encore là!»

Cultiver ses élans

> *Je ne dis pas que les hommes des déserts et les moines*
> *des monastères connaissent forcément plus de joie*
> *que les hommes des villes, mais je dis que dans leur dépouillement*
> *il leur est offert moins de chance de se tromper sur la nature de leur joie.*

ANTOINE DE SAINT-EXUPÉRY

À la fin de chaque stage que j'anime, qu'il s'agisse de deux ou trois jours en ville, d'un séminaire résidentiel à la campagne ou d'un voyage d'une semaine en région désertique, je propose aux participants l'exercice de célébration consciente des sentiments agréables et des besoins comblés, décrit à la page 202. Je les invite ainsi non seulement à *stocker du bon* pour garder en eux des ressources en réserve, mais aussi à clarifier leurs élans vitaux pour les maintenir bien vivants durablement après le stage, dans la vie quotidienne.

Si, dans un atelier résidentiel, ils témoignent avoir particulièrement apprécié la liberté d'être eux-mêmes, la qualité de l'accueil mutuel, la profondeur comme la joie légère des échanges, le bien-être intime qui se dégage du fait de laisser son armure et ses masques, je leur propose de voir qu'ils peuvent décider de maintenir bien vivants en eux cet élan-là de vérité, cette franchise, cette bienveillance, même au travail ou dans le métro.

Si, dans un voyage au désert, ils ont aimé l'infini et le silence, le dépouillement et la plénitude, le goût de l'absolu comme la sobriété joyeuse des chameliers, je leur propose de constater qu'ils portent tout cela en eux et sont libres, s'ils le souhaitent vraiment, de maintenir cela vivant aussi dans les embouteillages, les contrariétés ou le train-train quotidien, dans le chahut encombrant de notre société de consommation.

L'atelier ou le voyage sert seulement de révélateur, de caisse de résonance pour chacun d'eux afin qu'ils puissent mieux entendre ce qu'ils cherchent et le retrouver plus facilement ou l'instaurer dans leur vie quotidienne. S'ils ne pouvaient goûter leurs élans que dans les stages, ils deviendraient dépendants. Or, le but du stage est de retrouver dans la vie quotidienne l'autonomie, le goût de la rencontre vraie, la présence de l'Infini.

Pour récolter ce que nous voulons profondément récolter, nous avons besoin de cultiver nos élans profonds. Curieusement, nous sommes plus habitués à ressasser nos frustrations et nos blessures que nos élans profonds. Se ménager régulièrement des moments pour se laisser habiter par son élan de vie, cela fait partie de l'hygiène de vie et requiert une certaine discipline.

Disciple de la vie

Les différents apprentissages décrits dans ce chapitre comme dans le reste du livre nécessitent tous un peu de discipline, c'est-à-dire d'accepter d'être le disciple de ce qui se passe, le disciple de la vie qui nous parle ou nous secoue pour nous réveiller.

Dans son livre intitulé *110%*, David Douillet, champion du monde de judo (qui est aujourd'hui engagé très concrètement dans des projets sociaux et incarne pour beaucoup la puissance de la détermination et la douceur de la bienveillance), décrit de façon bien humaine l'écoute de soi et le travail que nécessite l'accomplissement de ce qu'on veut: «Par expérience, j'ai appris que l'on ne peut faire des choix sensés, sereins, honnêtes et objectifs sans se connaître parfaitement. Cette notion de la connaissance de soi est fondamentale car, finalement, je serai le premier à devoir assumer la conséquence de mes choix. Il faut donc qu'ils correspondent à ma personnalité, à mon caractère, à mes capacités physiques ou intellectuelles, à mes désirs, à mon ambition. Et personne ne peut les connaître mieux que moi. Je dois donc avant tout "écouter" ce que j'ai dans le cœur et dans la tête. Me poser les bonnes questions. Qu'est-ce que j'ai envie de faire, qu'est-ce qui m'intéresse le plus, où est-ce que je me sens bien, avec qui, dans quel milieu?»

David Douillet rappelle également cette distinction entre *se passionner pour* quelque chose et *avoir la passion* : «On s'aperçoit qu'on a une vraie passion quand on accepte "l'enfer" que suppose son apprentissage avec une sorte de volupté.» Il met lui-même les guillemets qui s'imposent car le mot *enfer* est peut-être un peu fort. Mais ce qu'il dit me paraît juste.

Je suis frappé de voir combien j'ai été capable dans ma vie d'accepter toutes sortes d'*enfers* stériles, qui n'avaient pas d'autres débouchés que de me maintenir enfermé dans mon cocon d'habitudes et de conforts, ma gentille coquille close, avant d'entrer par une lente série de déclics dans l'*enfer* fertile de la transformation personnelle.

Je rencontre des gens qui se reconnaissent comme n'étant pas forcément heureux et qui aimeraient transformer leur vie ; cependant, ils consacrent beaucoup d'efforts, d'attention et d'énergie à faire des tas de choses à l'extérieur d'eux-mêmes et bien peu à transformer ce qu'ils auraient à transformer à l'intérieur. Nous voyons là le poids de l'habitude ou plutôt du manque d'habitude à jardiner notre état d'être intérieur, et il n'y a évidemment pas à juger ces attitudes.

Seulement… je me dis de nouveau qu'effort pour effort, cela vaudrait peut-être la peine de jardiner là où ça pousse !

> «Rien ne peut remplir le vide intérieur
> si ce n'est la vibration heureuse de celui
> qui devient transparent à ces élans.»
> GUY CORNEAU

RÉFLEXIONS
À TITRE DE CONCLUSION

Le mot enthousiasme vient du grec en theou atmos
qui veut dire «dans (avec) le souffle de Dieu».

Ce livre n'a bien sûr aucune prétention à faire le tour de la question «qu'est-ce qu'être heureux?». Chacune de nos vies en est une exploration et une réponse possible. Pour le clôturer, sans donc prétendre clôturer le sujet, je vous partage une dernière expérience personnelle et deux images qui me tiennent à cœur et m'encouragent quand la vie est moins facile et moins confortable à vivre.

MON PÈRE MEURT, MA FILLE GRANDIT

Il y a quelques années, c'était au tour de mon père de s'en aller après deux ans de maladie. Nous avions été bouleversés d'apprendre son cancer, lui qui semblait si solidement campé dans ses bottes de forestier ardennais.

Dans les derniers jours, nous étions rassemblés avec mes frères et ma sœur dans la maison familiale où il tenait à mourir dans son lit. Nous nous relayions à son chevet. Il était resté conscient étonnamment longtemps, bien au-delà de ce qui est habituel dans ces circonstances d'après la médecin qui l'accompagnait en soins palliatifs, avec tant d'amour et de respect. Et c'était bien son vœu : rester conscient de ce qu'il avait à vivre le plus longtemps possible, malgré l'inconfort.

Mon père et moi avions tiré profit de ce délai de vie raccourci à deux ans pour approfondir considérablement notre relation, bien au-delà de nos pudeurs et réserves d'antan. Nous avions échangé sur nos élans et nos goûts profonds avec curiosité et chaleur, parlé de connaissance de soi, de quête de sens et de passion pour la vie, au-delà de nos timidités habituelles. Nous avions abordé les sujets de la foi, de la plénitude, de l'amour infini et de Dieu bien au-delà des références et des pratiques religieuses qui lui tenaient cependant tant à cœur.

Nous étions entrés dans une relation d'être à être, au-delà des rôles père-fils, et nous avions pu nous dire non seulement notre amour, mais aussi notre profonde estime mutuelle. Je ne pensais pas pouvoir rencontrer un jour à ce point l'homme qui était mon père.

Il lui restait sans doute une journée ou deux à vivre. Un après-midi, je quitte mon tour de veille à son chevet pour rejoindre ma femme qui avait préparé le goûter d'anniversaire de notre fille Camille. Valérie aime fêter : elle avait décoré la cuisine, pendu des guirlandes, allumé les bougies devant les yeux émerveillés de Camille.

Autrefois, je me serais sans doute culpabilisé ou j'aurais tenté de culpabiliser Valérie : « Quoi, faire la fête alors que mon père se meurt dans sa chambre à l'étage ! » Cette fois, en entrant dans la pièce, je pris conscience que je voulais être à la fête avec ma femme et ma fille, aussi présent que trois minutes avant je l'étais à l'écoute de la respiration de mon père. Je ne voulais pas perdre une goutte de vie, que ce soit celle qui s'incarnait joyeusement ici en s'y déployant petit à petit ou celle qui se ralentissait doucement là-haut au point de n'être plus qu'en veilleuse, une braise qui s'éteint dans le feu au bord duquel on s'endort pour se réveiller dans la lumière du jour. Ainsi, en entrant dans la pièce, je pris conscience qu'être heureux, pour moi, ce n'est pas forcément être joyeux : c'est *être pleinement là.*

Et de cette qualité de présence à ce qui est, toute habitée de tristesse et de joie, d'impuissance devant la mort qui vient et d'émerveillement devant la vie qui va, je puis juste témoigner que se dégage cet état que je me suis proposé d'appeler, *profond contentement intérieur dans la communion* avec ce qui est vivant, avec tous les moments comme avec les formes du vivant. Je n'étais pas joyeux, j'étais en paix.

> **Être heureux, ce n'est pas forcément être joyeux, c'est être pleinement présent à ce que nous vivons.**

TRANSAT OU BOTTINES ?

Imaginez que vous preniez deux semaines de vacances dans un club au soleil : transat, parasol, mer chaude, boissons fraîches, etc. Ces vacances sont confortables : elles correspondent vraiment à ce dont vous aviez besoin pour vous reposer et vous ressentez une certaine qualité d'être en vous et une certaine qualité de relation avec l'univers alentour.

Imaginez maintenant que vous disposiez par chance de deux autres semaines de vacances et que vous choisissiez, pour changer, de faire une randonnée en montagne. Vous vous équipez de bottines, sac à dos, matériel de camping et de survie, eau et provision, et en avant ! Inévitablement, ces vacances seront moins confortables : cloques aux pieds, tendinite, coups de soleil, orages de montagne et piqûres diverses, ronces et torrents glacés, nuits à la belle étoile et insolation… ! Mais ne me dites pas que, tant au long du chemin et à travers toutes ces embûches qu'en arrivant où vous vous êtes promis d'arriver, vous ne goûterez pas une qualité d'être plus satisfaisante encore, aussi bien en vous-même que dans votre relation à l'univers alentour. Les multiples inconforts traversés, qui sont des ingrédients de l'expérience, auront été pour vous l'occasion de goûter à un plus *profond contentement intérieur dans la communion.* Et il est bien possible que vous puissiez regoûter plus tard un séjour de repos à la plage en conservant en vous cette qualité-là de bien-être intérieur dans la communion.

SOUPLESSE ET FORCE

Pour tenir sur sa planche et sur la vague, le surfeur ne peut se contenter d'être fort. S'il n'est que fort et prétend vaincre la vague en lui imposant sa trajectoire à lui, elle aura tôt fait de se fracasser sur lui et de le jeter sur le sable.

Il ne peut pas non plus se contenter d'être souple. S'il n'est que souple, il se fera mener et malmener là où la vague ira, sans aucun pouvoir sur sa trajectoire.

Pour finalement avancer avec aisance et satisfaction, en tirant le meilleur parti possible de la vague qui le porte, il apprendra à accompagner le mouvement, à aller avec lui et non contre lui, à s'appuyer tantôt à gauche tantôt à droite, en alternance, et à conjuguer force et souplesse afin de savourer vraiment la grâce du moment, son *profond contentement intérieur dans la communion.*

Le randonneur comme le surfeur ont accepté, pour atteindre un grand contentement, voire une jubilation intérieure, de traverser les inconforts qui font partie intégrante de la pratique de la discipline choisie. Je sais maintenant que nous pouvons atteindre un plus grand contentement dans nos vies, voire des moments durables de vraie jubilation, en acceptant de traverser les inconforts qui font partie intégrante du processus de la vie. Je sais aussi qu'en atteignant un plus grand contentement dans nos vies, nous sommes forcément plus en paix intérieure et donc mieux outillés pour créer de la paix extérieure.

Je vois donc qu'en travaillant individuellement à notre paix intérieure et à notre bien-être profond, nous contribuons très concrètement à créer plus de paix extérieure et de bien-être dans nos communautés humaines.

Et cette perspective-là — avoir la conviction que nous avons dans nos consciences et nos cœurs individuels le pouvoir de transformer significativement nos modes de vie sociale — est pour moi source de joie et de confiance et m'amène à vous proposer l'épilogue suivant.

Épilogue
L'INTÉRIORITÉ CITOYENNE

Il nous faut apprendre à vivre ensemble comme des frères,
sinon nous allons périr ensemble comme des imbéciles.

MARTIN LUTHER KING

Apprendre à vivre ensemble comme des frères ou périr ensemble comme des imbéciles, cette mise en garde de Martin Luther King clarifie de façon lapidaire l'enjeu : la paix intérieure et extérieure ne tombera pas du ciel — nous n'y accéderons pas sans efforts, sans travail, sans apprentissage.

Cette nécessité de faire l'apprentissage de la paix n'est pas liée à la nature de la paix. De fait, la paix est, par nature, à portée de cœur dans l'instant si nous réapprenons à nous éveiller, alors que l'apprentissage de la paix est plutôt lié à notre culture de la paix, ou plutôt à notre inculture : nous n'avons pas de culture de la paix, comme nous n'avons pas de culture du bien-être et du respect de la vie. À preuve, il y a dans nos villes et nos villages bien plus de monuments aux morts que de monuments à la naissance, à la vie et aux vivants. Nos cimetières me semblent bien plus fleuris que la plupart de nos façades. Et le rituel officiel des fêtes dites nationales reste majoritairement dans de nombreux pays un défilé militaire plutôt qu'un défilé populaire de la nation avec ses gens, ses enfants, ses métiers, ses artistes et ses artisans.

Prenons juste, à titre d'échantillon ou de sondage, trois formules parmi les plus courantes qui traversent les générations en évoquant la paix: l'une vante la guerre («Si tu veux la paix, prépare la guerre»), la deuxième sert de refuge en cas d'orage («Fiche-moi la paix!») et la troisième s'occupe de la mort («Qu'ils reposent en paix»). En raccourci, il me semble que ces formulations expriment, aussi bien qu'elles entretiennent, les croyances de base suivantes, croyances qui orientent notre conscience collective:

1. la paix est à payer au prix fort de la guerre. La paix — et qui plus est la non-violence — n'a pas de force en soi: il faut la protéger en préparant ou en faisant la guerre;
2. la paix n'est qu'un refuge où s'abriter en s'isolant en cas d'orage. Ce n'est pas quelque chose que nous construisons solidement ensemble, à travers nos différends et nos différences, avec effet longue durée, pour y vivre par tous les temps;
3. la paix n'est garantie qu'au cimetière. Il est utopique d'imaginer cette vie en paix.

C'est en retrouvant régulièrement ces croyances de base au sein de la plupart des milieux sociaux que je comprends mieux pourquoi il y a si peu de moyens matériels, humains, technologiques, financiers, mis concrètement en place afin d'*apprendre à vivre ensemble comme des frères et à préparer la paix*, alors même que foisonnent les ressources matérielles, humaines, technologiques et financières pour *préparer la guerre et risquer de périr ensemble comme des imbéciles.*

Après les attentats du 11 septembre 2001 aux États-Unis, j'ai été, comme beaucoup d'entre nous, stupéfait de voir les budgets importants, les contingents de personnel qualifié, les technologies de pointe, les réserves de carburant et l'équipement en tout genre qui étaient disponibles et mobilisables en quelques jours pour faire la guerre, alors que les budgets, le personnel qualifié, les technologies, les ressources et l'équipement manquent cruellement pratiquement partout pour construire la paix.

Et ces moyens manquent tant dans la plupart des domaines propres à la relation d'éducation, d'aide et de soins (garderies, écoles, hôpitaux, centres d'accueil pour jeunes, pour personnes victimes de violence, pour personnes âgées ou confuses, associations pour la prévention du suicide ou de la toxicomanie, écoles d'éducateurs de rue ou d'assistants sociaux, équipements de sport, organisations de voyages pour jeunes, recherche médicale, etc.) que dans la formation permanente, que j'appelle citoyenne, à la relation humaine (formation à la relation interpersonnelle, atelier de communication et de résolution non violente de conflits, séminaire de connaissance de soi, de développement personnel et relationnel, accès facilité à la thérapie individuelle, de couple, de famille, de groupe).

Cet état de fait nous renseigne sur une chose importante: la paix n'est pas encore une option de base de nos sociétés. Car notre priorité est bel et bien de préparer la guerre quitte à la faire, pas de préparer la paix quitte à la vivre! Je dis bien «quitte à la vivre» en assumant le risque d'un mauvais jeu de mots. Il me paraît que nous ne sommes pas encore individuellement prêts, c'est-à-dire intimement disponibles, à vivre durablement nos relations en paix. Je ne dis pas sans conflits, mais en développant la faculté de gérer nos conflits de façon non violente.

Inconsciemment souvent, consciemment parfois, nous sommes encore assez largement à *chercher la bagarre* pour l'excitation de surface qu'elle procure: cela va des conflits ouverts avec coups ou procès à la guéguerre domestique ou conjugale, en passant par la guerre froide, les ragots, les vipérages et polémiques, les bruits de couloir destructeurs, et autres conspirations de coulisse. La tension, l'affrontement, l'agression plus ou moins gantée de velours ou habillée de col blanc restent davantage affichés au programme de nos vies quotidiennes que la rencontre, la compréhension mutuelle, la collaboration bienveillante et synergique.

Et cette option nous coûte cher en dépenses de santé, en hôpitaux, en tension sociale, en compétition commerciale implacable, en destruction de la nature, en équipement militaire, en souffrances multiples affectives et psychiques, en vies familiales broyées…

Si l'option en question nous coûte cher à nous comme population, elle est toutefois source de bénéfices matériels considérables pour certains. Je connais d'ailleurs des personnes qui ont fait l'objet de mesures d'intimidation, voire de dissuasions explicites, pour avoir ouvertement proposé des méthodes de soin efficaces, basées sur le respect de la vie et du processus vivant; la mise en œuvre de leurs procédés n'aurait nécessité ni structure ni accessoires, donc elle *n'aurait coûté* qu'un peu de temps et un certain engagement personnel. Ce n'est pas du mauvais polar, c'est du vécu. Alors?

SI TU VEUX LA PAIX, PRÉPARE-LA !

Ce pourrait être un beau scénario pour un thriller politique d'encourager à la mobilisation citoyenne ou plus précisément à l'insurrection citoyenne face à ces croyances obsolètes et mortifères…

La notion d'insurrection citoyenne me plaît en partie pour son aspect vigoureux d'engagement et de résistance. Toutefois, ma préférence va aux processus à maturation lente qui permettent réellement à une nouvelle conscience d'émerger en prenant solidement appui dans le cœur et la conscience des hommes, jusqu'à se manifester avec une sorte d'évidence, dégagée des tensions agressives de l'urgence et de la réaction. En effet, je suis confiant que nos évolutions de conscience permettent des déclenchements décisifs et vigoureux, sans entrer pour autant dans le risque de la violence.

En 1984, j'étais jeune officier en service militaire. Nous allions en exercice scruter très consciencieusement le rideau de fer qui coupait alors l'Europe en deux dans le prolongement du mur de Berlin. Cette prison, ce rempart avait déjà coûté la vie à des milliers de personnes et mobilisé complètement celles de milliers d'autres. D'ailleurs, l'essentiel de nos manœuvres, de notre énergie, de notre imagination, de notre emploi du temps, de nos préoccupations (pendant quinze mois de service pour les conscrits, pendant toute une vie pour les militaires de carrière) consistait à anticiper une invasion par l'Est.

Cinq ans plus tard, en 1989, le mur de Berlin s'écroule tout seul sans un coup de feu, dans la liesse populaire, et le rideau de fer se démantèle dans la foulée. Je vois là l'effet de maturation de la conscience collective dont chaque conscience individuelle est le ferment. Cette maturation — certainement stimulée par différents événements car le processus est interactif — a permis là, en 1989, un changement symbolique et politique fondamental pour toute l'Europe, l'ancienne URSS et les rapports Est-Ouest, changement puissant et très largement (si pas tout à fait) non violent. Je crois donc à l'intériorité citoyenne. Je parle bien d'une intériorité non confessionnelle, celle qui habite le cœur de chacun quel que soit son élan, sa pratique ou sa culture, dans le respect de toutes les confessions. Si la notion d'intériorité est généralement associée à la pratique des religions, celles-ci n'en ont certainement pas le monopole.

Par l'expression intériorité citoyenne, je vise ceci: en développant individuellement, et pour son propre bien-être intérieur d'abord, plus de vie intérieure et plus de conscience, notamment de conscience de sa valeur, de sa dignité, de sa responsabilité, de son appartenance au monde et de son interrelation aux autres, de ses élans vers le sens, la liberté et la bienveillance, l'individu, le citoyen dégage ou émet une stimulation contagieuse dans le groupe. Celle-ci peut à mon sens autoriser le groupe à dépasser, par exemple, la peur du changement ou les limites de l'homéostasie dont j'ai parlé plus haut, afin de transformer ce qu'il veut transformer, d'adapter ce qu'il veut adapter, et de nourrir une convivialité plus respectueuse de chacun, plus profonde et, surtout, plus joyeuse.

Je trouve dans le texte suivant de Pierre Rabhi une confirmation qu'il existe des raisons plus que suffisantes pour encourager chacun de nous à développer cette intériorité :

« Progrès de l'humain et progrès pour l'humain ont probablement été initialement des objectifs et des vœux sincères dans l'esprit et le cœur de ceux qui, par la science et la technologie, ont voulu les promouvoir. Nous sommes hélas dans l'obligation de reconnaître à l'heure des grands bilans d'un monde contemporain, le plus matérialiste et minéral de l'histoire de l'humanité, que le progrès escompté est pour le moins équivoque et que sa marche triomphante prend les allures d'un malentendu, d'une déconvenue.

« L'humanité génère mille manières de souffrir, et au sein même de la prospérité salvatrice, un mal-être sournois mine des âmes en quête de sens. Notre vanité démiurgique, prométhéenne de transgression en transgression contre la nature, ces évidences et l'intelligence universelle dont elle témoigne, nous a installés dans une profanation d'envergure planétaire, et nous sommes à présent sommés de changer pour ne pas disparaître. La crise est sans aucun doute à débusquer d'abord en nous-même et par conséquent à résoudre en ce lieu intime où doit s'opérer notre propre changement pour que change le monde, sous l'égide d'un Sacré libre de toute sujétion, et seul en mesure de nous ouvrir au respect de toute forme de vie et à l'enchantement du monde.[18] »

Si j'ose paraphraser la citation attribuée à Malraux, « le XXIe siècle sera spirituel ou ne sera pas », il me semble que le citoyen du millénaire qui s'ouvre vivra une vie intérieure nourrie et nourrissante ou ne vivra pas.

Personnellement, comme bien d'autres thérapeutes et formateurs, je me consacre à accompagner les personnes qui le souhaitent dans leur démarche personnelle de compréhension de leurs élans et du sens de leur vie, de démantèlement de leurs croyances obsolètes, guerrières et mortifères, dans le déconditionnement de leurs habitudes piégeantes, le développement de leur intériorité et l'apprentissage bien concret d'une autre façon d'être ensemble. Je dis bien concret parce qu'il ne s'agit pas seulement d'invoquer de

---

18. *Le gardien du feu*, Albin Michel, 2003.

belles valeurs, mais d'arriver à les rendre vivantes, palpables et applicables au quotidien.

Cet apprentissage, pour essentiel qu'il me paraisse, ne figure concrètement dans aucun programme de formation des parcours scolaires, d'enseignement supérieur, universitaire ou postuniversitaire classique. Ainsi, je rencontre régulièrement dans mon travail des médecins, des directeurs d'hôpitaux, des chefs de service, des infirmiers et des soignants de tous les niveaux, mais aussi des directeurs d'école, des inspecteurs de l'enseignement, des enseignants, des éducateurs, toutes des personnes compétentes dans le domaine du faire (pour traiter des matières extérieures à elles), mais qui se reconnaissent elles-mêmes bien moins compétentes dans le domaine de l'être (pour travailler de cœur à cœur, d'intériorité à intériorité).

La plupart de ces gens constatent n'avoir pas reçu, dans leur cursus officiel, de formation à l'écoute, à la communication interpersonnelle, à la gestion de conflits, ni de proposition de faire quelques séances de psychothérapie ou quelques ateliers de développement personnel pour mieux se comprendre eux-mêmes, dissoudre leurs propres tensions et trouver leur élan vital.

Or, les uns ont chaque jour à tenter de comprendre l'état d'être des patients et des familles de ceux-ci, de «se mettre en empathie» avec leur élan derrière la maladie, de les accompagner dans la souffrance ou même de leur annoncer des nouvelles douloureuses. Les autres ont à résoudre des conflits multiples et à clarifier sans cesse des priorités avec leurs élèves, en plus de leur apprendre à apprendre ; ils ont à encourager et à comprendre des enfants, des ados, des étudiants, souvent en souffrance, pas forcément motivés et conscients de la liberté que leurs études leur ouvrent.

Je vois de plus en plus d'avocats qui, comme moi-même dans mes études de droit, reconnaissent n'avoir reçu aucun cours d'écoute, de communication, de gestion de conflits, de compréhension des mécanismes psychologiques de base, alors qu'ils consacrent leur temps à tenter de résoudre des conflits humains ou de construire des projets répondant aux aspirations de leurs clients. Ils sont conscients qu'ils savent bien faire une plaidoirie ou un contrat, mais moins être à l'écoute du client ou des parties en conflit.

Dans l'entreprise également, je rencontre de plus en plus de patrons vraiment fatigués des rapports de méfiance et de pouvoir, et du rythme de la course du hamster. Sincèrement soucieux de créer des rapports de confiance et de collaboration ainsi que de produire à un rythme humain, ils se forment pour transformer leur façon d'être.

Je constate ainsi que, à ces niveaux-là et dans ces cercles-là, des colères se disent, des querelles se vident, des climats de travail se détendent, de la liberté s'installe, de la créativité se déploie, des synergies se créent, des responsabilités petites ou grandes se prennent. Et je me prends à rêver.

LES RÊVES, C'EST DU CONCRET (ET VICE-VERSA)

Je rêve que les matières en question (communication interperson-nelle, développement personnel et relationnel, gestion non violente des conflits, compréhension des mécanismes psychologiques cou-rants, travail thérapeutique ou développement personnel de base...) puissent faire partie, dans les programmes scolaires comme dans les études supérieures, de la formation de base de toute per-sonne qui le souhaite, et ce, avec la même évidence que la connais-sance d'au moins une langue étrangère et l'accès à l'informatique.

Si je me prends ainsi à rêver et que je vous invite, le plus sérieusement et joyeusement du monde, à vous joindre à mon rêve, c'est que rien n'est plus concret comme point de départ qu'un rêve. Vous êtes en effet concrètement dans un rêve. Je veux dire: vous me lisez assis dans un rêve. Êtes-vous chez vous, dans votre fauteuil? Votre fauteuil, votre appartement, votre maison ont été rêvés, conçus, réalisés. Me lisez-vous dans un métro, un train, un avion, une salle d'attente? Tout cela a été rêvé, conçu et réalisé. Si vous êtes à la plage, dans un chalet de montagne, à la terrasse d'un bistrot ou sur le banc d'un parc, tout cela, votre voyage, l'architecture, l'urbanisme environnant, a été rêvé, conçu, réalisé.

Auriez-vous imaginé il y a à peine dix ans qu'un si grand nombre de gens disposeraient aujourd'hui d'un téléphone portable leur permettant de se parler et de s'écouter partout où ils le veulent, quels que soient le lieu ou la circonstance? Auriez-vous pensé il y a à peine dix ans que l'informatique connaîtrait un tel essor, particulièrement chez les plus jeunes qui ont tout de suite appris tant à maîtriser les systèmes de communication et d'échange qu'à résoudre toutes sortes d'énigmes technologiques pour avancer dans la découverte du potentiel incroyable de la toile?

Nous pouvons, si nous le décidons, développer des outils de cœur aussi familièrement répandus, à porter avec nous partout, encore plus intimement que dans notre poche ou notre sac. Nous pourrions ainsi nous parler et nous écouter où nous le voulons, quels que soient le lieu ou la circonstance, et ainsi nous joindre là où nous sommes, dans nos cœurs.

Nous pouvons faire les apprentissages de conscience qui permettent de maîtriser davantage les enjeux de la communication interpersonnelle et de résoudre les énigmes qui jalonnent l'accès au potentiel incroyable qu'est notre conscience. Nous pouvons choisir d'aller vers cela.

Nous pouvons développer, dans nos habitudes familiales, scolaires et sociales, cette *intériorité citoyenne* qui nous permettrait, quelles que soient nos traditions, nos convictions et nos confessions religieuses ou philosophiques, d'apprendre à vivre ensemble comme des frères et des sœurs et de nous ouvrir à l'enchantement du monde.

Si les rêves d'aujourd'hui sont les réalités de demain, dans quel bon et beau monde vivrons-nous bientôt si nous y contribuons!

ANNEXE

LA LITANIE DE LA VICTIME

Voici un monologue que j'ai improvisé à l'occasion d'un atelier de quatre jours intitulé «Isis et Osiris» et organisé par l'association Cœur.com au Centre nature de Borzée près de Laroche en Ardenne (Belgique). Cet atelier, qui regroupait une centaine de participants, explore le thème de la victime et du bourreau en chacun de nous.

Le monologue ouvrait la journée consacrée à comprendre et à démonter notre jeu dans le rôle de la victime, rôle que je connais bien pour l'avoir longtemps joué.

C'est trop injuste, c'est chaque fois la même chose!

Y z'ont pas le droit!

Mais c'est quand même toujours comme ça, ça changera pas, c'est sûr!

Pourtant, c'est pas ma faute, j'ai tout fait pour que ça marche.

J'étouffais, j'vous l'jure!

C'est comme ça!

C'était la faute à papa, à maman, à ma femme ou à mes enfants… Maintenant, c'est la faute à eux'autres… Tout à l'heure, ce sera celle du gouvernement, de la pollution, de la couche d'ozone!

J'suis la victime totale, la victime toute catégorie, et j'ai peur, j'ai peur!

Oh oui! j'ai peur:

- peur d'être seul, peur d'être bouffé par les autres;
- peur d'aimer, peur de ne pas être aimé;
- peur d'aimer trop, peur de ne pas aimer assez;
- peur de dire, peur de taire;
- peur d'agir, peur de ne rien faire;
- peur de dire oui comme de dire non;
- peur d'avancer, peur de reculer, peur d'être là;
- peur de danser, de chanter et de rire;
- peur de pleurer, peur d'être en colère;
- peur de prendre ma place, peur de ne pas la prendre;
- peur que l'autre prenne sa place, peur qu'il ne la prenne pas;
- peur de mourir et peur de vivre…

Mais je me cache bien ma peur: elle me fait trop peur!
Au fond, j'ai surtout peur d'avoir peur.

Pour tenter de l'éviter, je vais tenter de léviter: me retirer, méditer, être zen…

Ou alors je marchande, je chipote avec les mots pour ne pas voir ma peur en face. Je suis passé maître en mots, que je prends pour des sentiments et qui me permettent d'attribuer aux autres la responsabilité de ce que je vis: «Je me sens manipulé, abandonné, abusé, trahi, rejeté, exclu, attaqué, laissé pour compte, mal aimé…»

Ainsi, j'attends que les autres changent pour aller mieux.

Quand les autres, tous les autres auront changé, je pourrai enfin aller mieux.

Oui, j'ai peur de ma peur.

Au fond, il me faudra encore pas mal d'ateliers Cœur.comique et autres explorations spi-psy avant que je me rende compte que la peur, c'est comme la peine, la tristesse et la douleur : pour en sortir, il faut d'abord y entrer !

Mais là, j'ai peur : si j'entre dedans, je risque en effet d'en sortir !

Et si j'm'en sors, je perds à la fois mon malheur confortable et mon rôle chéri : mon pouvoir de monopoliser la sollicitude de tous, mon pouvoir de faire tout tourner autour de moi, ce qui a été, jusqu'ici, ma façon à moi de prendre ma place.

C'est ça qui m'bloque : j'ai peur de ne plus avoir peur parce que jusqu'ici ça m'a tenu lieu d'identité et de façon d'être.

Alors, pour éviter de m'en sortir, j'm'y enferme. Et j'ai mis au point un langage qui m'entretient parfaitement dans cette soumission sans appel : « Il faut… C'est comme ça… J'ai pas l'choix, moi, je dois… » (*À chanter sur l'air de* Ce n'est qu'un début, continuons le combat !)

RENSEIGNEMENTS

Si vous souhaitez obtenir des informations au sujet de mes conférences et de mes séminaires, vous pouvez consulter mon site : www.thomasdansembourg.com ou écrire à l'adresse suivante : rue du Bourgmestre 36, 1050 Bruxelles, Belgique.

Si vous souhaitez obtenir des informations sur les formations en communication non violente, vous pouvez consulter les sites suivants :

en anglais : www.cnvc.org
en français : www.nvc-europe.org

ou communiquer avec les associations suivantes :

Belgique :   Concertation pour la Communication Non Violente
c/o Godfrey Spencer, Av. Breughel 8/41, 1970 Wezembeek-Oppem
Téléphone : (32) 02 782 16 99
Fax : (32) 02 731 07 72

France :   Association Communication Non Violente
13 bis, boulevard Saint-Martin, 75003 Paris
Téléphone : (33) 01 48 04 98 07,
fax : (33) (0)1 42 72 01 31

Suisse : ASFCNV

        6, chemin de la Goutte d'Or, CH 2014 Bôle

        Téléphone-fax : (41) 32 842 30 20

Québec :   (418) 688-0969

à Montréal :   (514) 878-0990

        Courriel : reseaugirafesquebec@hotmail.com

Si les activités de l'association Cœur.com vous intéressent, vous pouvez consulter le site : www.productionscoeur.com

    ou communiquer avec l'association Cœur.com :

Belgique :   avenue du Monde 90 à 1400 Nivelles

        Téléphone-fax : (32) 067 84 43 94

Québec :   1100, avenue Ducharme, bureau 11,

        Outremont (Québec) Canada

        H2V 1E3

        Téléphone : (514) 990-0886

        Télécopie : (514) 271-3957

J'apprécie personnellement la revue *Non Violence Actualité*, éditée en France, qui invite à prendre conscience de ce qui se fait pour trouver une autre manière de vivre ensemble. Voici ses coordonnées :

Courriel : nonviolence.actualite@wanadoo.fr

Site : www.nonviolence-actualite.org

Adresse : BP 241, 45202 Montargis Cedex, France

Je recommande également les ateliers, les stages et les formations proposés pour tous les âges par l'Université de Paix dont le siège est en Belgique. Vous obtiendrez plus d'information aux adresses suivantes :

Courriel : universite.de.paix@skynet.be
Site : www.universitedepaix.org
Boulevard du Nord 4, 5000 Namur, Belgique

TABLE DES MATIÈRES

Achevé d'imprimer au Canada
en avril 2004
sur les presses des Imprimeries Transcontinental Inc.